权威·前沿·原创

皮书系列为
"十二五""十三五""十四五"时期国家重点出版物出版专项规划项目

B

BLUE BOOK

智 库 成 果 出 版 与 传 播 平 台

北京市哲学社会科学研究基地智库报告系列丛书
中共北京市委党校（北京行政学院）学术文库系列丛书

北京人口蓝皮书
BLUE BOOK OF POPULATION IN BEIJING

# 北京人口发展研究报告
## （2024）

ANNUAL REPORT ON THE DEVELOPMENT OF POPULATION
IN BEIJING (2024)

## 建设生育友好型社会
Building a Fertility–friendly Society

主　编／胡玉萍　吴　军　杜　鹃
副主编／薛伟玲　董亭月

社会科学文献出版社
SOCIAL SCIENCES ACADEMIC PRESS (CHINA)

**图书在版编目（CIP）数据**

北京人口发展研究报告.2024：建设生育友好型社会／胡玉萍，吴军，杜鹃主编；薛伟玲，董亭月副主编.北京：社会科学文献出版社，2024.11.--（北京人口蓝皮书）.--ISBN 978-7-5228-4479-4

Ⅰ.C924.24

中国国家版本馆 CIP 数据核字第 20245YY407 号

北京人口蓝皮书

# 北京人口发展研究报告（2024）
## ——建设生育友好型社会

主　编／胡玉萍　吴　军　杜　鹃
副 主 编／薛伟玲　董亭月

出 版 人／冀祥德
组稿编辑／恽　薇
责任编辑／孔庆梅
文稿编辑／王雅琪
责任印制／王京美

出　　　版／社会科学文献出版社·经济与管理分社（010）59367226
　　　　　　地址：北京市北三环中路甲 29 号院华龙大厦　邮编：100029
　　　　　　网址：www.ssap.com.cn
发　　　行／社会科学文献出版社（010）59367028
印　　　装／天津千鹤文化传播有限公司

规　　　格／开本：787mm×1092mm　1/16
　　　　　　印张：19.5　字数：290 千字
版　　　次／2024 年 11 月第 1 版　2024 年 11 月第 1 次印刷
书　　　号／ISBN 978-7-5228-4479-4
定　　　价／158.00 元

读者服务电话：4008918866

　　本书为北京市社会科学基金研究重点项目"北京人口发展研究报告（2024）"（编号：23JCB034）的研究成果。

# 主要编撰者简介

胡玉萍 中共北京市委党校（北京行政学院）社会学教研部（北京市人口研究所）主任、教授、硕士生导师，兼任北京市社会建设研究会秘书长、中国人类学民族学研究会教育人类学专业委员会理事。毕业于中央民族大学教育学院，获法学博士学位。美国佐治亚大学公共与国际事务学院访问学者（2017年），北京市西城区第十六届、十七届人大代表。主要研究方向为教育社会学、民生与社会建设。主持完成国家社科基金项目2项、北京市社科基金项目5项，主持和参与其他各级各类项目20余项，出版学术著作3部，在《社会》《比较教育研究》等核心期刊公开发表学术论文60余篇，决策咨询报告获得市委领导批示。

吴 军 中共北京市委党校（北京行政学院）社会学教研部（北京市人口研究所）副主任、教授、硕士生导师。主要研究方向为城市社会学理论、城市文化与消费、城市发展与治理等。主持国家社科基金项目2项、北京社科基金项目4项以及其他省部级课题多项。在《社会学评论》《城市发展研究》等核心期刊发表论文80余篇，6篇论文被《新华文摘》《中国社会科学文摘》《中国人民大学复印报刊资料》全文或观点转载。专著《文化舒适物——地方质量如何影响城市发展》获得北京市第十六届哲学社会科学优秀成果奖二等奖。译著《场景》获得社会科学文献出版社2019年度"十大好书"称号。多篇决策咨询报告获省部级领导肯定性批示。

**杜 鹃** 中共北京市委党校（北京行政学院）社会学教研部（北京市人口研究所）副主任、副教授、硕士生导师。毕业于中国人民大学社会与人口学院，获社会学博士学位。主要研究方向为社会分层、人口健康、基层治理等。主持国家社科基金项目 1 项、北京市社科基金项目 2 项。在《人民日报》《光明日报》《社会学评论》《自然辩证法通讯》等报刊发表论文 20 余篇，出版专著 1 部，《拿起针筒的国家——20 世纪中国性病控制社会史》获北京市第十六届哲学社会科学优秀成果奖二等奖。

**薛伟玲** 中共北京市委党校（北京行政学院）社会学教研部（北京市人口研究所）副教授、硕士生导师。毕业于北京大学人口学专业，获法学博士学位。主要研究方向为人口经济学、老年健康。主持省部级项目多项，参与国家社科基金、国家自然科学基金项目多项。在《人口研究》《人口学刊》《宏观经济研究》等期刊和学术著作中发表学术论文 40 余篇，出版专著 1 部，1 项科研成果获省部级奖励，2 篇论文被《中国人民大学复印报刊资料》全文转载，1 篇论文被《中国社会科学文摘》全文转载，1 篇研究成果获省部级领导肯定性批示。

**董亭月** 中共北京市委党校（北京行政学院）社会学教研部（北京市人口研究所）讲师，中国老年学和老年医学学会青年委员会副秘书长。毕业于中国人民大学社会与人口学院，获法学（老年学）博士学位，美国纽约大学访问学者（2018 年）。主要研究方向为老龄社会学、老龄社会政策。在《人民日报》、《人口与发展》、*Research on Aging* 等国内外报刊公开发表文章 30 余篇，其中 2 篇被《中国人民大学复印报刊资料》全文转载；出版专著 1 部，参编著作 2 部；主持国家社科基金青年项目、北京市社科基金决策咨询项目各 1 项，参与国家社科基金重大项目等课题 10 余项。

# 摘　要

《中共中央关于进一步全面深化改革、推进中国式现代化的决定》指出，健全人口发展支持和服务体系，以应对老龄化、少子化为重点完善人口发展战略，健全覆盖全人群、全生命周期的人口服务体系，促进人口高质量发展。近年来，北京深入落实习近平总书记对北京重要讲话精神，聚焦首都城市战略定位，积极适应人口变化趋势，激发城市活力，增强发展动能，完善人才保障，提升城市品质，以首都人口高质量发展加强"四个中心"功能建设、提高"四个服务"水平，支撑打造中国式现代化建设的先行区、示范区。本书采用定量与定性相结合的方法，从规模、结构、分布、素质、活力等维度分析研判北京人口发展形势及高质量发展面临的新挑战和新要求，提出强化北京人口发展战略研究、推动生育友好型社会建设、推进高水平人才高地建设、积极应对人口老龄化、形成绿色生活方式等对策建议。

北京人口在经历了 2017 年来的负增长后，于 2023 年止跌，2023 年末常住人口为 2185.8 万人，比 2022 年末增加 1.5 万人。其中常住外来人口规模自 2016 年以来持续下降，2023 年末为 824.0 万人，比 2022 年下降了 1.1 万人，2023 年是降幅最小的一年。2023 年，北京人口城镇化水平继续提高，城镇化率达到 87.8%，城乡居民收入差距进一步缩小。人口老龄化程度不断加深，2023 年末 60 岁及以上常住老年人口为 494.8 万人，增幅自 2020 年起不断扩大。"多点支撑"人口区位特征显现，梯度分布特征依然明显，2015~2023 年，中心城区人口比重从 59.28% 下降至 50.10%，城市发展新区人口比重从 31.94% 上升至 40.03%，生态涵养发展区人口比重从 7.28%

上升至 8.07%。同时，北京人口素质位居全国前列，居民受教育程度全国领先，高科技人才保有量远超全国平均水平，素质资本为首都迈向更高层次现代化提供重要支撑。人口经济产出全国领先且稳步提升，减量发展树立了人口负增长背景下深入推进现代化的首都样板。人口绿色发展奠定了首都现代化进程的生态底色。不容忽视的是，北京人口高质量发展面临新挑战和新要求，稳规模面临全国人口转向和超低生育率双重压力，优结构面临劳动力供给规模和结构远期风险，提效率对进一步激发北京人口创新活力提出更高要求，人口资源环境仍处于紧平衡阶段。

在人口高质量发展的新形势下，不断提升人口经济活力，增强高等教育人口社会服务能力，推动银发经济高效、可持续发展，提升首都生活服务业从业人口就业和生活质量，促进京津冀人才流动和人口协同发展，对首都经济社会发展具有重要意义。总体分析北京人口经济形势发现，2010~2022年北京社会劳动生产率和人均 GDP 逐年上升，人口增长与国民收入分配相协调，人口经济活力领先全国水平。非京籍普通高校在校生占比持续提升，研究生规模持续扩大，专业学位研究生占比提升，高等教育事业成果显著。人口老龄化程度加深推动银发经济成为新赛道，完备的养老和医疗保障体系、优质的营商环境和支持体系以及高质量的为老产品和服务供给体系奠定了银发经济发展的基础。京津冀城市群内部人才流动规模呈扩大趋势，人才流动集聚性较强，形成了北京和天津、北京和廊坊人才双向流动的良好局面。但不容忽视的是，北京仍然面临收入分配差距加大、消费支出总体下降、消费活力不足的挑战；高等教育的质量、结构、布局等还不能完全适应首都经济社会发展的需要；生活服务业从业人员仍面临就业和生活压力；京津冀区域内人口城镇化水平差异大，就业人口均衡分布受到行业互补和行业竞争的双重影响，区域人口经济活力有较大提升空间。为此，本书从加强顶层设计、优化资源配置、强化社会服务、完善社会保障、加强政策支持等维度提出有针对性的对策建议。

推动建设生育友好型社会，是积极应对老龄化、少子化人口发展形势，健全覆盖全人群、全生命周期的人口服务体系，促进人口高质量发展的关键一环。北京生育率持续走低且低于全国水平，完善北京生育支持政策，推动托育服务发展、儿童友好社区建设，推进女性工作-家庭平衡，加强老年人隔代照料支持以及借鉴托育服务国际经验，是北京建设生育友好型社会的重要内容。近年来，北京在完善女性生育保险与津贴制度，保障女性产假、育儿假及劳动权益，扩大母婴设施覆盖范围，发展普惠性托育和降低"三育"成本等方面密集出台了系列政策，全面推动生育友好型社会建设。在此过程中，北京托育服务提质扩容，托育资源供给取得实质性成效；初步探索儿童友好社区建设，为儿童友好城市创建树立标杆；近三成老年人口参与隔代照料，有效缓解家庭和社会照料压力。然而，北京生育支持政策也存在局限性，包括产假延长增加女性职业机会成本、政策制定家庭化与去家庭化难以平衡、生育支持措施对生育间接成本关注不足、女性生育权益保障存在体制差异、托育服务供给总量不足与存量过剩存在结构性矛盾等。本书提出，借鉴国际经验，强化政府主体责任和顶层设计，健全法律法规体系，开展全生命历程生育支持，营造婚育友好的文化氛围，培育适龄婚育观，构建家庭友好型政策体系。

**关键词：** 北京人口高质量发展　人口经济活力　高等教育　生育友好型社会　托育服务

# 目 录 ⭡

## I 总报告

## II 分报告

# Ⅲ 专题报告

皮书数据库阅读**使用指南**

# 总报告

**B.1**

# 北京人口形势分析报告（2024）

胡玉萍　薛伟玲　董亭月\*

**摘　要：** 北京人口自 2017 年出现负增长以来，于 2023 年止跌企稳，人口城镇化水平继续提高，人口老龄化程度不断加深，"多点支撑"人口区位特征显现，梯度分布特征依然明显，人口素质位居全国前列，人口产出效益高，人口绿色发展见成效。在国际国内新形势下，锚定率先基本实现社会主义现代化目标，北京人口在稳规模、优结构、促均衡、增活力、添绿色上还面临一些新挑战和新要求，需在强化战略引领、完善服务管理、构建生育友好型社会、建设高水平人才高地、积极应对人口老龄化、优化人口空间布局、加快形成绿色生活方式上持续重点发力。

---

\* 胡玉萍，博士，中共北京市委党校（北京行政学院）社会学教研部（北京市人口研究所）主任、教授、硕士生导师，主要研究方向为教育社会学、民生与社会建设；薛伟玲，博士，中共北京市委党校（北京行政学院）社会学教研部（北京市人口研究所）副教授、硕士生导师，主要研究方向为人口经济学、老年健康；董亭月，博士，中共北京市委党校（北京行政学院）社会学教研部（北京市人口研究所）讲师，主要研究方向为老龄社会学、老龄社会政策。

**关键词：** 现代化 人口形势 人口政策 北京

人口是经济社会发展的基础性、战略性变量，同时是长期变量，对经济社会发展不仅具有当期效应，也具有远期效应。近年来，北京认真落实习近平总书记对北京讲话精神，立足首都功能定位，多措并举推进"疏整促"工作，成功走出了一条减量发展的路子，人口治理体系更加完善，人口生态更加优化。在全国人口转向和国际国内人口竞争日趋激烈的背景下，研究北京人口发展现状，把握人口发展趋势与挑战，科学防范人口发展风险，做好首都时代发展新答卷意义非凡。本报告主要采用定量分析方法，基于全国和北京市的权威数据，辅以国际数据和其他地方数据，系统研究了北京人口规模、结构、素质、分布以及人口绿色发展的特征，总结当前北京人口发展形势，以及在率先基本实现社会主义现代化目标下北京人口发展面临的新挑战、新要求，并在此基础上提出对策建议。

## 一 当前北京人口发展形势

### （一）常住人口波动企稳，人口规模目标稳步推进

常住人口规模波动企稳。自 2017 年以来，北京人口出现负增长，这种趋势一直持续到 2022 年，其间累计减少 11.1 万人。根据《北京市 2023 年国民经济和社会发展统计公报》，2023 年末，北京常住人口为 2185.8 万人，比上年末增加 1.5 万人。[①] 这一人口增长趋势同《北京城市总体规划（2016年—2035 年）》中"北京常住人口规模 2020 年控制在 2300 万人以内，2020 年以后长期稳定在这一水平"的要求一致，北京常住人口出现波动企稳现象，具体见图 1。

---

① 《北京市 2023 年国民经济和社会发展统计公报》，北京市统计局网站，2024 年 3 月 21 日，https://tjj.beijing.gov.cn/tjsj_31433/tjgb_31445/ndgb_31446/202403/t20240321_3595860.html。

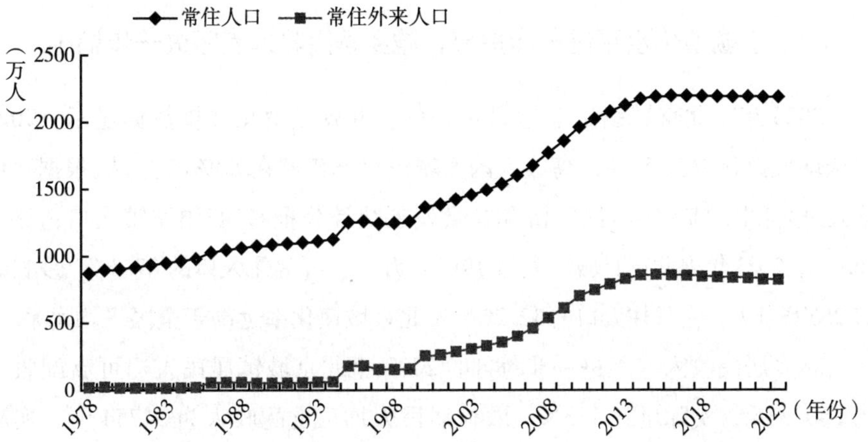

**图1　1978~2023年北京市常住人口和常住外来人口变动趋势**

资料来源：相关年份《北京统计年鉴》《北京市国民经济和社会发展统计公报》。

户籍人口增长趋势明显。2017年北京户籍人口比2016年减少了3.7万人，此后重新进入上升轨道，2017~2022年户籍人口累计增加68.5万人。①

常住外来人口降幅收窄。2023年末，北京常住外来人口规模继续下降，为824.0万人，占常住人口的37.7%，比2022年减少了1.1万人。2016年以来北京常住外来人口持续下降，2023年是降幅最小的一年。②

人口自然增长率继续下降。2023年，北京常住人口出生率较上年有所下降，为5.63‰，常住人口死亡率较上年有所上升，为6.13‰，自然增长率继续下降，为-0.50‰。北京常住人口出生率低于全国6.39‰的平均水平，自然增长率高于全国-1.48‰的平均水平。③

---

① 相关年份《北京统计年鉴》，北京市统计局网站，https://nj.tjj.beijing.gov.cn/nj/main/2023-tjnj/zk/indexch.htm。

② 北京市统计局人口与就业进度数据，https://tjj.beijing.gov.cn/tjsj_31433/tjbmfbjh/ndtjzl_31437/2024ndtjzl/202401/t20240105_3527326.html。

③ 北京市统计局人口与就业进度数据，https://tjj.beijing.gov.cn/tjsj_31433/tjbmfbjh/ndtjzl_31437/2024ndtjzl/202401/t20240105_3527326.html；《中华人民共和国2023年国民经济和社会发展统计公报》，国家统计局网站，2024年2月29日，https://www.stats.gov.cn/xxgk/sjfb/tjgb2020/202402/t20240229_1947923.html。

## （二）城镇化水平进一步提高，城乡居民收入差距进一步缩小

2023 年，北京城镇化率达到 87.8%。世界城镇化展望数据显示，2023 年全球城镇化率为 57%，高收入国家城镇化率普遍在 80% 以上。① 根据《中华人民共和国 2023 年国民经济和社会发展统计公报》，我国城镇人口占比为 66.2%，2023 年末北京有城镇人口 1919.8 万人，占常住人口的 87.8%，乡村人口 266.0 万人，占常住人口的 12.2%。② 北京城镇化率远高于全国平均水平。

城乡居民收入差距进一步缩小。2022 年北京城镇居民人均可支配收入为 84023 元，实际增长 1.3%，农村居民人均可支配收入为 34754 元，实际增长 2.6%。居民可支配收入乡城比为 41.36%，高于 2021 年的 40.85%，城乡居民收入差距进一步缩小。③

## （三）老龄化少子化程度加深，社会抚养负担加重但仍在人口"机会窗口期"

人口年龄结构优化是人口高质量发展的关键要素，2010~2023 年北京市少儿人口、劳动年龄人口、老年人口比重变化趋势见图 2。

2023 年，北京 60 岁及以上老年人口比重增幅大于 2022 年。2023 年北京 60 岁及以上老年人口达 494.8 万人，在常住人口中所占的比重为 22.64%，其中 65 岁及以上老年人口达 346.9 万人，占常住人口的 15.87%。同期，全国 60 岁及以上老年人口占总人口的 21.07%，其中 65 岁及以上老年人口占总人口的 15.38%。北京的老龄化水平略高于全国平均水平。对比北京 2020 年以来 60 岁及以上老年人口在常住人口中的比重增幅，2022 年的增幅大于 2021 年，2023 年的增幅大于 2022 年，且 2022 年和 2023 年的增

---

① United Nations Population Division, *World Urbanization Prospects: 2018 Revision*, https://population.un.org/wup/.
② 《中华人民共和国 2023 年国民经济和社会发展统计公报》，国家统计局网站，2024 年 2 月 29 日，https://www.stats.gov.cn/xxgk/sjfb/tjgb2020/202402/t20240229_1947923.html。
③ 《北京统计年鉴 2023》，北京市统计局网站，2023 年，https://nj.tjj.beijing.gov.cn/nj/main/2023-tjnj/zk/indexch.htm。

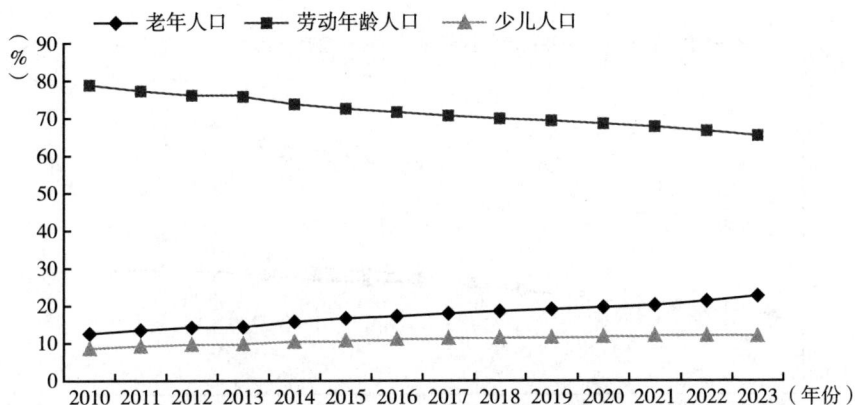

**图2　2010~2023年北京市少儿人口、劳动年龄人口、老年人口比重变化趋势**

资料来源：相关年份《北京统计年鉴》《北京市国民经济和社会发展统计公报》。

幅均出现较为明显的扩大。60~64岁老年人口规模不断扩大，从2010年的75.0万人增至2023年的147.9万人。

北京0~14岁少儿人口比重自2022年以来有所下降。2010~2021年，少儿人口比重从8.60%持续升至12.09%，2022年出现极小幅度下降，2023年下降幅度有所扩大。2023年少儿人口在北京常住人口中所占的比重为12.01%。

2023年北京15~59岁劳动年龄人口比重降幅大于上年。根据《北京市2023年国民经济和社会发展统计公报》，2023年北京有15~59岁劳动年龄人口1428.5万人，占常住人口的65.4%。时间序列数据显示，北京15~59岁劳动年龄人口在常住人口中所占的比重从2010年的78.9%持续下降至2023年的65.4%，2023年降幅大于2022年。

北京社会抚养负担不断加重，但仍处于人口"机会窗口期"。国际社会一般将社会总抚养负担低于或者等于50%的时期称为人口"机会窗口期"。图3显示了2010~2023年北京总抚养比、少儿抚养比和老年抚养比变动趋势。由图3可知，北京社会抚养负担呈现持续加重趋势，少儿抚养负担和老年抚养负担均持续加重，总抚养比从2010年的20.94%持续增长至2023年的38.66%，但目前仍处于人口"机会窗口期"，为北京新旧动能加速转换提供重要战略机遇。

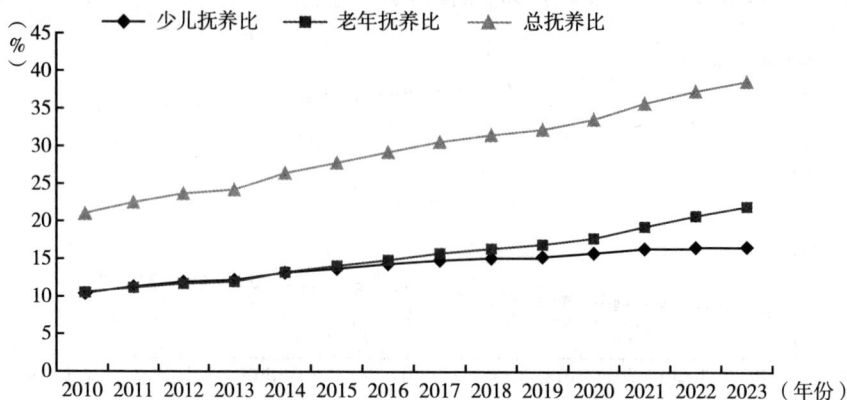

**图 3　2010~2023 年北京总抚养比、少儿抚养比和老年抚养比变化趋势**

说明：老年指 65 岁及以上的人口。

资料来源：相关年份《北京统计年鉴》《北京市国民经济和社会发展统计公报》。

## （四）文化素质全国领先，高质量科技产出水平高

居民受教育程度全国领先。根据北京市统计局公布的人口与就业进度数据，2023 年北京 15 岁及以上常住人口中，拥有大专及以上文化程度者占 56.57%。[①] 根据《中国统计年鉴 2023》数据，2022 年北京 6 岁及以上人口中，拥有大专及以上文化程度者占 50.33%，处于全国领先位置，不仅远超全国平均水平（19.47%），而且大幅高于排在第 2 位的上海（39.09%）。[②]

高科技人才保有量远超全国平均水平。2022 年，北京有研究与试验发展（R&D）人员 546747 人，每万常住人口中有 R&D 人员 250.31 人。同期，全国平均每万常住人口中有 R&D 人员 55.9 人。[③]

---

① 北京市统计局人口与就业进度数据，https：//tjj. beijing. gov. cn/tjsj_31433/tjbmfbjh/ndtjzl_31437/2024ndtjzl/202401/t20240105_3527326. html。

② 《中国统计年鉴 2023》，国家统计局网站，2023 年，https：//www. stats. gov. cn/sj/ndsj/2023/indexch. htm。

③ 《北京统计年鉴 2023》，北京市统计局网站，2023 年，https：//nj. tjj. beijing. gov. cn/nj/main/2023-tjnj/zk/indexch. htm；《中国统计年鉴 2023》，国家统计局网站，2023 年，https：//www. stats. gov. cn/sj/ndsj/2023/indexch. htm。

高质量科技产出水平高。以常住人口为基数，2022 年北京人均 R&D 经费排名全国第五；从产出看，2022 年北京每万人发明专利申请数排名全国第二，每万人拥有有效发明专利数排名全国第二。[①]

## （五）人口经济活力稳步提升，居全国首位

人口经济活力全国领先。本报告使用人口经济系数衡量北京的人口经济活力。使用以下公式：

$$人口经济系数 = \frac{GDP_i}{\sum GDP_i} \bigg/ \frac{POP_i}{\sum POP_i} \tag{1}$$

其中，$GDP_i$ 为某地的 GDP，$POP_i$ 为某地的常住人口。

这一指标越高，表示单位人口的经济产出贡献越大。测算结果显示，2022 年北京人口经济系数为 2.23，排名全国第一，远高于 1，说明北京单位人口的经济贡献率远超全国平均水平。[②]

人口经济活力稳步提升。对时间序列数据的分析发现：2000 年北京人口经济系数为 2.33，上海排名第一，为 3.53；2005 年北京该数值为 2.96，上海排名第一，为 3.40；2010 年北京该数值为 2.21，上海排名第一，为 2.29；2015 年北京该数值为 2.01，天津排名第一，为 2.20；2020 年北京该数值为 2.30，排名第一，2022 年继续排名第一。[③]

## （六）人口空间分布持续优化，梯度分布特征仍明显

人口空间分布均衡度继续提高。对北京各区常住人口在总人口中所占的比重进行分析发现，中心城区常住人口比重持续下降，2023 年降至

---

[①] 《北京统计年鉴 2023》，北京市统计局网站，2023 年，https：//nj.tjj.beijing.gov.cn/nj/main/2023-tjnj/zk/indexch.htm；《中国统计年鉴 2023》，国家统计局网站，2023 年，https：//www.stats.gov.cn/sj/ndsj/2023/indexch.htm。

[②] 《中国统计年鉴 2023》，国家统计局网站，2023 年，https：//www.stats.gov.cn/sj/ndsj/2023/indexch.htm。

[③] 《中国统计年鉴 2023》，国家统计局网站，2023 年，https：//www.stats.gov.cn/sj/ndsj/2023/indexch.htm。

50.10%。其中，首都功能核心区人口比重从2005年的13.34%持续降至2023年的8.25%。城市发展新区人口比重上升，2020年为39.94%，2023年达到了40.02%，与城市功能拓展区基本持平。生态涵养发展区人口比重则基本稳定。人口分布"多点支撑"特征明显。

表1　2005～2023年北京常住人口区域分布

单位：%

| 区域 | 2005 年 | 2010 年 | 2015 年 | 2020 年 | 2023 年 |
|---|---|---|---|---|---|
| 东城区 | 5.59 | 4.68 | 4.11 | 3.24 | 3.22 |
| 西城区 | 7.75 | 6.34 | 5.99 | 5.05 | 5.03 |
| 朝阳区 | 18.22 | 18.07 | 18.23 | 15.77 | 15.77 |
| 丰台区 | 10.20 | 10.77 | 10.89 | 9.22 | 9.20 |
| 石景山区 | 3.41 | 3.14 | 3.06 | 2.59 | 2.58 |
| 海淀区 | 16.81 | 16.72 | 17.00 | 14.31 | 14.30 |
| 门头沟区 | 1.80 | 1.48 | 1.47 | 1.80 | 1.82 |
| 房山区 | 5.66 | 4.82 | 4.75 | 6.00 | 6.00 |
| 通州区 | 5.64 | 6.03 | 6.37 | 8.41 | 8.44 |
| 顺义区 | 4.62 | 4.47 | 4.70 | 6.05 | 6.07 |
| 昌平区 | 5.08 | 8.47 | 8.98 | 10.37 | 10.39 |
| 大兴区 | 5.76 | 6.96 | 7.14 | 9.11 | 9.12 |
| 怀柔区 | 2.09 | 1.90 | 1.76 | 2.01 | 2.01 |
| 平谷区 | 2.69 | 2.12 | 1.91 | 2.09 | 2.09 |
| 密云区 | 2.85 | 2.39 | 2.22 | 2.41 | 2.40 |
| 延庆区 | 1.82 | 1.62 | 1.39 | 1.58 | 1.57 |

资料来源：相关年份《北京统计年鉴》；北京市统计局人口和就业进度数据，https://tjj.beijing.gov.cn/tjsj_31433/tjbmfbjh/ndtjzl_31437/2024ndtjzl/202401/t20240105_3527326.html。

梯度分布特征仍明显。尽管人口分布呈"多点支撑"局面，但梯度分布特征依然明显。北京中心城区人口密度远超城市发展新区和生态涵养发展区，在中心城区，首都功能核心区人口密度又远超城市功能拓展区，尽管城市发展新区的人口密度提升较快，但仍远低于中心城区。

### （七）人口绿色发展见成效，绿色生产方式成效突出

人口绿色发展见成效。北京多年来坚持绿色发展，不断转变生产方式，提升发展效率，积极倡导绿色生活方式，大大缓解了人口、资源、环境之间的矛盾。PM$_{10}$年均浓度从 2000 年的 162 微克/米$^3$ 降至 2022 年的 54 微克/米$^3$，尤其是从 2014 年开始持续下降。PM$_{2.5}$年均浓度从 2013 年的 89.5 微克/米$^3$ 持续降至 2022 年的 30.0 微克/米$^3$。人均公园绿地面积从 2000 年的 9.7 平方米持续增至 2022 年的 16.9 平方米。城市绿化覆盖率从 2000 年的 36.5%持续增至 2022 年的 49.8%。[1]

绿色生产方式成效突出。北京万元 GDP 水耗从 2001 年的 100.81 立方米持续、快速降至 2022 年的 9.62 立方米，其间下降了 91.19 立方米。除水资源外，万元 GDP 能耗也在持续下降，从 2010 年的 0.425 吨标准煤持续降至 2022 年的 0.175 吨标准煤。[2]

## 二 北京人口高质量发展面临的新挑战和新要求

### （一）稳定人口规模面临双重压力

《北京城市总体规划（2016 年—2035 年）》指出，2020 年，常住人口规模控制在 2300 万人以内，2020 年以后长期稳定在这一水平。一方面，北京常住人口机械增长动力不足，全国人口转向对北京人口规模稳定提出更高要求。根据第七次全国人口普查数据，北京常住外来人口来源地前十分别为河北、河南、山东、黑龙江、山西、辽宁、安徽、天津、内蒙古和吉林。根据国家统计局的数据，以上十大来源地 2022 年的常住人口自然增长率均为

---

① 《北京统计年鉴 2023》，北京市统计局网站，2023 年，https：//nj. tjj. beijing. gov. cn/nj/main/2023-tjnj/zk/indexch. htm。

② 《北京统计年鉴 2023》，北京市统计局网站，2023 年，https：//nj. tjj. beijing. gov. cn/nj/main/2023-tjnj/zk/indexch. htm。

负值，而且伴随地区均衡发展，全国流动人口返乡和留乡预期增加，影响北京常住外来人口规模的不确定因素也随之增加。[①] 另一方面，北京人口的超低生育率决定了常住人口自然增长动力不足，2023 年常住人口出生率仅为 5.63‰，低于 2022 年，人口自然增长率同样继续下降，2023 年北京常住人口自然增长率为-0.50‰。[②]

机械增长和自然增长动力不足给稳定北京人口规模带来双重压力，未来继续围绕首都功能定位，高度重视国际国内人口形势，不断优化人口服务管理体系，继续从质和量两方面提升外来人口公共服务水平，促进人口更加合理有序流动，综合施策提升人口生育水平，稳定首都人口基本面至关重要。

### （二）劳动年龄人口规模和结构远期风险隐现

虽然从就业数据来看，2023 年北京城镇新增就业 28.1 万人，城镇调查失业率均值为 4.4%，[③] 当前劳动力供给问题并未凸显，但从劳动年龄人口规模和比重的发展趋势分析，劳动力供给仍面临远期风险。如前文所述，北京常住人口规模在 2017~2022 年出现了下降，15~59 岁劳动年龄人口早在 2013 年达到 1610.5 万人的峰值后就开始下降，而其在常住人口中所占的比重更是早在 2010 年就开始稳定下降。2023 年北京劳动年龄人口规模为 1428.5 万人，占常住人口的 65.4%。[④]

与劳动力供给规模远期风险相伴而生的是劳动力年长化风险。预测数据显示，如果保持当前的生育水平和迁移水平，那么 15~59 岁劳动年龄人口平均年龄预计将从 2020 年的 38.11 岁持续增至 2041 年的 42.25 岁，在 2042 年出现波动后，再次持续增至 2045 年的 42.29 岁，而后在 2050 年小幅回落

---

① 国家统计局人口自然增长率数据，https：//data. stats. gov. cn/easyquery. htm？cn＝E0103。

② 《北京统计年鉴 2023》，北京市统计局网站，2023 年，https：//nj. tjj. beijing. gov. cn/nj/main/2023-tjnj/zk/indexch. htm。

③ 《北京市 2023 年国民经济和社会发展统计公报》，北京市统计局网站，2024 年 3 月 21 日，https：//tjj. beijing. gov. cn/tjsj_31433/tjgb_31445/ndgb_31446/202403/t20240321_3595860. html。

④ 北京市统计局人口与就业进度数据，https：//tjj. beijing. gov. cn/tjsj_31433/tjbmfbjh/ndtjzl_31437/2024ndtjzl/202401/t20240105_3527326. html。

至 41.39 岁。①

　　劳动力作为基本生产要素，对国民经济和社会发展至关重要。劳动年龄人口规模及其在常住人口中所占比重的下降以及劳动力不断年长化的趋势表明，未来需要下大力气防范和化解远期劳动力供给风险，稳定劳动力规模，优化劳动力结构，创新劳动保障和退休体制机制，重视不同年龄段人口劳动参与规律，推动劳动力结构优化重组，让不同类型、不同年龄段的劳动者都能更加自愿、充分、高效发挥自身优势，保持社会经济发展持久活力。

### （三）人口经济活力及区域均衡重要性凸显

　　当一个地区经济社会发展程度较高时，区域均衡发展有助于拓展区域经济发展新的空间，发挥"洼地效应"，提升区域发展的协调性，降低发展成本，提升生产要素的边际产出效益，在更高水平上实现区域发展效率和公平的均衡，为区域经济社会发展积蓄潜力，从而提升区域整体经济活力。近年来，北京人口经济活力持续提高，但是区域差异较大，2022 年人口经济系数较高的是首都功能核心区，其中西城区为 2.93，东城区为 2.76，除首都功能核心区外，海淀区和朝阳区的人口经济系数均大于 1.00，石景山区为 1.00，其他 11 个区均小于 1.00，最低的大兴区仅为 0.31（见表2）。

表2　2005~2022 年北京各区人口经济系数

| 区域 | 2005 年 | 2010 年 | 2015 年 | 2020 年 | 2022 年 |
| --- | --- | --- | --- | --- | --- |
| 东城区 | 1.82 | 2.04 | 2.22 | 2.71 | 2.76 |
| 西城区 | 2.16 | 2.43 | 2.58 | 2.96 | 2.93 |
| 朝阳区 | 1.16 | 1.20 | 1.21 | 1.33 | 1.30 |
| 丰台区 | 0.59 | 0.53 | 0.51 | 0.60 | 0.58 |
| 石景山区 | 0.97 | 0.76 | 0.76 | 0.99 | 1.00 |
| 海淀区 | 1.33 | 1.37 | 1.37 | 1.77 | 1.85 |
| 门头沟区 | 0.40 | 0.48 | 0.50 | 0.41 | 0.39 |
| 房山区 | 0.58 | 0.57 | 0.52 | 0.37 | 0.37 |

---

① 以第七次全国人口普查数据为基期数据，采用分要素年龄移算方法进行推算。

| 区域 | 2005 年 | 2010 年 | 2015 年 | 2020 年 | 2022 年 |
|------|---------|---------|---------|---------|---------|
| 通州区 | 0.42 | 0.48 | 0.47 | 0.39 | 0.38 |
| 顺义区 | 0.88 | 1.45 | 1.36 | 0.91 | 0.88 |
| 昌平区 | 0.61 | 0.36 | 0.37 | 0.33 | 0.33 |
| 大兴区 | 0.45 | 0.39 | 0.37 | 0.31 | 0.31 |
| 怀柔区 | 0.64 | 0.62 | 0.69 | 0.59 | 0.58 |
| 平谷区 | 0.33 | 0.42 | 0.49 | 0.46 | 0.51 |
| 密云区 | 0.43 | 0.44 | 0.46 | 0.41 | 0.39 |
| 延庆区 | 0.35 | 0.34 | 0.40 | 0.37 | 0.35 |

资料来源：根据相关年份《北京统计年鉴》数据计算得出。

各区人口经济活力差异在扩大。2005~2022 年，北京各区人口经济系数的差异逐步扩大，2005 年、2010 年、2015 年、2020 年和 2022 年人口经济系数的标准差依次为 0.55、0.65、0.68、0.85 和 0.86。人口经济系数差异逐步扩大表明北京人口经济活力并未得到充分激发，较大的发展潜力亟待释放。

### （四）青年人才储备和人才国际化面临更高要求

当前，日趋激烈的人才竞争对北京人才工作提出更高要求。青年人才的数量和质量直接关系地区人才生态系统稳定，不仅反映着当前的地区人才年龄结构，而且从客观上描绘着未来的地区人才图景。未来，北京需进一步重视青年人才储备工作，近年来北京高校毕业生中留京就业的比重持续下降。2017~2019 年留在北京就业的毕业生分别占北京高校毕业生总数的 62.68%、62.49% 和 61.76%，[1] 2022 年该比重下降至 56.40%。[2]

高水平人才高地建设对人才国际化提出更高要求。近年来，北京不断创

---

[1] 《2019 年北京地区高校毕业生就业质量年度报告》，北京市教育委员会。

[2] 《北京市用人单位预计招聘 15.9 万名应届生 工学学科毕业生需求量最高》，北京市人民政府网站，2023 年 4 月 17 日，https：//www.beijing.gov.cn/fuwu/bmfw/sy/jrts/202304/t20230417_3056480.html。

新国际人才工作思路，从工作、生活出发开展了一系列卓有成效的实践，然而与高水平人才高地建设目标相比仍有较大提升空间。根据《2023 年中国火炬统计年鉴》，北京高新技术企业留学归国人员比例为 1.97%，高于东部地区 0.67% 的平均水平，位居全国第一。与此同时，北京外籍常驻人员比例为 0.11%，低于东部地区 0.13% 的平均水平，与全国平均水平持平。[①] 随着国际国内科技和人才竞争日趋白热化，北京不断提升人才服务水平至关重要。

### （五）可持续发展亟须提升人口绿色生活水平

近年来，北京生产用能耗不断下降，绿色发展势头强劲，在大气污染防治领域取得了令人瞩目的成绩，空气质量持续改善，城市绿地覆盖率和人均公园绿地面积持续增长，但人口绿色生活水平有待进一步提升。

人口绿色发展是人口均衡发展的题中应有之义。北京人口资源环境仍处于紧平衡阶段，2022 年人均水资源量为 108.6 立方米，远低于国际公认的人均 1000 立方米的缺水警戒线。近年来，北京生活用水量仅在 2020 年有所下降，其他年份均提高。2022 年，北京生活用水量为 18.6 亿立方米，比 2021 年增加了 0.2 亿立方米；人均生活用能源从 2010 年的 650.2 千克标准煤持续升至 2022 年的 852.1 千克标准煤。生活用水和生活用能源指标持续升高表明，未来在生产领域进一步推动节能减排、绿色发展的同时，要加快生活领域绿色生活方式的推进步伐。

## 三 首都人口高质量发展的对策建议

### （一）强化北京人口发展战略研究，进一步完善人口服务管理体系

北京高度重视人口发展战略研究和人口服务管理工作，不断提升人口信

---

① 科学技术部火炬高技术产业开发中心编《2023 年中国火炬统计年鉴》，中国统计出版社，2023。

息管理服务水平，为推动首都人口高质量发展提供了有效的战略性支撑和数字化支持。

强化人口战略引领力。进一步强化人口发展一般规律同北京人口发展独有特征的研究。结合首都功能定位和重点工作，下一步需重点立足北京特点，深度研究制约中国式现代化北京实践的近期人口难点和远期人口风险，加强人口增减一般规律和国际对标研究，深入研究人口规模、结构、素质同科技创新关系的一般规律，强化对人口—资源—环境关系一般规律的研究，逐步达成对首都人口高质量发展规律的基本共识，并将其应用于研究以人口高质量发展不断推进北京创新、协调、绿色、开放、共享发展实践的具体路径。

建立完善人口监测预报预警机制。针对北京人口发展特征，充分发挥传统统计分析和大数据分析的双重优势，探索建立人口数据融合和服务标准体系，进一步打破数据壁垒；强化人口数据动态监测体系建设，整合多种预报预测工具和方法，探索更具北京特色、更加科学的人口数据近期预报、中长期预警模型。

继续完善人口服务管理体系。结合北京当前人口形势，从就业、户籍、住房、医疗、教育、养老、托育等重点领域入手，不断健全人口服务管理体系，提升公共服务水平，将服务融入管理，不断提升人口登记管理和人口信息管理的服务能力和水平。

## （二）积极推动生育友好型社会建设，释放生育政策红利

建设生育友好型社会，立足家庭发展，满足不同代际、不同性别家庭成员发展需要，释放生育政策红利，对促进北京人口长期均衡发展和现代化建设具有重要意义。

建立生育友好财政专项资金。在全球人口增速放缓的背景下，低生育率成为越来越多国家和地区面临的重要人口风险，拿出一定比例的 GDP 刺激生育成为绝大多数发达国家和地区的共识。为进一步提高生育友好相关资金的使用精准度和效率，需整合现有生育津贴、税收优惠等政策，建立生育友

好专项财政资金，结合生育刺激目标，合理测算该资金占 GDP 的比重，根据不同地区、不同人群需求特征，精准安排税收支持、生育津贴、现金补贴的组合比例。在建立生育友好财政专项资金体系的基础上，建立完善生育友好统计体系和政策评估体系。

综合施策持续优化生育友好环境。婚育养育教育焦虑和压力是当前制约生育水平提高的重要因素，需要大力弘扬积极家庭观念，引入社会工作"助人自助"的理念，创新团体工作、小组工作、个案工作方式，打造多模态大众心理引导和调适机制，以正向宣传引导人们树立更加积极的婚育观念，将家庭整体更好发展同个人事业发展以及社会整体发展更加有机、深入地统一起来，让人们更加深入理解婚姻、生育、养育、家庭在个人全面发展中的价值和作用。此外，更加深入探索面向家庭整体的生育友好激励机制，在全社会树立更加重视家庭的价值理念。除积极婚育观念引导外，针对婚育养育教育实际成本高的问题，继续深入倡导文明婚育观念，深入推动教育改革，从根本上破除教育"内卷"，提供更加普惠可及的托育服务，针对北京超大城市特征以及居住在家庭发展中的重要作用，深入推进"青年安居"工程，创新住房供给模式，积极撬动社会资本，鼓励多主体参与，为青年人提供能够满足其家庭发展需要的质优价廉的住房，让青年人敢婚育、愿婚育。

进一步形成生育友好政策合力。生育友好涉及生育养育教育全过程，提升不同环节、不同类型生育友好政策的一致性，形成政策合力非常关键，需要深入开展人群需求调查，摸清设施、服务、假期、津贴补贴等的实际需求形式、需求结构和需求数量，在此基础上制定不同时期的生育友好政策目标，更好实现托育服务、假期、津贴补贴、税收减免等政策的高效联动，逐步实现假期与托育服务"无缝"衔接；综合考虑职场发展和家庭发展双重需要，积极探索更加合理的假期时长和更加灵活的休假模式，从实质上保障就业领域性别平等，加快构建更加可及、高效的多层次托育服务体系，进一步提升托育服务监管法治化、社会化和智能化水平，为托育服务注入持久信任力，更好实现家庭照料资源、托育服务资源和其他照料资源的平衡，打造优质高效、"无缝"衔接、主体多元、层次多样的婴幼儿照料服务体系。

### （三）推进高水平人才高地建设，进一步提升人才创造力

伴随全国范围内人口转向，从人口发展战略和首都功能定位出发，积极探索稳定劳动力供给的长效机制，不断优化人才生态链，做足做优人才服务保障，提升人才创造力对推进北京现代化至关重要。

以更大力度吸引和留住年轻人口。吸引和留住年轻人口对防范和化解劳动力供给风险至关重要，是立足现实、放眼未来的战略举措。人口负增长和老龄化背景下，国际国内对人才和年轻人口的争夺日趋白热化。北京需继续发挥地区优势，从质和量两方面加大对大学毕业生和年轻流动人口的选择性公共服务供给力度，持续优化"积分落户"制度，完善多层次住房保障制度，面向年轻人口打造新的城市IP，建立完善压力调试和心理关爱机制，从身份认同和生活支持上重点破除可能对年轻人口形成阻挡效应的政策安排。从职业发展上推进"青年启航"行动，建立完善青年发展导师制度，用好人才制度，继续优化青年人口成长成才环境，将北京打造成青年人向往的创新创业热土，形成对年轻人口的持久吸引力，吸引、留住年轻人口。

高标准打造人才生态链。北京人才总量领先全国，高学历人才占比高，但对标国际领先水平，北京仍须在以下方面做出努力。加大对国际一流人才在税收、居住、医疗、子女教育等方面的支持保障力度，加强人才基础设施建设，打造一流的人才信息归集、整理、分析、发布、预报服务平台，加强人才服务队伍职业化建设，继续探索推广人才管家等制度，全面提升人才服务能力和水平。继续在国际范围内吸引战略领军科技人才，加大对国际一流企业家人才的吸引力度，保护企业家精神。充分提升对战略科学家、科技领军人才、卓越工程师等核心人才的吸引力，继续提升各类人才的凝聚力，让人才进得来、留得住，提升人才配套能力和人才梯队建设水平，形成良好的人才生态链，并将之与"柔性引智"相结合，推动人才生态链不断完善。

进一步提升人才创造力。一方面，高质量就业是提升人才创造力的基础，发挥不同年龄、不同发展阶段劳动者的优势，打造全龄友好型就业体系至关重要。未来需继续在做好就业监测的基础上一体化推进科技、教育、人才工作，不断优化就业环境，破除职业竞争中的无效"内卷"，加大技能培训、职业规划和职业素养培训力度，打造更加高效便捷的终身教育体系，完善就业服务平台，推动人才有序流动。另一方面，科技产出是人才创造力的重要体现，北京更加高效的科技产出蕴藏着更大的创新创造活力，需继续加大科技研发投入力度，以更大力度推进科研成果转化平台建设，加大科技成果保护力度，深入推动科研人员薪酬制度改革，营造良好的科研成果产出转化生态，不断提升科研成果产出、转化水平以及服务经济社会高质量发展的能力和水平。

## （四）以健康、参与、保障和产业为支点，积极应对人口老龄化

老龄化是北京人口发展的重要特征之一，北京构建了"三边四级"养老服务体系，开展养老机构服务评级，大力发展居家养老服务，组建北京康养集团，积极推动医养结合，取得了一系列成效。顺应北京人口形势，仍须立足健康、参与、保障、产业，积极应对人口老龄化。

构建一体化医养联合体系统。继续发挥北京优质医疗卫生资源集聚的优势，打造集医、药、康、养、护、防于一体，机构和社区相融合的老年健康大系统，积极培育老年人健康"守门人"，同时重视医疗干预和社会干预，进一步优化老年人用药指导、慢病管理和康复护理体系，重点防范和化解现有医养结合体系中重点人群覆盖不足、服务内容不充分等可能带来的"社会性住院"风险，构建立体化医养人才培养、引进、留用、激励、下沉机制，通过纳入职称评价体系等措施破解医养领域护理员严重短缺的问题。

进一步提升老年人力资源开发水平。更加重视健康老人的参与意愿和参与需求，将老年人力资源开发放到就业议题中统筹规划，更好发挥老年人力资源对就业市场的调节作用。继续倡导"积极老龄化"理念，优化老年人继续参与经济社会发展的环境，更加重视老年就业服务平台等基础设施建

设，积极探索更加灵活的退休政策，更加重视老年教育，加强老年人力资源开发立法工作。

持续提升养老保障水平。深入创新筹资和支付模式，完善政府、市场、社会、老年人个人及其家庭共担的机制，持续创新养老模式，提升居家、社区、机构联动的效率和水平。在筹资方面，加大力度改变第一支柱"一家独大"的局面，以更大力度推动年金扩面，推进税延红利释放，做实、做大、做优、做强养老金"三支柱"，逐步形成结构优化、功能互补、均衡发展的养老金保障体系。此外，总结试点经验，尽快在全市推开长期护理险；创新养老普惠金融供给模式和监管方式，推动行业规范自律，进一步提升养老金融行业的公众信任力。

最大限度激发银发经济活力。适应北京银发经济发展需要，进一步加强老龄产业立法，推进老龄产业标准化建设，从根本上改变老龄产业发展鱼龙混杂、参差不齐的局面；强化养老需求调查，紧紧围绕老年人需求，提升养老产业供给的精准性、层次性、可及性，持续提升养老产业资源配置效率和水平，不断激发银发经济活力，持续增进老年人福祉；更加注重市场细分和规模效益，打造老龄产业发展首都样本，结合产业发展规律和北京市情，分层分类细分市场，把握首都特色，重点在智能养老、养老金融、养老咨询、协同式旅居养老、生产性养老等细分市场形成集聚优势，发挥规模效应，逐步将北京经验向外延伸推广。

## （五）产业和公共服务双轮驱动，以京津冀一体化推动人口空间分布优化

当前，北京需要进一步明确产业和公共服务双轮驱动路径，以京津冀一体化推动人口空间分布优化。

继续加强产业多中心和公共服务均等化建设。京津冀协同发展为北京防范和化解人口风险提供了更加广阔的空间。未来，需继续以"疏整促"工作为抓手，结合不同区域的特征和资源优势，推动多中心、高质量产业集聚空间建设。从数量和质量两个方面加大公共服务供给力度，提升产业集聚区

的优质公共服务资源供给能力和水平，推动更高水平的公共服务均衡，用产业导入集聚就业人口，用优质的公共服务维持人口，提升人口的空间均衡度。在北京市内，尤其要重视对城市发展新区人口承载潜力的挖掘。

进一步优化交通布局。在现有交通布局下，需继续依托高铁优势，加大京津冀城市群通勤圈、功能圈、产业圈快速路网和大站交通设施建设力度，加强高铁和城市内部交通便捷、快速换乘体系建设，在北京市内加大城市发展新区快速轨道交通路网密度，为人们提供更加便捷、舒适、快速、高效的交通设施，更好联通中心城区，更好发挥快速轨道交通的人口集聚效应，使人口在更广阔的空间上更加均衡分布。

在教育和养老上重点发力。在教育领域，继续通过教师轮岗、集团办校等措施，推进义务教育资源更高水平均衡，更好提升义务教育人口和就业人口的空间分布协同性，降低优质教育资源追逐带来的中心城区尤其是首都功能核心区教育人口的过度集聚。在养老领域，主要通过紧密型医养联合体建设、整合、重组、完善交通较为便利、生态环境更好的平原新城和浅山区的空置养老设施，进一步提升护理院和养老社区建设水平，为老年人提供更多养老"备选项"，提升相关地区对老年人口的吸引力，降低首都功能核心区医养人口密度，提升人口结构空间均衡度。

## （六）继续倡导节能环保，加快形成绿色生活方式

北京人口密度大，践行绿色生活方式所产生的环保和生态效益较高，尤其需要在立法、宣传、消费上重点突破。

加强绿色生活方式建章立制工作。完善的规章制度是工作有效推进的重要保障，在绿色生活方式领域亦如此。当前，需要继续完善绿色生活方式相关政策，尤其是推进绿色消费标准化体系建设，明确权责关系和奖惩制度，推动形成绿色生活方式长效机制。

创新绿色生活方式宣传工作。通过营造更多宣传场景、创造更多宣传载体、找到更多宣传路径，创新宣传方式，积极开展绿色标兵、绿色家庭等的评选活动，进一步推进绿色生活方式进社区、进学校活动，营造崇尚绿色生

活方式的良好社会环境，让绿色生活方式能够真正内化为人们的一种自觉自愿的社会行为。

加大绿色消费推进力度。绿色消费重在培育一种简约适度、绿色低碳、文明健康的生活理念和消费方式，当前需要继续完善生活垃圾生产、分类的激励机制，降低生活领域能源资源消耗量，推动人们形成绿色、可持续消费理念，建设可信、高效的消费品以旧换新平台，鼓励和推动消费品以旧换新。在出行方面，仍须大力打造更加安全、便捷的慢行交通系统，进一步提升公共交通运力和舒适度，鼓励和吸引人们更多使用公共交通绿色出行。

# 分 报 告

## B.2
## 北京人口经济活力研究报告

薛伟玲 吴梦心*

**摘 要：** 在人口新形势下，不断提升人口经济活力，对地区经济社会发展具有重要意义。本报告利用定量研究方式，从生产、分配、交换、消费4个环节对北京人口经济活力现状进行分析，发现北京人口经济活力领先全国水平，但依旧面临劳动力供给远期风险，科技产出效率仍有提升空间，收入分配差距有所扩大，市场发展不平衡、不充分，消费活力有待进一步激发。在此基础上，本报告客观认识风险挑战背后蕴藏的潜力，从化挑战为机遇的视角提出提高北京人口经济活力的对策建议，包括持续提高劳动力素质、不断提升生产效率、缩小收入差距等。

**关键词：** 人口 经济活力 北京

---

* 薛伟玲，博士，中共北京市委党校（北京行政学院）社会学教研部（北京市人口研究所）副教授、硕士生导师，主要研究方向为人口经济学、老年健康；吴梦心，中共北京市委党校（北京行政学院）社会学教研部（北京市人口研究所）硕士研究生，主要研究方向为经济社会学。

"十四五"时期，我国进入新发展阶段，发展基础更加坚实，发展条件发生深刻变化，高质量发展面临新的机遇和挑战。人口作为经济社会发展的基础性、战略性变量，始终是影响经济社会发展的基本问题，其数量、质量、结构、分布等对经济社会发展具有重要作用。新发展阶段，我国人口发展进入深度转型阶段，北京作为首都，贯彻落实人口发展战略，在稳规模、优结构、提素质、强分布方面做出了卓有成效的努力，但是仍面临一系列重要挑战。在此背景下，研究北京人口经济活力对于促进北京高质量发展具有重要的战略意义和时代价值。

人口是社会经济活动的主体，生产力是社会发展的最终决定力量，劳动者是生产力中最活跃的因素，一定数量人口的存在是生产力的前提。社会生产方式的变动与发展通过人口的活动实现，物质生产的存在与发展以人口的存在与发展为前提。在生产领域，没有一定数量、素质、密度和结构的人口，经济活动不可能存在与发展。在分配领域，人口对分配的作用通过影响可分配产品的数量，进而影响积累和消费的比例，影响工资、利润在国民收入中占据的比例等来实现。在交换领域，人口与交换的关系表现为人口与市场的关系，市场交换的规模和构成受到人口的制约，人口作为生产者制约着市场交换的供给，人口作为消费者制约着市场交换的需求。在消费领域，人口规模和结构的变化将不断影响消费的结构和格局。本报告基于人口经济活力这一概念衡量北京人口的经济产出效率，从生产、分配、交换和消费4个环节研究北京人口经济活力。

## 一 北京人口经济活力现状和变动趋势

本报告使用人口经济系数衡量北京的人口经济活力。使用以下公式：

$$人口经济系数 = \frac{GDP_i}{\sum GDP_i} \bigg/ \frac{POP_i}{\sum POP_i} \tag{1}$$

其中，$GDP_i$为某地的 GDP，$POP_i$为某地的常住人口。

这一指标越高，表示单位人口的经济产出贡献越大；这一指标大于等于 1，表明高于全国平均水平。

## （一）北京人口经济活力稳步上升，并领先全国

从全国范围来看，北京人口活力高于全国平均水平。2010~2022 年北京人口经济活力总体呈现上升趋势。2010 年北京人口经济系数为 2.21，排名全国第二；2015 年北京人口经济系数为 2.01，排名全国第二；2020 年北京人口经济系数为 2.30，排名全国第一；2022 年北京人口经济系数为 2.23，排名全国第一（见表 1）。

表 1　2010~2022 年人口经济系数排名前三的地区

| 排名 | 2010 年 | 2015 年 | 2020 年 | 2022 年 |
| --- | --- | --- | --- | --- |
| 1 | 上海（2.29） | 天津（2.20） | 北京（2.30） | 北京（2.23） |
| 2 | 北京（2.21） | 北京（2.01） | 上海（2.17） | 上海（2.11） |
| 3 | 天津（2.18） | 上海（1.95） | 江苏（1.69） | 江苏（1.69） |

资料来源：国家统计局网站分省年度数据。

北京人口规模下降并没有对经济活力造成显著的负面影响。第一，虽然劳动年龄人口占比和规模下降，劳动力呈现老龄化特征，人口抚养负担加重，但是随着人口素质的提高及科技创新能力的不断增强，劳动生产率逐年上升，在一定程度上缓解了人口生产压力；另外，北京当前仍处于劳动力相对充足的阶段，且常住人口中劳动年龄人口占比高于全国平均水平。第二，北京居民收入水平稳步提升，人均可支配收入的增长为消费提供了动力，促进了消费市场的扩大，推动居民消费结构的优化和升级，消费对经济发展的拉动作用仍然明显。

## （二）北京各区人口经济活力差异较大，人口经济活力提升潜力大

根据表 2，2010~2022 年，首都功能核心区人口经济活力远超其他各区，维持在 2 以上的水平。城市功能拓展区中，朝阳区、海淀区人口经济系数常年大于 1，超过全市平均水平；石景山区人口经济系数呈现增长趋势；

丰台区人口经济系数在 0.50~0.60 波动。除顺义区外，城市发展新区和生态涵养发展区的人口经济系数常年在 0.70 以下。顺义区人口经济系数由 2010 年的 1.45 下降到 2022 年的 0.88。

表2　2010~2022 年北京各区人口经济系数

| 分区 | 地区 | 2010 年 | 2015 年 | 2020 年 | 2022 年 |
|---|---|---|---|---|---|
| 首都功能核心区 | 东城区 | 2.04 | 2.22 | 2.71 | 2.76 |
| | 西城区 | 2.43 | 2.58 | 2.96 | 2.93 |
| 城市功能拓展区 | 朝阳区 | 1.20 | 1.21 | 1.33 | 1.30 |
| | 丰台区 | 0.53 | 0.51 | 0.60 | 0.58 |
| | 石景山区 | 0.76 | 0.76 | 0.99 | 1.00 |
| | 海淀区 | 1.37 | 1.37 | 1.77 | 1.85 |
| 城市发展新区 | 房山区 | 0.57 | 0.52 | 0.37 | 0.37 |
| | 通州区 | 0.48 | 0.47 | 0.39 | 0.38 |
| | 顺义区 | 1.45 | 1.36 | 0.91 | 0.88 |
| | 昌平区 | 0.36 | 0.37 | 0.33 | 0.33 |
| | 大兴区 | 0.39 | 0.37 | 0.31 | 0.31 |
| 生态涵养发展区 | 门头沟区 | 0.48 | 0.50 | 0.41 | 0.39 |
| | 怀柔区 | 0.62 | 0.69 | 0.59 | 0.58 |
| | 平谷区 | 0.42 | 0.49 | 0.46 | 0.51 |
| | 密云区 | 0.44 | 0.46 | 0.41 | 0.39 |
| | 延庆区 | 0.34 | 0.40 | 0.37 | 0.35 |

资料来源：北京市统计局网站。

由数据可知，人口经济活力变动并不完全与人口规模变动同向，还受人口结构、素质、收入水平、市场规模、消费结构等因素的共同影响。需要从整体上把握北京人口经济活力的变化趋势，推动人口和产业的均衡发展。

## 二　基于生产的北京人口经济活力：需警惕 劳动力供给侧结构性风险，持续提升 人口创新创造能力

人口与物质资料生产过程的关系体现为人口与劳动力资源的关系。劳动

力资源包括劳动年龄内具有劳动能力的全部人口和劳动年龄以外实际常年参加社会劳动的人口两个部分。劳动力资源的数量、素质和结构与物质资料生产密不可分，对生产有促进或制约作用。

### （一）劳动年龄人口规模和比重下降，但目前劳动力仍充足

北京作为超大城市，吸引着大量劳动年龄人口前来就业。2010～2014年，北京劳动年龄人口总体规模逐年扩大，以15～64岁标准计算，2014年达到峰值1717.1万人，从2015年以后逐渐减少，到2022年，北京劳动年龄人口为1590.2万人。同样地，2010～2016年，北京常住人口逐年增加，到2016年达到峰值2195.4万人，从2017年后逐渐减少，到2022年，北京常住人口为2184.3万人。2010～2014年，北京劳动年龄人口随着常住人口的增加而增加。2010～2022年北京劳动年龄人口变化如下：2010～2014年累计增加94.9万人，2015～2022年累计减少122.2万人。整体上，2010～2022年，北京劳动年龄人口占比呈现下降趋势（见图1）。

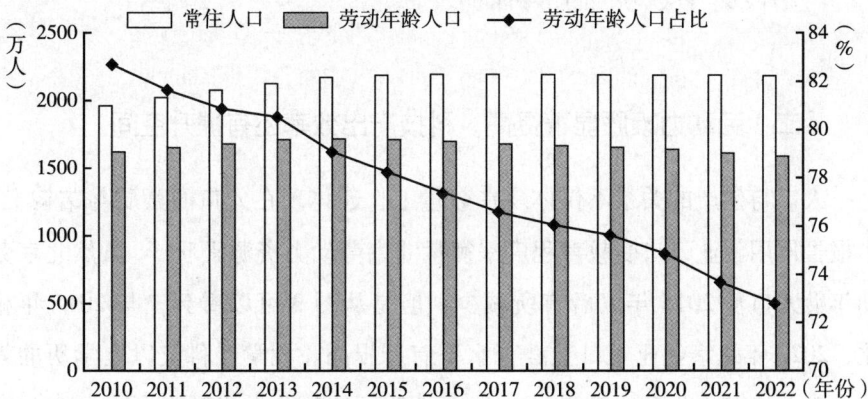

**图1　2010～2022年北京常住人口和劳动年龄人口**

资料来源：相关年份《北京统计年鉴》。

从社会劳动生产率来看，2010～2022年北京社会劳动生产率逐年上升（见图2），说明劳动年龄人口的减少并没有显著影响社会劳动生产率。同期，北京GDP指数逐年增长，2022年为5119.3，在劳动年龄人口减少的情

况下，人口创造了更多的经济增量，人均生产效率更高。此外，2010~2022年，北京15~64岁劳动年龄人口占比始终超过70%，说明北京劳动力资源相对充足。北京走出了一条减量发展的路子，但需要注意的是，劳动年龄人口规模和比重的下降趋势提示了劳动力供给风险的存在。

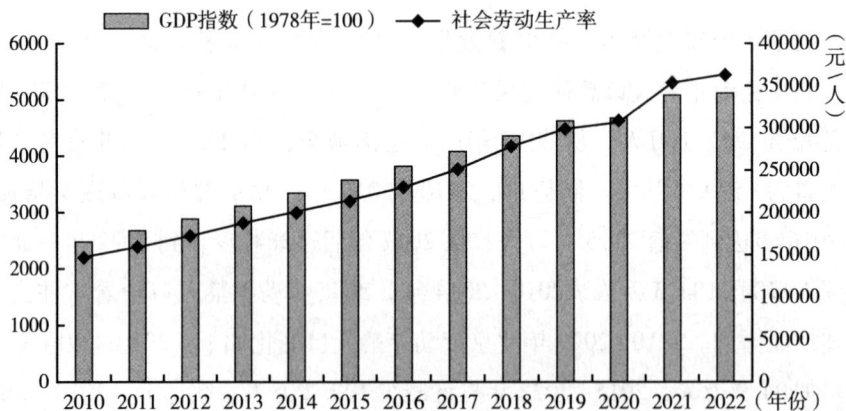

图2　2010~2022年北京GDP指数和社会劳动生产率

资料来源：相关年份《北京统计年鉴》。

## （二）劳动力素质显著提高，科技产出效率还有提升空间

人口与生产的关系不仅体现在数量上，还体现在人口的素质与结构上。本报告使用就业人口受教育程度来衡量北京劳动力资源素质。[①] 虽然北京劳动年龄人口从2015年以后有所减少，但是从图3可以看到，与2015年相比，2022年北京就业人口受教育水平有所提高。大学专科及以上学历的就业人口总体增长，其中接受过大学专科教育的就业人口减少了6.93%，接受过大学本科教育的就业人口增加了31.91%，接受过研究生教育的就业人口增加了91.62%，劳动力素质提升明显。

① 资料来源于《中国人口和就业统计年鉴2023》。就业人口指的是年满16周岁，为取得报酬或经营利润，在调查周期内从事了1小时（含1小时）以上劳动的人员；或由于在职学习、休假等在调查周期内暂时未工作的人员；或由于停工、单位不景气等在调查周期内临时未工作的人员。

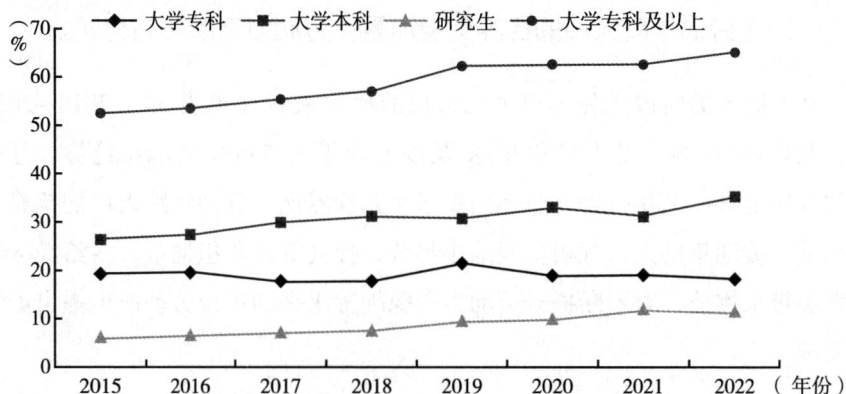

**图3 2015~2022年北京就业人口受教育情况**

资料来源：相关年份《中国人口和就业统计年鉴》。

北京人口素质与北京国际科技创新中心的战略定位相适应。北京受过高等教育者占总就业人口的比例远超全国水平。在北京就业人口中，有一半以上受过大学专科及以上高等教育。2022年，在全国就业人口中，受过高等教育者占24.1%，北京为65.3%，领先全国，高于排名第二的上海（53.7%）11.6个百分点。

从产出角度来看，相比2015年，2022年北京研究与试验发展（R&D）人员增加了196026人，每万人发明专利拥有量增加156.44件，技术合同增加22789项，技术合同成交总额增长4494.91亿元。2022年北京科技产出效益大幅提升。[①] 2022年北京技术合同成交额占全国技术合同成交总额的16.63%，规模和占比均位居全国第一，与排名第二的上海的差距由5.2倍缩小到2.1倍。在专利授权数量方面，2022年排名前五的城市分别为广东、江苏、浙江、山东和北京，数量分别为837276件、560127件、443985件、342290件、202722件，[②] 北京科技产出效率还有进一步提升的空间。

① 资料来源：《北京统计年鉴2023》。
② 资料来源：《中国统计年鉴2023》。

## （三）劳动年龄人口的抚养负担加重，劳动力老龄化趋势明显

从不同年龄阶段常住人口占总人口的比重来看（见表3），2010~2022年，北京0~14岁少儿人口和65岁及以上老年人口占比呈增长趋势，总抚养比逐年上升，老年抚养比总体稍高于少儿抚养比，劳动年龄人口的抚养负担加重。劳动年龄人口规模呈现缩小趋势，社会抚养负担加重，将给经济社会发展带来挑战，对不断提升劳动力资源配置水平和单位劳动产出提出了更高要求。

表3　2010~2022年北京常住人口年龄结构及抚养比

单位：万人，%

| 年份 | 常住人口 | 年龄结构 | | | 抚养比 | | |
|---|---|---|---|---|---|---|---|
| | | 0~14岁 | 15~64岁 | 65岁及以上 | 少儿抚养比 | 老年抚养比 | 总抚养比 |
| 2010 | 1961.9 | 8.60 | 82.69 | 8.72 | 10.40 | 10.54 | 20.94 |
| 2011 | 2023.8 | 9.23 | 81.64 | 9.13 | 11.31 | 11.18 | 22.48 |
| 2012 | 2077.5 | 9.66 | 80.87 | 9.47 | 11.95 | 11.71 | 23.65 |
| 2013 | 2125.4 | 9.82 | 80.53 | 9.65 | 12.20 | 11.98 | 24.18 |
| 2014 | 2171.1 | 10.43 | 79.09 | 10.48 | 13.19 | 13.25 | 26.44 |
| 2015 | 2188.3 | 10.73 | 78.25 | 11.02 | 13.71 | 14.09 | 27.79 |
| 2016 | 2195.4 | 11.11 | 77.39 | 11.51 | 14.35 | 14.87 | 29.22 |
| 2017 | 2194.4 | 11.35 | 76.59 | 12.06 | 14.82 | 15.75 | 30.57 |
| 2018 | 2191.7 | 11.50 | 76.05 | 12.46 | 15.12 | 16.38 | 31.50 |
| 2019 | 2190.1 | 11.57 | 75.63 | 12.80 | 15.30 | 16.93 | 32.23 |
| 2020 | 2189 | 11.84 | 74.86 | 13.30 | 15.81 | 17.77 | 33.58 |
| 2021 | 2188.6 | 12.09 | 73.67 | 14.24 | 16.42 | 19.33 | 35.74 |
| 2022 | 2184.3 | 12.09 | 72.80 | 15.11 | 16.60 | 20.76 | 37.36 |

资料来源：相关年份《北京统计年鉴》。

得益于外来人口以就业为主的迁移目标，该群体中劳动年龄人口占比较户籍人口更高。2022年北京常住人口少儿抚养比、老年抚养比、总抚养比均低于全国水平，分别比全国低8.20个、1.04个、9.24个百分点。

分区域来看，北京人口年龄结构呈非均衡分布态势。西城区、东城区和

平谷区总抚养比高于全国水平，位居北京各区前三，分别为 54.49%、51.40%、48.53%，面临抚养孩子和赡养老人的双重压力，抚养负担较重。朝阳区、门头沟区、海淀区、房山区、顺义区、通州区、昌平区 7 区总抚养比低于全市水平，抚养负担较轻。密云区、丰台区、延庆区、石景山区、怀柔区、大兴区总抚养比处于中间水平，抚养负担中等（见图 4）。

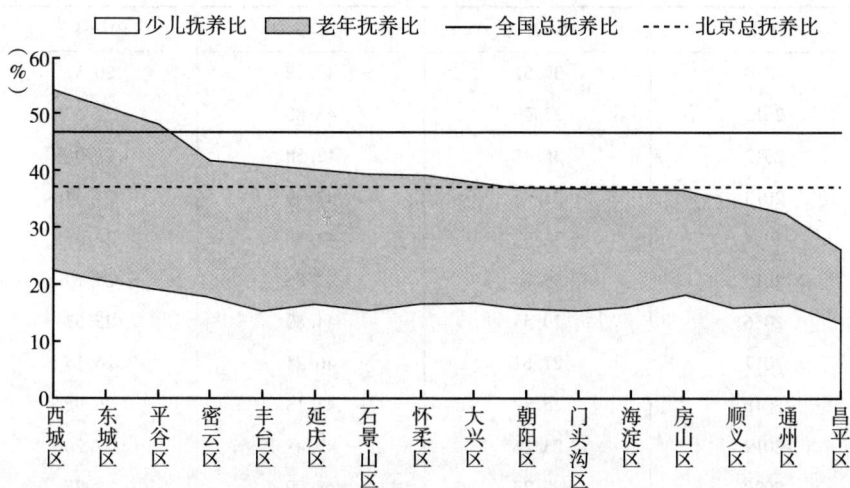

**图 4  2022 年北京各区人口抚养比**

资料来源：《北京区域统计年鉴 2023》。

随着人口老龄化程度的不断加深，未来抚养比将在水平和结构两个方面发生变化，水平上将呈现持续上升趋势，结构上老年抚养比将进一步高于少儿抚养比，这些变化将共同加剧人口的生产力风险。

根据表 4，2010~2022 年，在劳动年龄人口中，北京 15~29 岁人口占比呈明显下降趋势，2022 年为 21.53%；30~49 岁人口占比呈上升趋势，2022年为 48.82%；50~64 岁人口占比呈上升趋势，2022 年为 29.65%。显然，北京劳动年龄人口以 30~49 岁的成熟劳动力为主。同时，从 2015 年开始，北京 50~64 岁老年劳动力在劳动人口中的占比超过 1/4，到 2022 年占比近30%。与此一致的是，15~29 岁劳动年龄人口比重有较大幅度的下降。

2010~2022 年，北京 15~29 岁的年轻劳动力在劳动人口中的占比下降了
15.98 个百分点。北京劳动年龄人口老龄化风险加剧，给人口经济活力的提
升带来远期风险。

表4　2010~2022 年北京劳动年龄人口中各年龄段人口占比

单位：%

| 年份 | 15~29 岁 | 30~49 岁 | 50~64 岁 |
|------|----------|----------|----------|
| 2010 | 37.51 | 42.12 | 20.37 |
| 2011 | 35.70 | 42.80 | 21.50 |
| 2012 | 35.45 | 42.58 | 21.96 |
| 2013 | 35.86 | 42.79 | 21.34 |
| 2014 | 31.97 | 43.58 | 24.45 |
| 2015 | 30.85 | 43.86 | 25.29 |
| 2016 | 29.54 | 44.89 | 25.57 |
| 2017 | 27.61 | 46.24 | 26.15 |
| 2018 | 25.87 | 47.18 | 26.95 |
| 2019 | 25.26 | 47.48 | 27.26 |
| 2020 | 23.73 | 48.00 | 28.27 |
| 2021 | 22.63 | 48.48 | 28.88 |
| 2022 | 21.53 | 48.82 | 29.65 |

资料来源：相关年份《北京统计年鉴》。

## 三　基于分配的北京人口经济活力：居民共享
## 发展成果，但收入分配差距有所扩大

　　人口对分配的作用，是通过影响可分配产品的数量，进而影响积累和消
费的比例，影响工资、利润在国民收入中占据的比例等来实现。一般地，国
民收入中用于消费的比重高，用于积累的比重就会降低，这将给扩大再生产
带来风险。本报告使用 GDP 相关指标考察北京人口与分配的关系。

## （一）人口增长与国民收入分配相协调，居民共享发展成果

2010～2022 年，北京 GDP 和人均 GDP 逐年上升。根据表5，2010～2017 年，北京人均 GDP 增长率均低于 GDP 增长率；2017 年以后，北京人均 GDP 增长率与 GDP 增长率基本一致，人口对国民收入的作用明显。

2010～2022 年，北京人均 GDP 增长率基本上都高于人口增长率。北京常住人口在 2016 年达到峰值之后，呈现小幅下降趋势，但 2016～2019 年人均 GDP 增长率均高于 6.00%。2020 年受新冠疫情的影响，GDP 增长率大幅下降，2021 年恢复到往年平均水平。2022 年，北京人均 GDP 小幅增长，增长率为 0.80%。

**表5 2010～2022 年北京 GDP 及人口增长情况**

单位：%

| 年份 | GDP 增长率 | 人均 GDP 增长率 | 人口增长率 |
| --- | --- | --- | --- |
| 2010 | 10.40 | 4.90 | 5.48 |
| 2011 | 8.10 | 3.60 | 3.16 |
| 2012 | 7.70 | 4.70 | 2.65 |
| 2013 | 7.70 | 5.20 | 2.31 |
| 2014 | 7.40 | 5.10 | 2.15 |
| 2015 | 6.90 | 5.40 | 0.79 |
| 2016 | 6.90 | 6.30 | 0.32 |
| 2017 | 6.80 | 6.70 | -0.05 |
| 2018 | 6.70 | 6.80 | -0.12 |
| 2019 | 6.10 | 6.20 | -0.07 |
| 2020 | 1.10 | 1.10 | -0.05 |
| 2021 | 8.80 | 8.90 | -0.02 |
| 2022 | 0.70 | 0.80 | -0.20 |

资料来源：相关年份《北京统计年鉴》。

一般认为，在"人均 GDP 增长率：人口增长率>4：1"的条件下，可以达到原有人口生活水平提高、新增人口生活水平改善的情况。从分配角度来看，北京人均 GDP 稳步增长，2011 年以来，人均 GDP 增长率持续

高于人口增长率，北京人口增长与国民收入分配相协调，人民生活水平不断提高。

## （二）收入分配差距有所扩大，地区差异大

从人均可支配收入内部结构来看，将全市居民人均可支配收入按收入水平分为5组（见表6）。2015~2022年，各组都呈现上升趋势，体现了各收入层次居民共享发展成果。分组比较，北京高、低收入户居民人均可支配收入差距较大。2015~2022年，高、低收入户居民人均可支配收入之比由5.43上升至5.81，中高、中低收入户居民人均可支配收入之比由1.84上升至1.87，北京居民人均可支配收入差距拉大。

表6  2015~2022年北京居民人均可支配收入（按收入水平分）

单位：元

| 组别 | 2015年 | 2016年 | 2017年 | 2018年 | 2019年 | 2020年 | 2021年 | 2022年 |
|---|---|---|---|---|---|---|---|---|
| 低收入户（20%） | 18343 | 20204 | 22170 | 23926 | 25723 | 25394 | 27057 | 27997 |
| 中低收入户（20%） | 32968 | 36277 | 38452 | 41886 | 44971 | 44855 | 50226 | 51844 |
| 中等收入户（20%） | 45239 | 49342 | 53023 | 57864 | 62596 | 63969 | 70453 | 72830 |
| 中高收入户（20%） | 60627 | 65555 | 71451 | 77910 | 85170 | 88026 | 94678 | 97129 |
| 高收入户（20%） | 99621 | 105425 | 116018 | 126970 | 139298 | 145915 | 157816 | 162630 |

资料来源：相关年份《北京统计年鉴》。

分地区来看，2022年北京居民人均可支配收入排在前5名的分别是西城区、海淀区、东城区、石景山区、朝阳区，均高于全市平均水平（77415元），分别为99276元、96153元、92040元、86994元、86981元。其余11区居民人均可支配收入均低于全市平均水平，最高的西城区和最低的延庆区相差58070元，北京收入分配存在地区间的不平衡（见表7）。

表 7　2022 年北京各区居民人均可支配收入

单位：元

| 地区 | 居民人均可支配收入 | 地区 | 居民人均可支配收入 |
|---|---|---|---|
| 西城区 | 99276 | 大兴区 | 55804 |
| 海淀区 | 96153 | 通州区 | 51618 |
| 东城区 | 92040 | 房山区 | 49294 |
| 石景山区 | 86994 | 顺义区 | 47590 |
| 朝阳区 | 86981 | 怀柔区 | 47150 |
| 丰台区 | 74365 | 平谷区 | 45320 |
| 门头沟区 | 61323 | 密云区 | 44271 |
| 昌平区 | 58483 | 延庆区 | 41206 |

资料来源：《北京区域统计年鉴 2023》。

## （三）城乡居民收入差异缩小，但仍需重视绝对值差异

在城乡居民收入方面，尽管差异在缩小，但绝对值的差异仍不可忽视。2015~2022 年，北京城乡居民人均可支配收入不断增长，扣除价格因素，北京农村居民人均可支配收入实际年均增长 5.89%，比城镇居民人均可支配收入的年均增长率高 0.91 个百分点。[①] 随着农村居民人均可支配收入较快增长，城乡居民人均可支配收入差距逐年缩小，城乡居民人均可支配收入比由 2015 年的 2.57 下降至 2022 年的 2.42，其中 2021 年较上年下降幅度最大，为 0.06。由于北京城乡居民收入差距较大，在北京城乡居民人均可支配收入比下降的情况下，从绝对收入差距来看，2022 年北京城镇居民人均可支配收入比农村居民人均可支配收入高出 49269 元，较 2015 年增加了 16979 元；2015~2022 年北京城乡居民人均可支配收入绝对值差异扩大（见图 5）。

在分配环节，北京人口增长与国民收入分配相协调，为人民的消费提供了基础条件，人民生活水平有所提高，支撑着北京国际消费中心城市建设。

---

① 资料来源：相关年份《北京统计年鉴》。

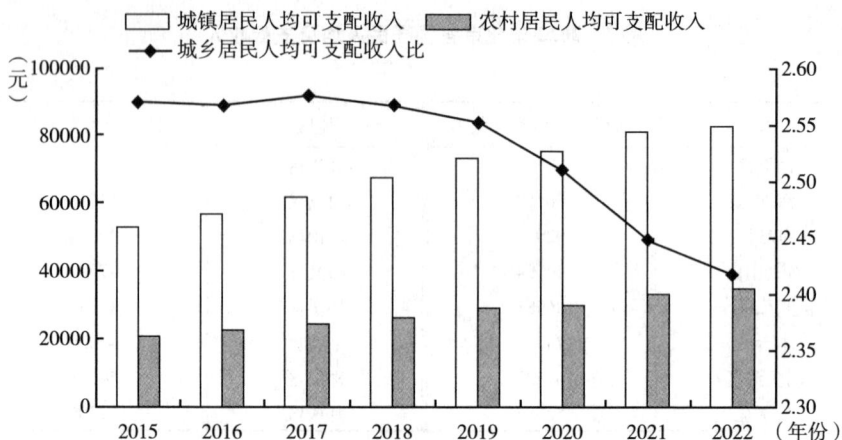

图5　2015～2022北京城乡居民人均可支配收入

资料来源：相关年份《北京统计年鉴》。

但是北京收入分配存在地区差异，高收入户和低收入户的差距扩大的现象值得重视。

## 四　基于交换的北京人口经济活力：市场规模与人口规模相适应，地区差异大

人口与交换的关系表现为人口与市场的关系，市场交换的规模和构成受到人口的制约。人口一方面是市场供给的主体，另一方面是市场需求的主体。人口作为生产者制约着市场交换的供给，人口作为消费者制约着市场交换的需求。市场可以分为生产资料市场和生活资料市场，前者是生产部门之间、生产者之间的桥梁，后者是生产者和最终消费者之间的桥梁。本报告重点讨论后者，以社会消费品零售总额衡量北京消费市场规模。

### （一）商品交易规模扩大，市场规模与人口规模相适应

2010～2022 年，北京商品交易规模不断扩大。北京社会消费品零售总额

整体呈现上升趋势，但是增速有所放缓（见图6）。2022年，北京市场总消费额比上年下降4.9%，其中服务性消费额下降2.9%。实现社会消费品零售总额13794.2亿元，比上年下降7.2%。限额以上批发和零售业中，与基本生活消费相关的粮油食品类和饮料类商品零售额分别比上年增长6.0%和2.4%，与升级类消费相关的金银珠宝类和文化办公用品类商品零售额分别比上年增长10.6%和0.6%，在新能源汽车置换补贴等政策的带动下，新能源汽车类商品零售额比上年增长17.1%。[①]

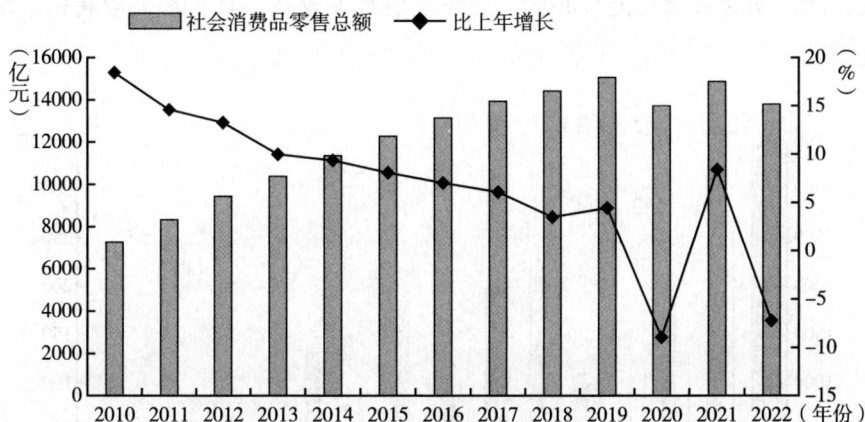

图6 2010~2022年北京社会消费品零售总额

资料来源：相关年份《北京统计年鉴》。

从人口视角分析，只有商品交换在各方面都与人口发展的需求相适应，交换才能充分发挥连接生产和消费的桥梁作用。要做到这点，需要处理好人口增长与零售商品增长的比例关系。2010~2022年，北京社会消费品零售总额增速远高于人口增速。市场规模与人口规模相适应，二者协调发展。

## （二）市场规模地区差异大，核心区人口少但市场规模大

2022年北京社会消费品零售总额存在地区差异。社会消费品零售总

---

① 《北京市2022年国民经济和社会发展统计公报》，北京市统计局网站，2023年4月14日，https://www.beijing.gov.cn/gongkai/shuju/tjgb/202304/t20230414_3032832.html。

额排在前 3 位的地区分别为朝阳区、海淀区、丰台区，排在后 3 位的地区分别为平谷区、门头沟区、延庆区；排名第一的朝阳区社会消费品零售总额是排在末位的延庆区的 30.53 倍（见图 7）。除了东城区、西城区以外，各区人口数量排名与社会消费品零售总额排名大致相当，东城区社会消费品零售总额排第 4 位，人口排第 10 位；西城区社会消费品零售总额排第 5 位，人口排第 9 位。东城区、西城区社会消费品零售总额和人口的排名差异较大，人口少但是市场规模大。这与东城区、西城区的功能定位不无关系，两区均为首都功能核心区，经济发展水平较高，收入水平较高，市场规模较大。

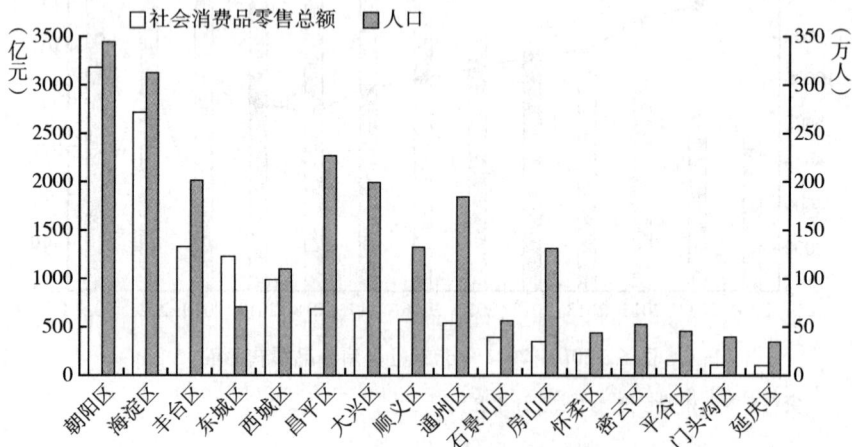

图 7　2022 年北京各区人口及社会消费品零售总额

资料来源：《北京区域统计年鉴 2023》。

## 五　基于消费的北京人口经济活力：消费的人口转型特征明显

消费是人们对生活资料的消耗，是消费者与消费对象之间的物质交换。人口是消费的主体，没有人口就没有消费。人口的数量、分布、构成对消费有重要影响。

## （一）居民消费支出总体下降，城乡消费差距缩小

2015~2022 年，北京居民人均消费支出总体上呈上升态势。2022 年北京居民人均消费支出达到 42683 元，较上年减少了 957 元；城镇居民人均消费支出达到 45617 元，较上年减少了 1159 元；农村居民人均消费支出达到 23745 元，较上年增长了 171 元；城乡人均消费支出比不断下降，由 2015 年的 2.32 下降到 2022 年的 1.92。2020 年受疫情影响，北京居民人均消费支出较往年明显下降，2021 年有所回升，2022 年又小幅下降，但接近 2019 年的水平（见图 8）。

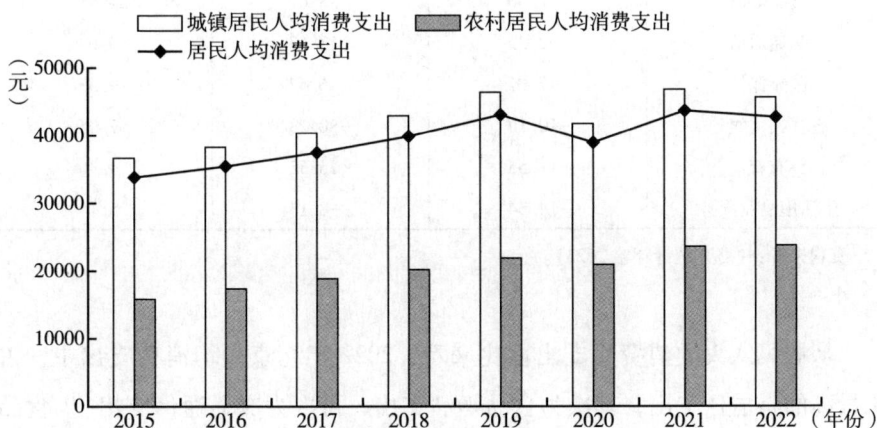

图 8　2015~2022 年北京居民人均消费支出

资料来源：相关年份《北京统计年鉴》。

## （二）居民消费结构明显变化，非生活必需品降幅较大

在绝对值方面，2022 年除居住支出、其他用品及服务支出分别较上年增长 1.92%、16.11% 以外，其他各项支出均较上年有所减少，教育文化娱乐支出、衣着支出、生活用品及服务支出减少幅度较大，分别为 10.16%、11.55%、14.34%。与 2019 年相比，2022 年居住支出、食品烟酒支出、医

疗保健支出有所增长，其他支出均有所减少；衣着支出、交通通信支出、教育文化娱乐支出减少幅度较大，分别为16.55%、17.07%、30.23%。整体上，北京居民消费支出有所缩减，主要源于教育文化娱乐支出、衣着支出等的大幅减少（见表8）。

表8　2022年北京居民八大类消费品支出情况

单位：%

| 项目 | 2022年较2021年增长 | 2022年较2019年增长 | 2022年占比 |
|---|---|---|---|
| 其他用品及服务 | 16.11 | −2.95 | 2.62 |
| 居住 | 1.92 | 9.01 | 40.23 |
| 食品烟酒 | −0.90 | 8.65 | 21.61 |
| 交通通信 | −2.32 | −17.07 | 9.67 |
| 医疗保健 | −7.07 | 6.47 | 9.33 |
| 教育文化娱乐 | −10.16 | −30.23 | 7.05 |
| 衣着 | −11.55 | −16.55 | 4.36 |
| 生活用品及服务 | −14.34 | −8.13 | 5.14 |

资料来源：《北京统计年鉴2023》。

　　从居民八大类消费品支出占比来看，2022年北京人均消费支出中，占比最高的是居住支出，其次为食品烟酒支出，再次为交通通信支出。① 食品和住房是人的基本需求，随着国民经济的发展和消费指数的上升，北京居民在这两项上的支出有所增长。2022年北京全市恩格尔系数为21.60%，较上年提高0.28个百分点，较2019年提高1.88个百分点。2022年北京居民居住支出占比为40.23%，较上年提高1.62个百分点，较2019年提高3.63个百分点。

　　交通通信支出是消费升级的重要部分。2022年北京居民该项支出占比为9.67%，与上年基本相当，较2019年下降1.9个百分点。交通通信的绝对支出数相较于上年减少98元，反映了居民消费升级的趋势受到疫

––––––––––––––

① 资料来源：《北京统计年鉴2023》。

情影响。

在医疗保健方面，受疫情影响，2022年北京居民医疗保健支出占比较2019年提高0.64个百分点，但较2021年下降0.49个百分点。居民医疗保健支出的变化一方面反映了伴随社会经济的发展，居民的健康意识进一步增强，另一方面反映了人口老龄化程度不断加深。

衣着、生活用品及服务消费具有一定的享受性质，需求弹性系数较大，2022年北京居民在这两项上的支出有所减少。2022年北京居民衣着支出占比为4.36%，较上年下降0.46个百分点，较2019年下降0.82个百分点。生活用品及服务支出占比为5.14%，较上年下降0.73个百分点，较2019年下降0.41个百分点。

教育文化娱乐支出为较高层次的精神需求支出，属于发展型消费，2022年北京居民教育文化娱乐支出有较大比例缩减。2022年北京居民该项支出占比为7.05%，较上年下降0.62个百分点，较2019年下降2.97个百分点。参考北京GDP中教育和文化娱乐业的占比，教育文化娱乐支出中约七成为教育支出，教育文化娱乐支出的缩减受"双减"等政策影响较大。

### （三）消费信心不稳，消费趋于保守

从消费者信心指数来看，2022年北京消费者信心指数处于强信心区，消费者对当前经济生活总体上有着正面评价，但是消费信心并不稳定，第二、第四季度消费者信心指数有所下降。

从消费者满意指数来看，其于2022年第二季度下降9.6，第三季度回升1.8，第四季度下降5.2。从消费者预期指数来看，其于2022年第二季度下降9.9，第三季度回升3.2，第四季度又下降5.1。其中，就业状况预期指数连续四季度下降，家庭收入状况预期指数整体呈下降趋势（见表9）。

表9　2022年北京消费者信心指数

| 指标 | 第一季度 | 第二季度 | 第三季度 | 第四季度 |
|---|---|---|---|---|
| 消费者信心指数 | 118.7 | 108.9 | 111.5 | 106.3 |
| 消费者满意指数 | 117.5 | 107.9 | 109.7 | 104.5 |
| 就业状况满意指数 | 128.9 | 110.3 | 103.5 | 102.9 |
| 家庭收入状况满意指数 | 113.2 | 108.3 | 118.3 | 109.7 |
| 消费意愿满意指数 | 110.5 | 105.2 | 107.5 | 100.8 |
| 消费者预期指数 | 119.4 | 109.5 | 112.7 | 107.6 |
| 就业状况预期指数 | 121.5 | 108.7 | 105.3 | 104.9 |
| 家庭收入状况预期指数 | 117.3 | 110.3 | 120.2 | 110.2 |

资料来源:《北京统计年鉴2023》。

消费信心不稳定和消费预期的下降影响着居民消费。提升人均可支配收入是把消费需求转化为消费能力的根本途径,虽然2022年全市居民人均可支配收入达77415元,同比增长3.2%,但受消费信心和消费预期影响,人均消费支出为2021年的97.8%。消费者消费态度更加趋于保守、理性,非必要支出减少,如2022年穿类商品零售总额仅为上年的81.4%。

### (四)老年人消费活跃,银发经济潜力十足

2022年,北京老年抚养比为20.76,人口老龄化程度持续加深。从人口年龄角度来看,消费支出受到生命周期的影响。一方面,随着年龄增长,收入逐步上升,到青壮年阶段收入水平达到最高点,进入老年阶段,收入水平逐渐降低。从这个角度来看,人口老龄化会抑制消费。另一方面,老年人口在年轻时有储蓄,并且有更多时间可以自主消费,为满足自身需求,会把更多的储蓄用在消费上;同时,老年人口的增长会带动劳动年龄人口的抚养费用支出的增长。从这个角度来看,人口老龄化会促进消费。

不同年龄段人口有不同的消费需求,随着老龄化进程的发展,消费结构也会有所变化。根据北京市统计局《2023年北京市老年人消费调研报告》,老年人消费比较注重实际需求,追求产品或服务的"性价比";除生活必需的基础消费外,老年人比较偏好保健、休闲和出游、运动和健身等消费;对

智能产品消费意愿较高。51.9%的被访者年度非基础消费金额超过 5000 元，22.6%的被访者超过 1 万元。北京老年人消费需求高，银发经济发展动力足。

# 六　思考与建议

## （一）持续提高劳动力素质，增加科技投入产出

劳动年龄人口是创造社会财富的主要人群，北京劳动年龄人口占比呈现下降趋势，提示社会要防范和化解劳动力供给远期风险。未来，北京人口经济活力的提升将更加依赖人口素质和科技创新。

2022 年，北京就业人口受教育程度领先全国，六成以上就业人口接受过大学专科及以上教育，北京有着明显的人才优势。在研发投入方面，北京 R&D 经费支出占 GDP 的比重位于全国前列，远高于全国平均水平。依托高素质人才支撑和科技投入支持，北京科技产出效益不断提升。

防范和化解劳动力供给风险，需要更加注意推动人口和产业的均衡发展，更加重视人口素质的提升，加快科技投入产出。立足北京国际科技创新中心功能定位，当前和今后一段时间仍需着力做好以下工作：继续完善人才培养、留用、引进、激励机制，充分调动各类人才的创新创造积极性；加强人才基础设施建设，加强科技园区建设，提高人才便利化服务水平，为科技创新提供基础支持；集聚领军人才，发挥核心人才的引领带动作用，加速未来、前沿、战略技术攻关；高水平搭建科技协作共同体，推进区域合作，打造具有世界影响力的产业集群；突出企业在科技成果转化中的主体地位，推动产学研深度合作；健全科技服务市场体系和政策体系，构建高水平的科技成果转化体系，破除科技成果转化阻碍，提升科技成果转化效率。

## （二）保持适度劳动参与率，不断提升生产效率

劳动参与是生产的基础，保持适度劳动参与率是释放人口经济活力的基本路径。2020~2022 年，北京年末城镇登记失业率分别为 2.56%、3.23%、

3.12%；城镇新增就业人数较上年分别增长－25.64%、3.07%、－2.97%。除了失业率有所上升、新增就业人数增长不稳定，北京人口还存在就业不充分的问题。当前和今后一段时间，仍需从以下几个方面重点发力。

第一，随着疏解非首都功能和产业转型升级的持续推进，北京就业人口在迎来机遇的同时面临新挑战。有序转移不符合北京城市战略定位的产业，一方面有助于促进城市功能转型和产业升级，另一方面会带来转岗压力，尤其是对缺少劳动技能和高年龄段的人口而言。对此，需要加强就业政策激励，完善就业帮扶服务，以搭建平台、职业介绍、技能提升、互助帮扶、扩大网络为抓手，向就业困难的群体提供就业帮扶和政策倾斜，提高劳动参与率，实现充分就业。

第二，随着数字经济和平台经济的迅速发展，新就业形态提供了多样化和更具灵活性的就业岗位，逐渐成为稳定就业和劳动参与率的重要渠道。与此同时，维护劳动者权益成为新问题。对此，需要引导平台经济合理有序发展，规范平台用工关系，加强对新就业形态的管理，促进新就业形态健康发展。

第三，创业具有带动就业的乘数效应，是解决就业问题的重要渠道。要坚持以创业带动就业。通过大力扶持高质量的创新创业项目、完善创业服务体系、优化营商环境、简化事项办理流程、推进一站式办理、完善政策补贴、拓宽融资渠道等一系列手段助力创业。充分发挥创业带动就业、稳定劳动参与率的重要作用。

第四，灵活就业日益繁荣，是就业市场的重要组成部分。伴随抚养比的上升，劳动年龄人口要履行更多的抚育和照料义务，灵活就业形式为劳动者提供了更多的就业选择，也为用工单位提供了更加多样的劳动力获取途径，降低了用人成本，有助于稳定劳动参与率，促进生产。需要支持灵活就业健康有序发展，完善法律法规，实施灵活就业登记制度，为灵活就业人员提供就业服务，引导人口多渠道就业。

第五，重视老年人力资源开发，促进有能力、有需求的老年人再就业，充分发挥老年人力资源对就业市场的调节作用。一方面，北京老年人口的身体健康状况总体良好；另一方面，低龄老年人刚刚退休，积累了较为丰富的工作经验。促进有就业能力和意愿的低龄老年人再就业，是减轻劳动力供给压力的有效手段。为此，要重视老年人力资源开发工作，制定老年人力资源开发相关政策，消除就业市场歧视，为老年人就业创造宽松环境，提升老年人口的劳动参与率。一是制定相关法律法规，加强对老龄劳动者权益的保护，防范用工风险，减少企业用工障碍；推动反对就业歧视立法，重视老年人就业年龄歧视问题，为老年人提供良好就业环境，鼓励有意愿、有能力、有需求的老年人再就业。二是考虑老年人再就业的适应问题，要根据老年人职业技能需求，开展多种形式的教育和培训，为老年人提供多样化的再就业指导，促进数字化与老年教育培训的融合，帮助老年人跨越数字鸿沟，为老年人就业赋能。

### （三）缩小收入差距，扎实推进共同富裕

收入是消费的基础，收入差距过大会影响人口经济活力。今后要以更大力度推动共同富裕取得更为实质的进展。首先，发展是前提。通过推动高质量发展将财富"蛋糕"做大做好，不断夯实共同富裕的物质基础。依托北京国际科技创新中心定位，发挥科技创新优势，发展新质生产力，调整产业结构，优化产业布局，明确各区产业定位，防止无序竞争，推进区域优势互补、协同发展。其次，继续扩大中等收入群体规模。扩大中等收入群体规模是避免两极分化、调整收入分配结构的有效手段。中等收入群体消费意愿和能力较强，对消费、经济增长有推动作用，较理想的现代社会分配结构呈中间大、两头小的"橄榄形"，今后要继续扩大中等收入群体规模。再次，畅通城乡要素流动，加快实现农业现代化。破除城乡间资本、技术、人才等要素流动障碍，推进城乡融合发展。发展现代农业，提高土地利用效率，提高劳动报酬在农村分配中的比重，增加农村居民财产性收入和工资性收入。最后，增加低收入者收入，完善社会保障体系。开展劳动技能培训，提供就业渠道，刺激低收入者增收；加大对低收入群体的帮扶力度，综合利用各种手段缩小收入差距，实现人民共享发展成果；提升社会保障运作效率，消除人们的后顾之忧，提升消费意愿。

### （四）抑制住房和食品消费的挤出效应，以更大力度推动消费升级

2022年北京居民消费价格指数较上年提高1.8，其中食品烟酒类较上年提高3.1，居住类较上年提高0.6；北京居民消费支出占比最高的两项为居住和食品烟酒支出。居住和食品烟酒支出是日常生活的必要支出，相关商品价格上涨必然挤压其他消费，保持食品和住房价格稳定是扩大消费的有力手段。

在食品方面，第一，提高粮食和食品供应能力。加大科技创新投入力度，推动农业科技成果转化，使用新技术、新产品、新机具助力农业生产，发展智慧农业、绿色农业。第二，持续统筹食品生产、存储、运输、加工、消费环节，减少各环节粮食损失。不断完善食品运输体系统筹规划，打通食品供需"最后一公里"，保证产品运送和供应，维持价格总体稳定；加强产品溯源体系建设，保障食品安全。第三，重视农产品市场建设。以市场带动农业生产，打造多层次、多样化食品供给体系，保障食品供需平衡。

在住房方面，第一，加强对租房市场的监管。近年来，北京租房市场快速发展，但存在各类矛盾纠纷，需要创新租房市场监管模式，对租房市场进行更加社会化、智能化、综合化的监管，不断健全租房市场矛盾纠纷防范和化解机制，保障"住有所居"。第二，加强保障性住房建设。扩大保障性住房供给，规范审批和登记制度，建立定期审查退出机制，保证政策惠及最需要的人群。

### （五）提升医疗健康服务水平，增强健康消费活力

健康保护和疾病预防是提升生产力、维护社会公平、提高人口经济活力的有效方式。2022年北京居民医疗保健支出较2019年有所增长。一方面，居民对健康的重视程度有所提升，《2022年中国居民健康素养监测情况》显示，2022年我国居民健康素养水平达27.78%，较上年提高2.38个百分点，并继续呈现稳步上升趋势；另一方面，居民收入有所提高，有更多的收入可

以用来进行健康投资，健康消费潜力有望进一步释放。

新形势下，需要继续提升医疗健康服务水平，增强健康消费活力。首先，提升公共医疗卫生服务能力，发展多层次、多样化的医疗健康服务，促进健康消费品质升级，满足不同群体多样化的健康消费需求。其次，鼓励社会力量参与卫生健康事业发展，进一步开放市场，加强市场监管，优化行政审批手续，引导医疗服务业健康有序发展。再次，完善基本医疗保险政策，继续推进多层次医疗保障制度。保证基本医疗保险稳健运行，减轻居民就医负担；支持和发展商业医疗健康保险，满足多层次消费需求。最后，促进健康消费升级，释放健康消费活力，提升居民健康素养；激励多元主体参与健康产品供给，鼓励产品创新，优化市场环境。

### （六）依托国际消费中心城市建设，释放更大消费活力

2022 年北京居民消费支出较上年下降 2.2%，非生活必需品降幅较大，消费信心不稳定，消费预期下降。依托国际消费中心城市建设激发消费活力，是提升北京人口经济活力的有效方式。

首先，发展服务型消费。服务型消费比重不断提升是消费结构升级的重要趋势和标志。2022 年北京服务型消费额下降 2.9%，服务型消费额占市场总消费额的比重有所上升，但与世界发达城市相比还有差距，发展潜力较大。

其次，挖掘文旅消费潜力。2022 年，北京纳入统计的文化、文物和旅游经营主体机构数量同比减少 555 个，从业人员同比减少 17.5%。外省来京游客大幅下降；市民在京游市场恢复近八成；国际旅游收入较上年增长 2.4%，较 2019 年下降 91.52%。文化产业快速增长，文化产业增加值占全市 GDP 的比重为 11.0%，比上年上升 0.5 个百分点。[①] 北京拥有丰富的历史文化遗产，需进一步挖掘文化资源优势，发展文旅消费和文化产业，释放消

---

① 《2022 年北京市文化和旅游统计公报》，北京市文化和旅游局网站，2023 年 9 月 1 日，https：//whlyj.beijing.gov.cn/。

费活力。

再次，打造多中心、差异化的消费场景。北京各区消费水平、人口结构、产业结构、发展水平具有差异性，要结合各区特色和发展需求精细化、差异化打造消费场景，形成多层级、多样化的消费中心。这一方面有利于刺激消费，优化消费结构，提升消费品质；另一方面有利于推动各区产业的差异化升级，增加就业机会，促进地方经济发展。

最后，完善配套服务，助力消费增长。第一，积极推动交通网络建设，方便居民出行和物流运输，实现便利化换乘，提高出行效率。扩大夜间交通供给，优化夜间公交、出租车等交通方式，确保市民夜间出行的安全与便利。进一步推进智能化交通系统建设，打造高效、便捷的城市交通网，提高城市到达便利度。第二，优化营商环境，提高市场服务水平，激发市场活力。保障市场主体在市场经济活动中的平等权利，坚持"放管服"改革，推进政务服务网络化和便捷化，提供全方位的办事服务，让市场主体可以通过网络渠道快捷、便利地完成各种政务事务的办理，实现政务服务的高效化和便民化。第三，优化市场消费环境，加强监管，畅通维权渠道，保护消费者合法权益，为消费者营造放心消费的环境，激发消费热情。

### （七）满足老年人消费需求，大力发展银发经济

2022年，北京60岁及以上常住人口为465.1万人，占常住人口的21.29%，较上年增长5.32%，高于同期常住人口增幅5.5个百分点。将老年人口数量乘以人均可支配收入，近似得到地区银发经济市场的最大容量，2022年北京银发经济市场容量估算为3600.57亿元。根据北京市统计局《2023年北京市老年人消费调研报告》，51.9%的被访者年度非基础消费金额超过5000元，22.6%超过1万元，72.5%表示未来一年将保持非基础消费水平不变，12.1%表示将有所增加。北京老年人口数量多，老年人消费市场潜力大，发展银发经济是激发人口经济活力的有效措施。

银发经济是面向老年人的一种经济业态，为老年人提供各类产品和服务，涉及面广、业态众多，包括但不限于老年产品、老年服务、老年基础

设施及衍生的经济活动。但目前银发经济市场尚不完善，需求与供给并不匹配。发展银发经济，首先可以扩大产品供给、聚焦多样化消费需求，满足老年人物质、精神文化需要，提高老年人生活水平，为老年生活增添色彩；其次有助于优化产业结构，稳定和扩大就业，培育经济新增长点，为高质量发展提供有效支撑。

**参考文献**

李文琴：《论人口对经济发展的主要影响》，《西安电子科技大学学报》（社会科学版）2000 年第 3 期。

于倩：《北京市劳动年龄人口研究报告》，载洪小良等主编《北京人口发展研究报告（2022）》，社会科学文献出版社，2022。

刘巍：《宏观经济的逻辑：经济史视角的观察》，社会科学文献出版社，2019。

李晓壮：《2022 年北京市居民收入分析报告》，载包路芳主编《北京社会发展报告（2022~2023）》，社会科学文献出版社，2023。

赵卫华、王子豪：《北京市居民消费状况分析报告》，载徐志军、李四平主编《2023 年北京社会建设分析报告》，社会科学文献出版社，2023。

吴忠观：《人口经济学概说》，四川人民出版社，1985。

# B.3
# 北京市高等教育阶段人口研究报告

胡玉萍　彭思思　陈德云*

**摘　要：** 教育人口是分析教育供需变化、研判教育形势、配置教育资源的关键因素。本报告以相关统计数据为基础，阐述了首都高等教育人口规模及结构的变化趋势和发展特征。数据显示，2012~2023年，北京市高等教育人口中，非京籍普通高校在校生比重上升，研究生规模扩大，专业学位研究生比重上升，高等教育留学生人口结构优化。本报告建议通过优化高等教育资源配置、优化人才培养结构、增强高等教育社会服务能力以及提升高等教育国际化水平等措施，推进首都高等教育事业的高质量发展。

**关键词：** 高等教育人口　专科生　本科生　研究生　北京

近年来，首都高等教育事业成果显著，教育现代化水平不断提升，在学科建设、人才培养、国际交流与合作以及社会服务等方面取得了显著成效。《北京市"十四五"时期教育改革和发展规划（2021—2025年）》明确指出，首都教育在率先实现教育现代化的基础上，全面开启建设高质量教育体

---

\* 胡玉萍，博士，中共北京市委党校（北京行政学院）社会学教研部（北京市人口研究所）主任、教授、硕士生导师，主要研究方向为教育社会学、民生与社会建设；彭思思，中共北京市委党校（北京行政学院）社会学教研部（北京市人口研究所）硕士研究生，主要研究方向为社会学；陈德云，中共北京市委党校（北京行政学院）社会学教研部（北京市人口研究所）硕士研究生，主要研究方向为社会政策。

系和高水平教育现代化的新阶段。① 新阶段对高等教育事业发展提出了更高的要求，需要更具有前瞻性的思考与规划。教育人口是分析教育供需变化、研判教育形势、配置教育资源的关键因素。伴随首都高等教育改革发展的不断深化，高等教育人口的规模与结构呈现新特点，把握这些新特点是完善高等教育战略规划、提升高等教育水平、助推首都教育现代化的题中应有之义。

# 一 北京市高等教育阶段人口状况

## （一）北京市高等教育人口规模

### 1. 北京市高等教育在校生人口规模

2023 年，北京市高等教育在校生有 162.2 万人。其中，民办高等教育在校生为 5.7 万人，占北京市高等教育在校生总体的 3.5%。② 从变化上看，相较于 2012 年，2023 年高等教育在校生人口规模出现小幅下降，从 177.7 万人降至 162.2 万人（见图 1），减少 15.5 万人。2012~2023 年，北京市高等教育在校生人口规模呈现起伏变化，共出现两次高峰，分别为 2014 年的192.9 万人和 2018 年的 218.7 万人；2018~2023 年在校生规模共减少 56.5万人，其中，2020 年比上年减少 22.4 万人。此外，北京市民办高等教育在校生人口规模小幅下降，从 2012 年的 6.8 万人③降至 2023 年的 5.7 万人，下降 1.1 万人。④

### 2. 北京市高等教育毕业生人口规模

2023 年，北京市高等教育毕业生有 50.6 万人。其中，民办高等教育

---

① 《北京市"十四五"时期教育改革和发展规划（2021—2025 年）》，北京市人民政府网站，2021 年 10 月 8 日，https://www.beijing.gov.cn/zhengce/zcjd/202110/t20211008_2507728.html。

② 《教育事业发展统计概况》（2013~2024 年），北京市教育委员会网站，https://jw.beijing.gov.cn/xxgk/shujufab/tongjigaikuang/。

③ 《北京市教育事业统计资料》（2012~2013 年），北京市教育委员会发展规划处。

④ 《教育事业发展统计概况》（2013~2024 年），北京市教育委员会网站，https://jw.beijing.gov.cn/xxgk/shujufab/tongjigaikuang/。

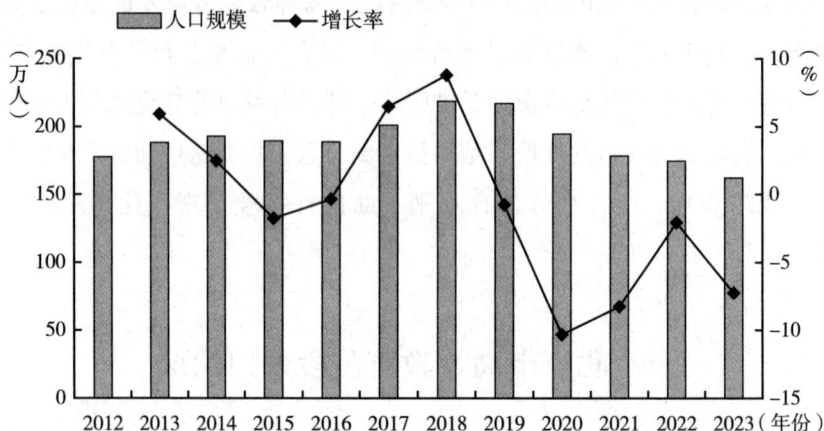

**图1　2012~2023年北京市高等教育在校生人口规模及增长率变化情况**

资料来源：《教育事业发展统计概况》（2013~2024 年），北京市教育委员会网站，
https：//jw. beijing. gov. cn/xxgk/shujufab/tongjigaikuang/。

毕业生有 1.6 万人，占北京市高等教育毕业生总体的 3.2%。[①] 从变化上看，2012~2023 年北京市高等教育毕业生人口规模总体增长，由 46.6 万人增长至 50.6 万人（见图2），增加了 4.0 万人，增幅为 8.6%。首先，相较于在校生人口规模峰值，毕业生人口规模峰值稍有后移，分别在 2015 年和 2020 年出现两次高峰，分别为 54.7 万人和 64.4 万人。相较于 2014 年，2015 年毕业生增加了 5.1 万人，增长率为 10.3%；相较于 2019 年，2020 年毕业生增加了 4.1 万人，增长率为 6.8%。其次，自 2020 年起，北京市高等教育毕业生人口规模开始下降，截至 2023 年共减少 13.8 万人。最后，北京市民办高等教育毕业生人口规模从 2015 年的 2.0 万人下降至 2023 年的 1.6 万人。[②]

---

① 《教育事业发展统计概况》（2013~2024 年），北京市教育委员会网站，https：//jw. beijing.
gov. cn/xxgk/shujufab/tongjigaikuang/。
② 《教育事业发展统计概况》（2013~2024 年），北京市教育委员会网站，https：//jw. beijing.
gov. cn/xxgk/shujufab/tongjigaikuang/。

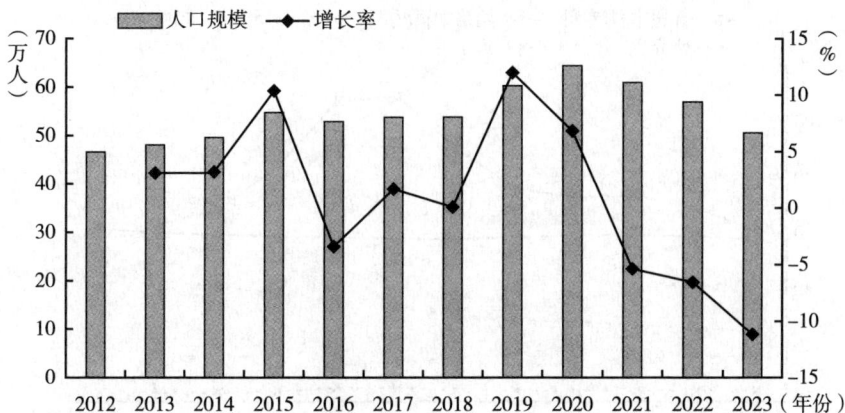

**图 2 2012~2023 年北京市高等教育毕业生人口规模及增长率变化情况**

资料来源：《教育事业发展统计概况》（2013~2024 年），北京市教育委员会网站，https：//jw. beijing. gov. cn/xxgk/shujufab/tongjigaikuang/。

## （二）北京市高等教育人口结构

### 1. 北京市高等教育不同学历在校生人口分布情况

2023 年，北京市高等教育在校生人口总规模为 165.4 万人（含留学生）。[①] 其中，普通本科/专科在校生人口最多，为 61.8 万人，占总规模的 37.4%。其次是网络本科/专科和研究生，人口规模分别为 47.3 万人、45.5 万人，分别占总规模的 28.6%、27.5%，成人本科/专科和留学生的人口规模较小，分别为 7.6 万人和 3.2 万人，占比均不到 5.0%。

从变化趋势来看（见图 3），2012~2023 年，北京市高等教育在校生中，不同学历人口规模变化差异性较大。首先，人口增长最为明显的是研究生群体，从 2012 年的 25.2 万人逐年上升，11 年来增加了 20.3 万人，增幅为 80.6%。其次，网络本科/专科人口先升后降，总体规模小幅下降。2012~2018 年，网络本科/专科在校生共增加 48.1 万人，最高峰为 108.9 万人，增幅为 79.1%；2019~2023 年，规模迅速下降，共减少 63.4 万人，降幅为

---

① 本报告北京市高等教育学生人口结构数据在原有普通本科/专科、成人本科/专科、网络本科/专科、研究生四类基础上，还增加了对"留学生"项数据的分析，下同。

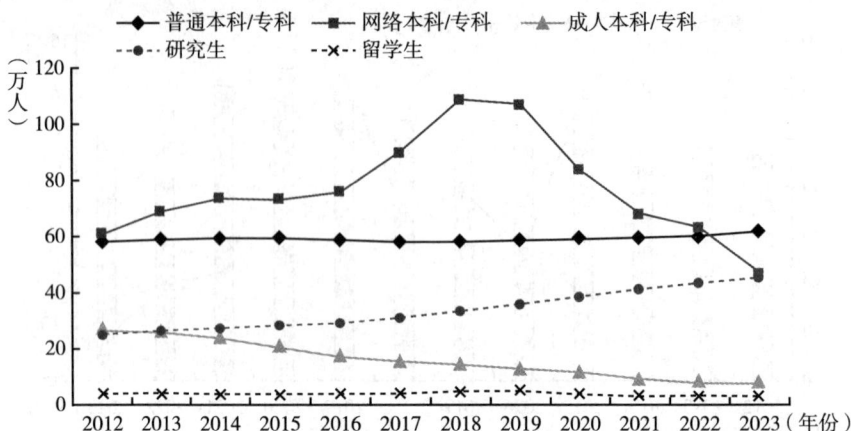

图3　2012~2023年北京市高等教育不同学历在校生人口分布情况

资料来源：《教育事业发展统计概况》（2013~2024年），北京市教育委员会网站，https://jw.beijing.gov.cn/xxgk/shujufab/tongjigaikuang/。

58.2%。另外，成人本科/专科人口逐年缩减，降幅较大，从26.5万人减少到7.6万人，减少了18.9万人，下降了71.3%。最后，普通本科/专科和留学生人口呈现较小的起伏变化。2012~2023年，留学生人口总体小幅下降，减少约0.9万人，其中，2019年出现最高峰，人口突破5万人；普通本科/专科人口总体小幅增长，2012~2018年人口规模无明显变化，2019~2023年缓慢上涨，其中2022年人口规模首次突破60万人。

2. 北京市高等教育不同学历毕业生人口分布情况

2023年，北京市高等教育毕业生总人口规模为51.9万人（含留学生）。与在校生不同的是，网络本科/专科毕业生人口最多，为20.1万人，约占毕业生总人口的38.7%。其次是普通本科/专科和研究生，规模分别为15.4万人和12.1万人，分别占29.7%和23.3%。最后是成人本科/专科和留学生，规模分别为3.0万人和1.3万人，占比分别为5.8%和2.5%。

从变化趋势来看（见图4），2012~2023年，不同学历毕业生人口规模变化趋势差异明显。首先，2012~2023年，研究生毕业生规模一直保持逐年上升趋势，从最初的7.0万人上升到12.1万人，增加了5.1万人，增幅为72.9%。与研究生毕业生规模变化不同，网络本科/专科毕业生规模先升后

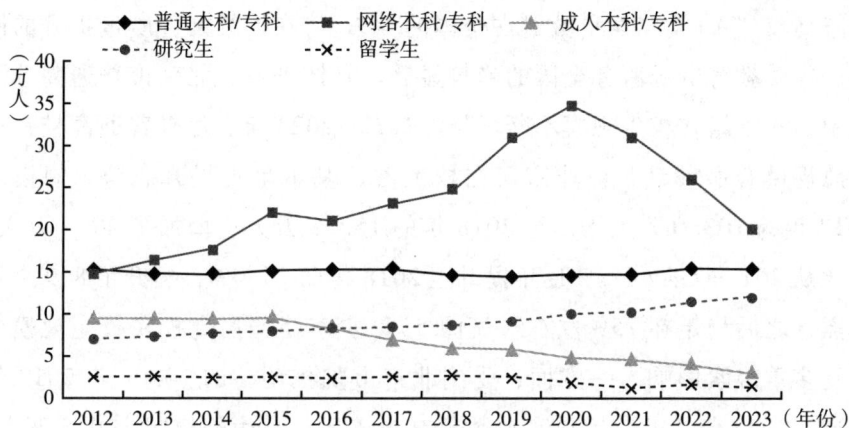

**图4　2012~2023年北京市高等教育不同学历毕业生人口分布情况**

资料来源：《教育事业发展统计概况》（2013~2024年），北京市教育委员会网站，https://jw.beijing.gov.cn/xxgk/shujufab/tongjigaikuang/。

降，从2012年的14.8万人快速上涨到2020年的34.8万人，增加约20.0万人，增幅为135.1%。2020年以后，网络本科/专科毕业生规模逐年下降，与2012年相比，2023年网络本科/专科毕业生增加了5.3万人，增幅约为35.8%。其次，成人本科/专科和留学生毕业生规模总体下降。成人本科/专科毕业生从2012年的9.5万人减少到2023年的3.0万人，共减少6.5万人，降幅为68.4%。留学生毕业生规模在2019年后出现小幅下降，从2019年的2.6万人降至2023年的1.3万人，减少了1.3万人，降幅为50.0%。普通本科/专科毕业生规模无明显变化，基本维持在15.0万人左右。

## 二　北京市高等教育阶段人口特征分析

（一）非京籍普通高校在校生占比持续提升，优质高等教育资源的辐射性增强

近年来，北京市高等教育质量不断提升。就普通高等院校来看，在新一轮"双一流"建设名单中，全国有34所高校、162个学科入围，

在京高校"A+类"学科数量占全国的44%。① 在持续推进质量提升的同时，优质教育资源服务全国的趋势显著。具体来看，北京市普通高等院校中，非京籍在校生规模不断增长。2012~2023年，尽管普通高校在校生总规模有所波动，但非京籍在校生占比基本呈现提升态势，规模从2012年的103.0万人增加至2018年的152.8万人，增加了49.8万人，占比从2012年的66.1%逐年提升至2018年的75.0%，提升了8.9个百分点，之后稳定在75%左右（见图5）。非京籍普通高校在校生规模变化受多重因素影响。一方面，受到北京市院校调整的影响。与2012年相比，2022年，北京市属高校数量减少1所，招生规模减少0.5万人；中央部委属高校数量增加4所，招生规模增加0.9万人。② 2016年，在京中央部委属高校全国招生数反超市属高校，为8.0万人，比市属高校招生数多出0.5万人，这在一定程度上扩大了招生的辐射范围。③ 另一方面，为贯彻教育部的相关要求，北京市在招生方面给予特定地区政策倾斜，有针对性地增加了中西部特定地区和省份的招生计划数。如2012年，北京市在《关于编报2012年市属高等学校普通高等教育招生计划的通知》中对高校在中西部省份的招生计划数提出明确要求，除了继续完成教育部下达的在中西部8个省份安排的"协作计划"之外，加大在云南、四川、西藏、陕西、宁夏、新疆等西部地区的计划投放力度。④ 此外，受到高校专项计划⑤的影响，北京市多所高校实施专项招生计划，面向特定地

---

① 《北京市"十四五"时期教育改革和发展规划（2021—2025年）》，北京市人民政府网站，2021年10月8日，https://www.beijing.gov.cn/zhengce/zhengcefagui/202110/t2021100 8_2 507725.html。

② 《教育事业发展统计概况》（2013~2024年），北京市教育委员会网站，https://jw.beijing. gov.cn/xxgk/shujufab/tongjigaikuang/。

③ 《北京统计年鉴》（2017~2023年），北京市统计局网站，https://tjj.beijing.gov.cn/tjsj_ 31433/。

④ 《北京市教育委员会办公室关于编报2012年市属高等学校普通高等教育招生计划的通知》，北京市教育委员会网站，2020年10月8日，https://jw.beijing.gov.cn/xxgk/zfxxgkml/ zfgkzcwj/zwgzdt/202001/t20200108_1566874.html。

⑤ 高校专项计划旨在定向招收边远、脱贫、民族等地区县（含县级市）以下高中勤奋好学、成绩优良的农村学生。

区、人群开展专项招生。2023 年，在实施高校专项计划的 95 所院校中，北京市有 24 所，占比达到 25.3%。①

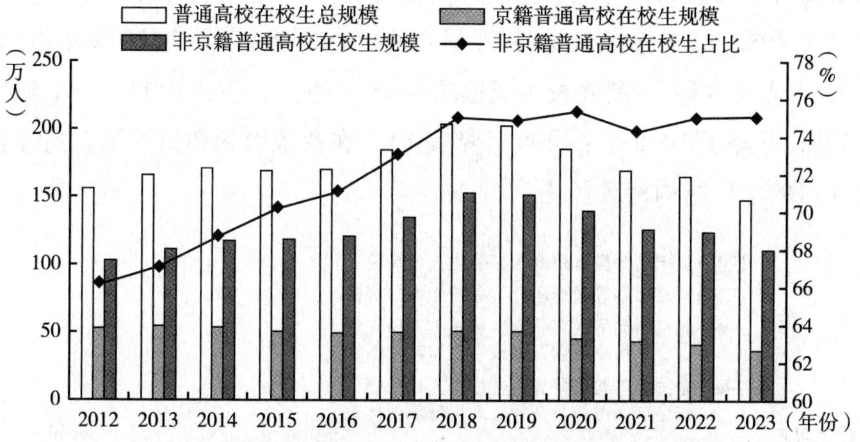

**图 5　2012~2023 年北京市高等教育非京籍在校生情况**

说明：普通高校在校生具体包含普通专科、本科在校生，成人专科、本科在校生，网络专科、本科在校生，硕士、博士研究生在校生。

资料来源：《北京市教育事业统计资料》（2013~2024 年），北京市教育委员会发展规划处。

## （二）研究生规模持续扩大，高等教育人口学历结构持续优化

近年来，北京市出台系列政策积极调整高等教育招生规模和人口结构，以满足首都经济社会发展对高层次人才、高素质技术技能人才的需要。从高等教育阶段各学历人口的规模及占比来看，人才培养的结构得到了进一步优化。具体来看，在各类型高等教育人口中，研究生规模增长迅速。2022 年，北京市高等教育人口中研究生在校生规模为 43.5 万人，占比为 24.4%，明显高于全国 6.3% 的平均水平（见图 6）。2023 年，北京市高等教育人口中研究生在校生规模再次扩大至 45.5 万人，与 2012 年相比，增幅达到 80.6%。与此同时，北京市成人高等教育招生政策聚焦

---

① 《2023 年高校专项计划专题》，阳光高考网站，https://gaokao.chsi.com.cn/gkzt/gxzxjh2023。

"控量提质"，在市属高等学校成人高等教育招生计划中强调"要根据学校办学定位，聚焦特色学科专业，严格控制招生规模"。[①] 2023 年，北京市属高等学校成人高等教育招生计划数为 7607 人，相比上年的 11692 人缩减了 4085 人。[②] 从成人本科/专科在校生总规模来看，与 2012 年相比，2023 年成人本科/专科在校生规模减少 18.9 万人，占比从 15.2%下降到4.7%，下降了 10.5 个百分点（见表 1）。在政策引领和调控下，高等教育人口的学历结构持续优化。

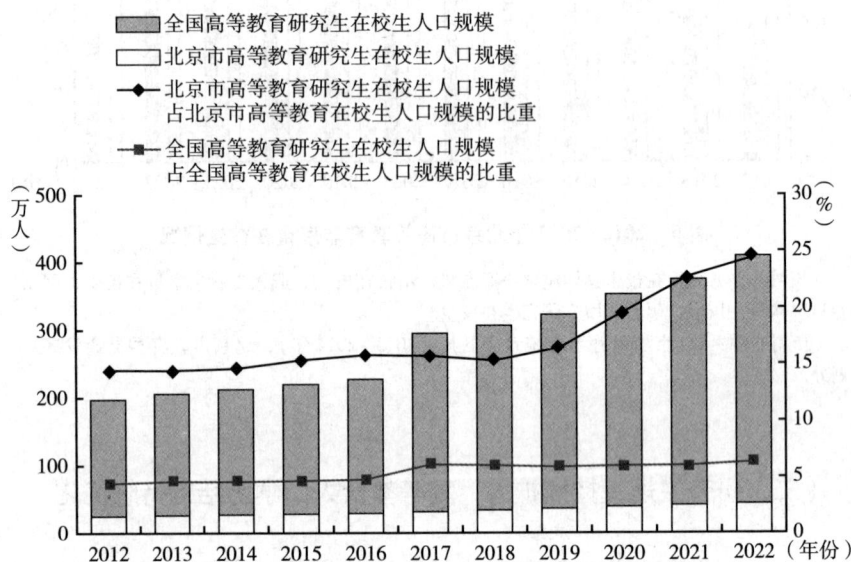

**图 6　2012~2022 年北京市高等教育研究生在校生人口与全国高等教育研究生在校生人口**

资料来源：《教育事业发展统计概况》（2013~2023 年），北京市教育委员会网站，https：//jw. beijing. gov. cn/xxgk/shujufab/tongjigaikuang/；《中国统计年鉴》（2013~2023 年），国家统计局网站，https：//www. stats. gov. cn/sj/ndsj/。

---

① 《北京市教育委员会关于下达 2023 年北京市属高等学校成人高等教育招生计划的通知》，北京市教育委员会网站，2023 年 11 月 23 日，https：//jw. beijing. gov. cn/xxgk/zfxxgkml/zfgkzcwj/202311/t20231123_3307881. html。
② 资料来源：北京市教育委员会，https：//jw. beijing. gov. cn/xxgk/zfxxgkml/zfgkzcwj/。

**表1 2012年和2023年北京市高等教育研究生和成人本科/专科生人口规模及占比**

单位：人，%

| 类别 | | 2012年规模 | 2012年占比 | 2023年规模 | 2023年占比 |
|---|---|---|---|---|---|
| 研究生 | 在校生 | 252175 | 14.4 | 454631 | 28.0 |
| | 毕业生 | 70491 | 24.4 | 121447 | 24.0 |
| 成人本科/专科 | 在校生 | 265049 | 15.2 | 75956 | 4.7 |
| | 毕业生 | 94728 | 19.3 | 29659 | 5.9 |

资料来源：相关年份《中国统计年鉴》《北京市教育事业统计资料》。

### （三）专业学位研究生占比提升，高等教育的应用性、职业化趋势显著

北京市高等教育发展对接国家战略和社会需求，应用性、职业化趋势显著。一是在研究生教育中，专业学位的规模不断扩大。2023年，教育部发布了《关于深入推进学术学位与专业学位研究生教育分类发展的意见》，强调专业学位与学术学位的同等重要性。该意见提出到"十四五"末将硕士专业学位研究生招生规模扩大到硕士研究生招生总规模的2/3左右，大幅增加博士专业学位研究生招生数量。[①]北京市也提出要提高研究生教育质量，在稳步发展学术学位研究生教育的同时，大力发展专业学位研究生教育。[②]从数据来看，2022年，北京市高等教育在校研究生中，专业学位研究生共有18.8万人，占在校研究生总数的比例为43.3%。从变化来看，2012~2022年，北京市专业学位在校研究生占比持续稳定增长，规模从5.9万人增加至18.8万人，增加了12.9万人，占在校研究生总规模的比例从23.3%提高至43.3%，提高了20.0个百分点（见图7）。此外，普通高校专业型博士研究生的招生规模增长明显，2023年，博士研究生专业学位招生规模为

---

[①]《教育部关于深入推进学术学位与专业学位研究生教育分类发展的意见》，教育部网站，2023年12月18日，http://www.moe.gov.cn/srcsite/A22/moe_826/202312/t20231218_1095043.html。

[②]《北京市教育委员会关于印发〈北京研究生教育质量提升行动计划（2022—2024年）〉的通知》，北京市教育委员会网站，2021年12月22日，https://jw.beijing.gov.cn/xxgk/zfxxgkml/zfgkzcwj/zwgzdt/202112/t20211222_2567993.html。

5231人，与上年（3953人）相比增加了1278人，增幅为32.3%。① 二是持续推进高职院校的高水平发展。为进一步办好新时代职业教育，实现高质量发展，2019年国家实施中国特色高水平高职学校和专业建设计划（以下简称"双高计划"）。在国家战略规划下，北京市持续推进职业教育高质量、特色化、国际化发展，7所高职院校入围"双高计划"建设名单。同时，创新培养模式，提出优化职普融通人才培养模式，鼓励具备条件的普通本科高校向应用型转变、有条件的高校开办应用技术类型专业或课程，并明确提出"本科层次高等职业学校的招生规模不低于高等职业学校招生规模的10%"的指标。②

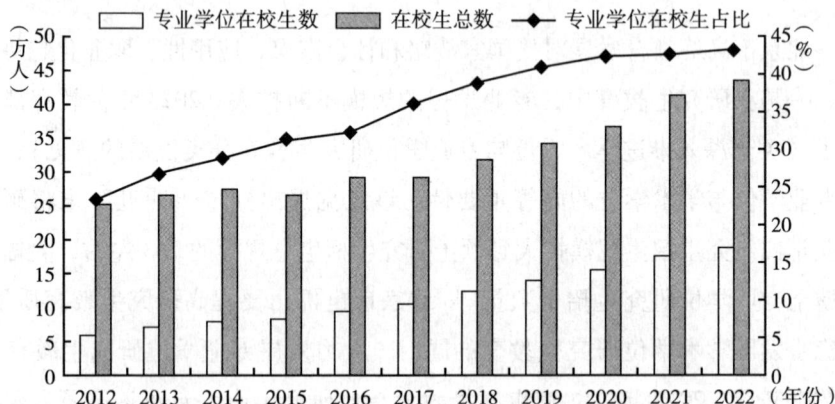

图7 2012~2022年北京市高等教育研究生学位分布情况

资料来源：相关年份《北京统计年鉴》。

## （四）高等教育留学生人口结构优化，教育国际竞争力有所提升

北京市通过设立外国留学生"一带一路"奖学金、培育"留学北京"

---

① 《北京市教育事业统计资料》（2023~2024年），北京市教育委员会发展规划处。
② 《中共北京市委办公厅 北京市人民政府办公厅印发〈关于推动职业教育高质量发展的实施方案〉的通知》，北京市人民政府网站，2022年6月6日，https://www.beijing.gov.cn/zhengce/zhengcefagui/202206/t20220606_2729454.html。

品牌等系列举措，持续优化高等教育国际学生教育体系。高等教育阶段留学生人口规模呈现上升趋势，学历结构不断优化，国际吸引力和竞争力有所提升。2012~2019 年，北京市高等教育留学生在校生规模整体呈现上升趋势，从 4.1 万人增加至 5.1 万人，增加 1.0 万人。2020~2021 年，留学生在校生规模连续下降，分别降至 3.9 万人和 3.1 万人。2022 年出现小幅回升，规模为 3.2 万人。总体来看，2020 年以来，北京市高等教育留学生在校生规模在 3 万~4 万人波动（见图 8）。这种波动可能受到疫情、留学招生政策等综合因素的影响。从结构来看，北京市高等教育留学生在校生的学历结构不断优化。与 2012 年相比，2023 年，培训（即非学历教育）和本科学历留学生在校生人口规模下降，其中非学历教育人口下降最为明显，减少约 1.3 万人。硕士研究生学历留学生在校生规模增长最为明显，增加了 3658 人，增幅为 80.3%（见表 2）。总体来看，北京市高等教育留学生学历结构进一步优化，呈现从非学历教育转向学历教育、从低学历教育转向高学历教育的特点。

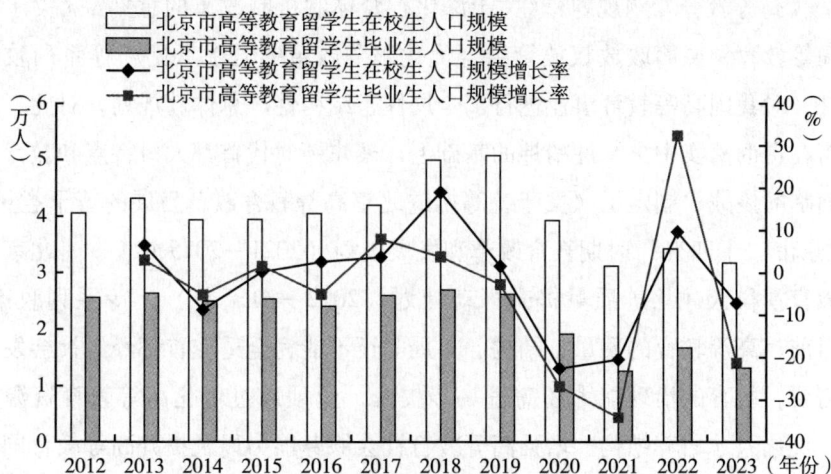

图 8　2012~2023 年北京市高等教育留学生在校生和毕业生
人口规模及增长率

资料来源：相关年份《北京市教育事业统计资料》。

表2　2012年和2023年北京市高等教育留学生学历分布情况

| 类别 | 2012年规模（人） | 2012年比重（%） | 2023年规模（人） | 2023年比重（%） | 规模变化（人） | 比重变化（百分点） |
|---|---|---|---|---|---|---|
| 专科 | 171 | 0.4 | 571 | 1.8 | 400 | 1.4 |
| 本科 | 14389 | 35.5 | 12101 | 38.1 | −2288 | 2.6 |
| 硕士 | 4557 | 11.2 | 8215 | 25.9 | 3658 | 14.7 |
| 博士 | 1988 | 4.9 | 4908 | 15.4 | 2920 | 10.5 |
| 培训 | 19444 | 48.0 | 5990 | 18.8 | −13454 | −29.2 |
| 总计 | 40549 | 100.0 | 31785 | 100.0 | −8764 | |

注：比重为某学历留学生在校生人口规模占留学生在校生人口总规模的比重。

资料来源：相关年份《北京市教育事业统计资料》。

# 三　北京市高等教育阶段发展对策建议

党的十八大以来，国家不断完善高等教育事业发展的顶层设计，深化高等教育领域体制机制改革，对高等教育事业发展做出了一系列重要部署，出台了《高等教育专题规划》《关于深化教育体制机制改革的意见》《关于深化高等教育领域简政放权放管结合优化服务改革的若干意见》等系列政策文件，对我国高等教育事业进行了全局性、结构性、总体性规划。对此，北京市在贯彻落实中央文件精神的基础上，聚焦新时代首都人口特点和教育事业面临的挑战，制定了《关于统筹推进北京高等教育改革发展的若干意见》《北京市"十四五"时期教育改革和发展规划（2021—2025年）》《北京高等教育本科人才培养质量提升行动计划（2022—2024年）》等系列政策。但目前，高等教育的质量、结构、布局等还不能完全适应首都经济社会发展的需要，教育的治理能力还需进一步提升，亟须通过优化高等教育资源配置、优化人才培养结构、增强高等教育社会服务能力以及提升高等教育国际化水平等措施，推进首都教育事业的高质量发展。

## （一）优化高等教育资源配置，促进区域间协调发展

教育资源的配置格局在很大程度上决定了教育人口的流动与分布方向。目

前，北京市高等教育资源服务全国的功能虽有所增强，但在空间布局方面还存在一些不足，优质高等教育资源在全国范围内的辐射作用仍有较大的提升空间。为优化高等教育资源的空间布局、提升辐射带动作用，还需在多方面做出努力。一是加强跨区域的合作交流。一方面，持续开展对特定地区的教育帮扶。紧密结合支援地区的实际需求，深入了解其教育现状、师资水平、学生特点等，细化教育帮扶机制，确保帮扶工作的针对性和有效性。合理编配西部地区的招生数额，适当加大在西部地区的计划投放力度，为西部地区的学生提供更多接受优质高等教育的机会。持续实施专项招生政策，如针对贫困地区的定向招生计划，落实教育的精准帮扶工作。另一方面，强化与发达地区的互学互鉴。通过与发达地区共享教育理念与教育实践经验，学习其先进的教育管理模式、教学方法和课程设置方式，促进自身教育质量的提升。二是加强区域间的教育合作。推进京津冀地区的教育协同具有重要意义。目前，北京市积极开展教育领域的"疏整促"，有序促进部分中央高校向外转移，聚焦推进北京工商大学、北京电影学院、北京城市学院等 5 所市属高校向外疏解，教育空间布局不断优化。① 推动在京高等学校在京津冀区域内开展合作办学、学科共建，充分发挥北京高校的优势，带动周边地区教育水平的提高。成立京津冀地区学校联盟，为学校之间的交流合作搭建平台。联盟高校可以共同开展教学研究、师资培训等活动，推动交流互鉴，促进优质教学科研资源共建共享，促进人才的区域流动，实现人才资源配置的优化。三是持续优化城区内的高等教育资源分布格局。逐步疏解城区内的部分普通高校，压缩中心城区高校在校生的规模，促进部分高等教育人口向其他区域有序转移。推进沙河、良乡高等教育园区向大学城转化，完善基础设施建设，提升教学和科研条件。推进相关高校在郊区落地，为郊区的发展注入新的活力。努力推进实现"区区有高校"的目标，使高等教育资源在空间上更加均衡分布，持续优化教育的空间布局，为城市的全面发展提供有力支撑。

---

① 《北京市"十四五"时期教育改革和发展规划（2021—2025 年）》，北京市人民政府网站，2021 年 10 月 8 日，https://www.beijing.gov.cn/zhengce/zhengcefagui/202110/t2021100 8_2 507725.html。

### （二）提升高等教育培养质量，优化人才培养结构

目前，北京市以精减高等教育人口总量、优化高等教育人才培养布局为目标，综合采取了一系列措施，展现了北京市对于高等教育发展的前瞻性思考和积极作为。未来，北京市仍要通过优化结构、提升质量和调控规模等方式推动实现高等教育的高质量发展。一是优化人才培养结构。在分类指导、分类管理、分类评价的基础上形成多样化、层次合理的人才队伍。不同高校在办学定位、学科优势和社会需求方面存在差异，因此需要出台针对不同高校的支持措施，分类培养创新型人才、高水平人才、技术应用人才以及技能型人才。对于研究型高校，加大科研投入力度，提供更多的科研项目和平台，培养具有深厚学术造诣和创新能力的人才；对于应用型高校，加强与企业的合作，开展实践教学，培养能够迅速适应社会需求的技术应用人才。二是提升人才培养质量。促进高等学校提升办学水平，各高校要科学定位，明确自身的发展方向和目标，优化学科结构。开展学科发展情况定期监测、评估、预警是保障学科质量的关键环节。通过及时了解学科的发展态势，动态调整学科布局，适时缩减部分专业的招生规模，集中资源打造优势学科。例如，对于一些就业前景不佳、与社会需求脱节的专业，适时适量减少招生人数，将资源投入具有发展潜力、社会急需的学科领域，从而提升培养质量。三是合理调控高等教育人口总规模。适度控制网络本科/专科和成人本科/专科的招生规模，有效提升培养质量。通过构建人才需求市场反馈机制，科学制定招生计划。根据社会实际需求和教育资源承载能力，合理设定招生人数上限。同时，加大对教学过程的监管力度。定期开展教学质量评估，建立严格的评估体系，对教学内容、教学方法、教学效果等进行全面评估。引入先进的教育理念和教学方法，激发学生的学习积极性和主动性，有效提升培养质量。

### （三）增强高等教育社会服务能力，注重应用型人才培养

北京市高等教育的长远发展需要紧密对接国家战略和社会需求，高度关

注应用型人才的培养，持续引导高校主动服务国家和北京经济社会发展，以更好地发挥高等教育在推动社会进步和经济发展中的重要作用。一是在学科设置方面，要紧密聚焦国家、北京和特定领域的核心需求。高校要敏锐洞察社会发展的趋势和需求，突出重点领域，如生命科学、新能源、新材料等，促进学科交叉，打破传统学科之间的壁垒，培养具备跨学科知识和能力的复合型人才。大力开展前沿研究、基础研究和应用研究，为解决实际问题提供理论和技术支持。完善高素质技术技能人才培养体系和高校创新人才培养体系，通过高校与企业合作建立产学研基地等措施使人才培养更加贴合社会经济发展的实际需求。二是在学位配置方面，深化研究生教育综合改革。大力发展专业学位研究生教育，努力满足社会对具有特定专业技能和实践经验的高层次人才的需求。进行学位授权点的动态评估和调整，根据社会需求和学科发展的变化，及时调整和优化学位授权点的设置，促进学术学位与专业学位协调发展。对于一些社会需求较大但招生和培养质量不高的专业学位，加强质量监控和改进；对于新兴领域和急需专业，积极增设相应的学位授权点。三是在职业教育方面，面向经济社会发展需求，培养更多高技能人才。深入推进办学模式和管理机制改革，打破传统职业教育的局限，打造优势特色专业，使其与市场需求紧密结合。进一步优化职普融通人才培养模式，为学生提供更加多元化的发展路径。加快推进具备条件的普通高校向应用型转变以及有条件的高校开办应用技术类型的专业或课程，使更多高校能够为社会输送实用型人才。

### （四）提升高等教育国际化水平，增强人才吸引力

2023 年，北京市高等教育留学生在校生的规模为 3.2 万人，与高峰期的 5.0 万人相比仍存在一定距离。未来，需要进一步深化国际交流，促进来京留学提质增效，增强教育对北京国际交往中心城市建设的服务和支持能力。一是深化国际交流与合作。鼓励首都高校与世界知名大学建立广泛的合作关系，开展联合培养项目、学生交换项目以及学术交流活动。持续深化"北京学院""卓越联盟"建设，鼓励在京高校与国内外知名大学、机构和

企业开展人才培养交流合作，实现资源共享和优势互补，以此满足学生的不同学习需求，差异化改革学生的培养模式。二是优化留学环境，完善留学生服务保障体系。加大对留学生的奖学金支持力度，继续实施共建"一带一路"国家留学生奖学金相关制度，加强与共建"一带一路"国家的教育合作，促进文化交流，完善留学生的生活服务设施。组织各种文化体验活动，促进留学生的文化融入。三是优化留学生结构，完善教育培养质量保障体系。做大做强"留学北京"品牌，提高其在国际教育市场的竞争力。努力提高留学生的学历层次，吸引更多具有较大学术潜力的留学生攻读硕士和博士学位，提升整体学术水平。提高优秀学生比例，通过严格的选拔机制，确保来京留学生的质量。完善留学生高等教育质量标准，明确教学内容、教学方法、考核方式等。此外，健全来京留学质量保障体系，建立定期评估和监督机制，确保留学生教育的高质量发展。

# 北京市银发经济研究报告

谈小燕　陈波帆　范炜钢　薛伟玲 *

**摘　要：**　本报告关注北京市银发经济政策支持、需求及供给状况。研究表明，北京的为老产品和服务供给体系、养老和医疗保障体系以及营商环境和支持体系逐步健全。北京老年人表现出消费观念理性、注重医疗保健、提高生活品质等需求特征，对智能产品有一定消费意愿。为老服务供给的多样性与覆盖率同步提升，但服务精准性有待提升；老年友好型社会建设进一步推进，但系统性有待增强；老年人社会参与程度提高，但参与平台和机会有待重视。需要进一步完善政策支持体系，激发老年人的消费潜能，推动老龄产业和老龄事业协同发展。

**关键词：**　老龄化　银发经济　银发产业　北京

我国人口老龄化程度进一步加深，老年人口规模快速增长。据统计，截至 2022 年末，我国 60 岁及以上人口超过 2.8 亿人，占总人口的 19.8%；65 岁及以上人口将近 2.1 亿人，占总人口的 14.9%。[1] 为积极应对人口老龄化，大力发展银发经济成为国家战略。2024 年 1 月 15 日，国务院

---

\* 谈小燕，博士，中共北京市委党校（北京行政学院）社会学教研部（北京市人口研究所）副教授、硕士生导师，主要研究方向为基层治理、社区治理；陈波帆，中共北京市委党校（北京行政学院）社会学教研部（北京市人口研究所）硕士研究生，主要研究方向为社会政策；范炜钢，中共北京市委党校（北京行政学院）社会学教研部（北京市人口研究所）硕士研究生，主要研究方向为社会政策；薛伟玲，博士，中共北京市委党校（北京行政学院）社会学教研部（北京市人口研究所）副教授、硕士生导师，主要研究方向为人口经济学、老年健康。

[1] 资料来源：《2022 年度国家老龄事业发展公报》。

办公厅印发《关于发展银发经济增进老年人福祉的意见》（以下简称《意见》），这是推动银发经济工作的纲领性文件。《意见》将银发经济定义为向老年人提供产品或服务，以及为老龄阶段做准备等一系列经济活动的总和，包括但不限于养老服务、医疗保健、老年用品、文化旅游等产业，涉及面广、产业链长、业态多元、潜力巨大。银发经济的高质量发展，不仅能满足老年人口日益增长的多元化需求，还能为社会创造更多的就业机会，促进经济结构的优化升级，为社会发展注入新的活力。

2023 年，北京市 60 岁及以上老年人口比例已经达到了 22.6%，[①] 按照国际通行标准，北京已经由老龄化社会迈入老龄社会，推动银发经济高质量发展对北京经济社会发展具有重要意义。

本报告对银发经济的界定参考《意见》。银发经济高质量发展要遵循经济社会发展规律，根据制度经济学的观点，政策、需求和供给是推动银发经济高质量发展的 3 个重要方面。在政策上，通过制度安排和激励，直接影响银发经济的供需状态；在需求上，老年人的消费习惯、健康状况和生活方式等决定着银发经济的市场需求；在供给上，养老服务、医疗资源和适老产品的可及性和质量影响着老年人的生活质量和银发经济的可持续发展。因此，为有效推动银发经济高质量发展，需要在政策、需求和供给 3 个方面对银发经济进行全面考察。

# 一　北京市银发经济的政策环境

在政策方面，为老产品和服务供给、养老和医疗保障、营商环境和支持是发展银发经济的 3 个重要领域，其中为老产品和服务供给是核心要义，健全的养老和医疗保障提供资源支持，营商环境和支持是关键环节。

## （一）较为完善的为老产品和服务供给体系

北京为老产品和服务供给体系比较完善，具体表现为完备的服务供给体

---

① 资料来源：《北京市 2023 年国民经济和社会发展统计公报》。

系与多样化的为老产品。

在服务供给体系方面，北京市致力于构建一个完备的养老服务体系。2021 年，北京市老龄工作委员会印发了《北京市"十四五"时期老龄事业发展规划》，提出了"十四五"时期老龄事业发展的 16 项重点指标和 9 方面主要任务。这些任务包括优化老年服务资源配置、提升老年服务质量等，为老龄事业的发展奠定了坚实基础。北京市民政局、北京市规划和自然资源委员会联合发布了《北京市养老服务专项规划（2021 年—2035 年）》。该规划明确了各区、各乡镇（街道）各类养老服务设施的空间布局、功能结构、数量规模，旨在推进地区平衡和结构合理，促进各区养老服务工作的协调发展，推动建成全面覆盖、城乡统筹的"三边四级"① 精准居家社区养老服务体系。2022 年，中共北京市委、北京市人民政府印发了《关于加强新时代首都老龄工作的实施意见》。该意见提出完善就近精准养老服务体系、构建综合连续的老年健康支撑体系、大力促进老年人社会参与、全面推进老年友好型社会建设、培育发展银发经济等一系列举措。2023 年 9 月，北京市卫生健康委员会等部门联合发布了《北京市关于进一步推进医养结合发展的实施方案》。该方案提出发展居家医养结合服务、提升社区医养结合能力、推动机构开展医养结合服务等具体措施，旨在加强服务衔接、做好医养结合机构审批登记、开展医养结合示范创建、多渠道引才育才、强化服务监管、完善支持政策。2023 年 11 月，北京市人民政府办公厅发布了《关于完善北京市养老服务体系的实施意见》等"1+N"系列政策，强调北京市将同步推进基本养老服务体系和市场化社会化养老服务供给体系建设，构建以事业带动产业、以产业支撑事业、事业和产业协同发展的工作格局。重点打造集养老服务供需对接、服务监管、老年食堂、老年学堂等功能于一体的乡镇（街道）养老服务中心。

在为老产品方面，北京市致力于构建一个多样化的为老产品供给体系。

---

① "三边四级"是指在政府主导下，通过构建市级指导、区级统筹、街乡落实、社区参与的四级居家养老服务网络，实现老年人在周边、身边和床边就近享受居家养老服务。

2021 年，北京市老龄工作委员会印发《北京市推进老年友好型社会建设行动方案（2021—2023 年）》。该方案从居家生活、家庭关系、社区（村）环境、健康支持、智能应用、交通出行、社会参与、公共服务、人文环境 9 个方面着力解决老年人适老应用问题，推进老年友好型社会建设，集中体现了为老产品供给的多样化。

首先，在打造适老化的社区环境方面，北京市印发了《关于老旧小区综合整治实施适老化改造和无障碍环境建设的指导意见》，制定基础类、完善类、提升类功能服务"建设菜单"，开展专项排查治理工作，加强宜居环境建设。

其次，在养老助餐方面，2022 年 3 月，北京市民政局、市财政局等 5 部门联合印发《关于提升北京市养老助餐服务管理水平的实施意见》和《北京市对区养老助餐服务考评办法（试行）》。这些文件建立了基本养老服务对象就餐补贴和养老助餐点运营补贴制度，支持引导各区建立具有本区特色的养老助餐服务体系，为老年人提供便利的助餐服务。

再次，在医疗服务方面，2023 年 8 月，北京市卫生健康委员会、北京市发展和改革委员会、北京市财政局、北京市人力资源和社会保障局、北京市医疗保障局联合发布《关于印发 2023 年北京市基层医疗卫生服务能力提升工作计划的通知》。该文件提出增强老年健康服务能力，扩大老年护理、安宁疗护等接续性服务供给，推进老年健康服务规范化和老年友善医疗机构建设，强化养老机构和社区卫生服务机构对口关系，做好日常诊疗、健康监测、转诊等工作。积极开展居家医疗护理服务，鼓励有条件的医疗机构通过上门巡诊和家庭病床等方式为老年人提供居家医疗护理服务。

最后，在健康服务方面，2022 年，北京市在老年健康服务领域实施了一系列计划，旨在提供更加全面和具体的支持，以改善老年人群的生活质量和健康状况，涵盖老年医疗护理服务、护理中心建设、安宁疗护服务以及失能失智老年人管理等方面。《北京市老年医疗护理服务试点工作方案》《关于做好北京市老年护理中心建设工作的通知》旨在优化老年人的医疗护理服务架构，指定包括东城区朝阳门社区卫生服务中心在内的 10 家机构作为试点单位。《北京市加快推进安宁疗护服务发展实施方案》由北京市卫生健康委员会、北京市发展和改革委员会等 7 部门共同推出，致力于建立一个以社区和居家为基础、机构为补充的综合性、连续性的安宁疗护服务体系。《关于开展 2022 年失能失智老年人管理项目的通知》聚焦失能和失智老年人的具体需求，推进老年人失能失智评估、健康服务等重点工作，改善该群体的生活状况，并在石景山区实行了长期护理险的试点。《关于印发 2022 年北京市老龄健康工作要点的通知》设定了具体的健康管理目标，包括提高老年医学科设置比例、中医药健康管理率及健康规范化管理率等。

### （二）较为健全的养老和医疗保障体系

银发经济的高质量发展离不开充足的财源保障。健全多层次的养老和医疗保障体系是关键举措。在养老保障体系方面，目前我国已初步构建起以基本养老保险为基础、以企业（职业）年金为补充、与个人储蓄型养老保险和商业养老保险相衔接的养老保障体系。北京在提高基本养老金标准、更好满足老年人基本生活服务需求的同时，逐步提高第二、第三支柱的目标替代率，完善多层次的养老保障体系。2023 年 7 月，北京市人力资源和社会保障局联合北京市财政局和民政局发布《关于调整 2023 年城乡居民养老保障相关待遇标准的通告》，要求自 2023 年 1 月 1 日起，调整城乡居民养老保障待遇标准，不满 65 周岁的每人每月增加 37 元，年满 65 周岁及以上每人每月增加 42 元，基础养老金标准调整为每人每月 924 元，福利养老金标准调整为每人每月 839 元。在企业年金方面，北京市人力资源和社会保障局联合人才工作局等部门印发《关于促进本市企业年金集合计划发展的若干措施》，进一步加大对企业年金的扶持力度，鼓励符合"四个中心"功能定位的国际国内人才参加企业年金集合计划，并在一定范围内试点给予资金激励，职工本人及配偶、子女住院费超过医保报销限额的部分，可提前从企业年金个人账户中支取。2019 年，北京市民政局联合金融监督管理局和中国银行保险监督管理委员会北京监管局印发《关于加快发展商业养老保险的实施意见》，提出鼓励商业保险机构开发商业性长期护理保险产品，制定针对特殊群体的综合养老保障计划，稳妥推动老年人住房反向抵押养老保险业务发展，开展个人税收优惠型健康保险和个人税收递延型养老保险试点工作，审慎开展商业养老资金境外投资，发挥商业养老保险资金长期投资优势。另外，北京在 2022 年被列入首批个人养老金试点城市，遵照《个人养老金实施办法》，明确了个人养老金参保开户、缴费、领取以及投资等环节的具体规则，全国信息管理服务平台随即开通，金融机构运营系统适时纳入，各项措施衔接配合。

在医疗保障体系方面，我国医疗保障制度改革的目标是到 2030 年全面建成以基本医疗保险为主体，医疗救助为托底，补充医疗保险、商业健康保险等共同发展的医疗保障制度体系。北京市于 2022 年发布《关于进一步做好基本医疗保险跨省异地就医直接结算工作的通知》，明确了跨省异地就医备案人员范围和备案有效期限，允许补办跨省异地就医备案和无第三方责任外伤参保人员享受直接结算服务，大大便利了群众。北京市还针对慢性病的发展状况，出台《关于切实推进门诊慢性病长处方政策落实的若干措施》，要求做好药品库存规划，完善药品登记制度，加快推进线上诊疗，延伸配送服务，取消首诊转诊限制，促进家医签约。另外，北京还出台了《关于进一步完善本市大病医疗保障政策的通知》，自 2023 年起将大病医疗保障起付标准调整为 30404 元，特困供养人员、最低生活保障对象以及生活困难补助人员、城乡低收入家庭救助人员等困难人群，大病医疗保障起付标准将降低 50%，充分发挥医保兜底和救助的重要作用。在商业健康保险方面，北京出台了《关于加快发展商业健康保险的实施意见》，要求丰富商业健康保险产品，大力发展与基本医疗保险有机衔接的商业健康保险，鼓励有条件的企业和个人通过参加商业健康保险及多种形式的补充保险，满足基本医疗保险之外的健康保障需求；加快发展医疗责任保险、医疗意外保险，探索发展多种形式的医疗执业保险，稳步推进商业保险机构参与各类医疗保险经办服务。在慈善医疗方面，北京市印发了《关于深化医疗保障制度改革的若干措施》，重点提到要鼓励社会慈善捐赠，充分调动各方积极性，统筹推进慈善医疗救助，同时防止假借慈善名义开展非法营利、传销、集资、诈骗等违法违规活动，慈善组织开展慈善医疗救助活动，要对合作医疗机构的资质、价格等进行全面评估，签订合作协议，及时完整公开组织基本信息，以及医疗救助对象范围、资金来源、资助内容、资助标准等信息，自觉接受社会尤其是受助人的监督。

### （三）较为优质的营商环境和支持体系

营商环境和支持体系是吸引投资、促进创新的重要因素，也是推动银发经济高质量发展的重要一环。2021年9月，北京市民政局、北京市发展和改革委员会、北京市财政局、北京市卫生健康委员会、北京市市场监督管理局、北京市医疗保障局印发《北京市社区养老服务驿站运营扶持办法》，明确驿站基本养老服务责任，调整并优化驿站功能定位，规范驿站补贴申请与发放，健全驿站运营补贴方式，加强驿站运营补贴监管。2022年9月，北京市民政局印发《北京市养老机构服务质量星级评定管理办法（试行）》和《北京市社区养老服务驿站服务质量星级评定管理办法（试行）》，强调加强养老机构、社区养老服务驿站质量评定。同年9月，北京市民政局印发《关于养老机构重大事项报告的有关规定》，提出加强养老机构监督管理体系制度建设。2023年11月，北京市民政局发布《北京市养老服务质量和安全重点监测点实施办法》，重点就养老服务质量和安全重点监测点的概念和目的、设置条件和监测期、动态管理等内容做出了详细的规定。在健康服务规范方面，北京市卫生健康委员会发布《北京市社区老年健康服务规范（2023年版）》，提出社区卫生服务中心应建立与社区（村）居委会、村卫生室、相关医疗机构、疾病预防控制机构、社会工作服务机构、老年健康服务志愿者组织等的合作机制和服务网络，为老年人提供综合连续的健康服务，包括健康教育、预防保健、疾病诊治、康复护理、长期照护、安宁疗护、医养结合等内容。北京市民政局发布《北京市养老机构备案管理办法（试行）》，对北京市养老机构备案管理进行规范，对备案主体、备案申请、备案材料、备案办理、备案变更及撤销、备案监管等方面做出明文规定。

## 二 北京市银发经济的需求环境

人口老龄化程度和人口消费水平是影响银发经济发展的两大重要因素，为把握北京市银发经济的需求环境，本报告首先分析北京市的人口结构，在此基础上进一步把握老年人的需求特点，并通过调查案例反映银发经济需求状况在社区层面的表现。

### （一）人口结构及预测

#### 1. 常住老年人口

2018 年以来，北京市 60 岁及以上常住人口逐年递增，增长速度也在加快。2022 年，北京市 60 岁及以上常住人口占比高出全国平均水平 1.5 个百分点，80 岁及以上高龄老年人同比增加 1.4 万人，增长 2.1%。[①]

2018~2023 年，北京市 60 岁及以上、65 岁及以上老年抚养系数逐年提高（见表 1），老年人口带来的赡养压力逐步增大。

表 1　2018~2023 年北京市 60 岁及以上、65 岁及以上老年抚养系数

单位：%

| 指标 | 2018 年 | 2019 年 | 2020 年 | 2021 年 | 2022 年 | 2023 年 |
| --- | --- | --- | --- | --- | --- | --- |
| 60 岁及以上老年抚养系数 | 23.3 | 23.9 | 28.7 | 29.8 | 32.0 | 34.6 |
| 65 岁及以上老年抚养系数 | 14.3 | 14.6 | 17.8 | 19.3 | 20.8 | 22.0 |

资料来源：2018~2023 年《北京市国民经济和社会发展统计公报》。

#### 2. 高龄老年人口

2013~2022 年，北京市 80 岁及以上户籍人口从 47.4 万人增加至 69.9 万人，10 年间增加 22.5 万人，增幅为 47.5%。其中，80~89 岁户籍人口由 44.1 万人增加至 58.4 万人，增加 14.3 万人，增幅为 32.4%；90 岁及以上

---

① 资料来源：2018~2023 年《北京市国民经济和社会发展统计公报》。

户籍人口由 3.3 万人增加至 11.5 万人，增加 8.2 万人，增幅为 248.5%。2022 年底，北京市 100 岁及以上老年人共计 1629 人，比上年增加了 212 人，其中有 596 位男性、1033 位女性，性别比为 57.7。[①]

高龄老年人口的失能患病风险较大，其规模的扩大在一定程度上意味着护理型老年人口规模的扩大，慢性病管理和康复护理等医养需求随之增长，反映出银发经济在医养需求方面的潜力。

### 3. 人口结构预测

本报告通过对北京市老年人口结构进行预测，判断未来银发经济发展潜力。预测使用第七次全国人口普查（以下简称"七普"）数据作为基期数据。从"七普"数据中提取常住人口数据、死亡人口数据、出生人口数据计算不同年龄段人口数量与占比。结合北京人口变化特征，此次预测以当下人口变化特征作为基础预测方案，并在此基础上制定"适度提高"和"较大程度提高"两个方案，分别命名为低方案、中方案和高方案，分析未来北京人口年龄结构（见表 2）。

表 2　2024～2030 年北京人口年龄结构预测

单位：%

| 项目 | | 2024 年 | 2025 年 | 2026 年 | 2027 年 | 2028 年 | 2029 年 | 2030 年 |
|---|---|---|---|---|---|---|---|---|
| 低方案 | 60 岁以上人口占比 | 23.50 | 24.35 | 25.13 | 25.76 | 26.79 | 27.73 | 28.78 |
| | 65 岁及以上人口占比 | 16.37 | 17.12 | 17.55 | 18.39 | 19.81 | 20.82 | 21.64 |
| | 老年人口抚养比 | 23.01 | 24.32 | 25.07 | 26.49 | 29.02 | 30.75 | 32.22 |
| 中方案 | 60 岁以上人口占比 | 23.28 | 24.04 | 24.73 | 25.25 | 26.15 | 26.95 | 27.84 |
| | 65 岁及以上人口占比 | 16.21 | 16.89 | 17.26 | 18.01 | 19.30 | 20.19 | 20.89 |
| | 老年人口抚养比 | 22.82 | 24.07 | 24.75 | 26.07 | 28.47 | 30.07 | 31.40 |

---

① 资料来源：《2022 年北京市老龄事业发展报告》。

续表

| | 项目 | 2024 年 | 2025 年 | 2026 年 | 2027 年 | 2028 年 | 2029 年 | 2030 年 |
|---|---|---|---|---|---|---|---|---|
| 高方案 | 60 岁以上人口占比 | 22. 67 | 23. 29 | 23. 83 | 24. 22 | 24. 97 | 25. 63 | 26. 38 |
| | 65 岁及以上人口占比 | 15. 78 | 16. 35 | 16. 62 | 17. 25 | 18. 41 | 19. 17 | 19. 74 |
| | 老年人口抚养比 | 22. 64 | 23. 82 | 24. 43 | 25. 67 | 27. 93 | 29. 41 | 30. 61 |

从表 2 可以看到，在低、中、高方案中，老年人口比重与老年抚养比都呈现上升趋势，老龄群体将在未来成为不可忽视的部分，潜在消费者众多。因此，对银发经济早早布局十分必要，这是人口结构变化对经济发展规划提出的新要求，也是未来的新经济增长点。

（二）需求特征①

老年人消费观念较为理性，注重实用性及性价比。七成以上的老年人在消费时最看重实际需要和价格优惠，五成以上的老年人关注产品是否适合老年人、方便购买以及产品品质。相比之下，老年人不太关注消费环境和品牌时尚度（见图 1）。

除了生活必需的基础消费外，老年人注重提高生活品质，更倾向于在保健养生、休闲活动、外出旅游方面消费（见图 2）。从消费金额看，51.9% 的老年人的年度非基础消费金额超过 5000 元，22.6% 的老年人超过 1 万元；72.5% 的老年人表示未来 1 年将保持非基础消费水平不变，12.1% 的老年人表示将提高非基础消费水平。

老年人积极融入数字生活，对智能产品的接受度和消费意愿较高。分年龄段看，60~69 岁低龄老年人对智能产品使用意愿最强（86.7%），高于整体 2.6 个百分点；80 岁及以上高龄老年人出于安全防护需要，对"安全监测"类

---

① 如无特殊标注,本部分数据均来源于北京市统计局《北京市老年人消费调研报告》。

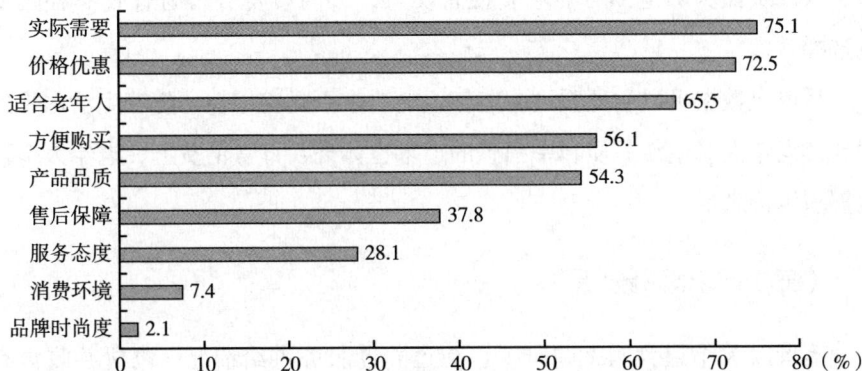

**图1　老年人消费最看重的方面**

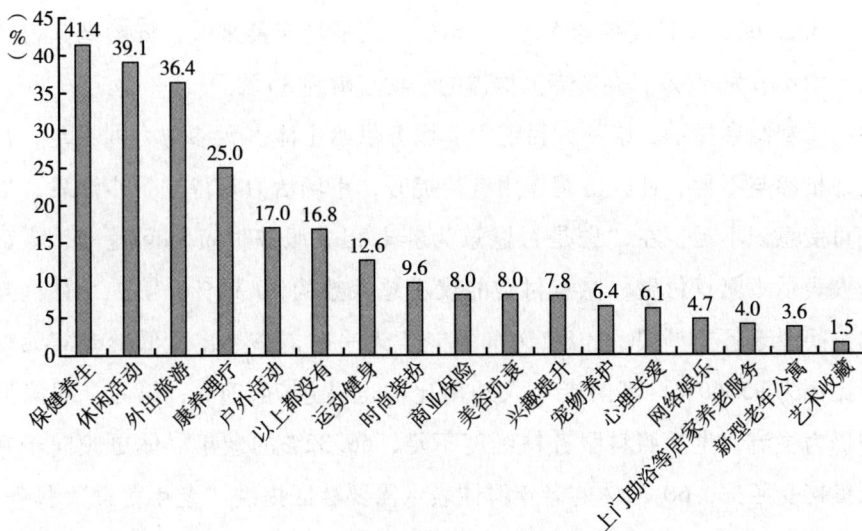

**图2　非基础领域老年消费人数占比**

产品的使用意愿最强（50.3%），高于整体4.2个百分点。

老年人对养老助餐的便利性和性价比颇为关注。《北京市养老助餐服务状况调研报告》显示，被访者中有55.1%有养老助餐需求，且多集中在午餐和工作日，养老助餐服务吸引被访者的主要因素在于便利性和性价比，被访者中有45.7%认为养老助餐点较方便，44.9%表示在家做饭麻烦，40.2%认为养老助餐点餐食便宜实惠，35.4%表示因为有政府补贴所以选择。[①]

从以上数据可以明显看到，老年人的需求更具实用性。随着生活水平的提高，老年人对生活品质和幸福感的追求也体现在日常消费上，老年人个性化需求亟待满足。

### （三）需求案例分析

笔者以 X 街道为例，调研了该街道养老服务供给情况。调研共收集有效样本 2263 份，其中男性占 45.74%，女性占 54.26%。男性低龄（60~80岁）老人占 42.72%，女性低龄老人占 57.28%；男性高龄（80 岁以上）老人占 53.39%，女性高龄老人占 46.61%。从平均年龄来看，低龄老人群体的平均年龄为 69 岁，高龄老人群体的平均年龄为 86 岁。

调查结果显示：第一，目前养老服务供给主体多元参与力度不足，社会力量参与不足，社区协调作用有待提升，市场活力有待进一步激发，居民付费意识不足，在"您是否愿意为养老相关服务付费"问题上，大部分人表示不愿意付费，愿意付费的仅占总人数的 30.94%；第二，社区互动空间匮乏且类型单一，89.95%的老年人平时能够外出，低龄老年人外出比例为 95.69%，高龄老年人外出比例也高达 74.71%；第三，居家照护仍为主流，生活照料服务精细度不足，66.32%的老年群体更倾向于在家里接受照护，60.51%的老年群体表示需要社区提供"老年餐桌"服务，31.81%的老年群体对于日常生活、卫生照料（钟点工）有需求，对家政维修服务（31.89%）、送餐服务（26.57%）也有一定的需求；第四，精神文化服务需求内在异质性明显；第五，社区医疗服务条件改善尤为迫切，61.81%的老年群体会前往社区卫生室看病，33.68%的老年群体会前往市区医院就诊，多数老年人倾向于就近就医，在"看病是否方便"这

---

① 《北京市养老助餐服务状况调研报告》，北京市统计局网站，2024 年 1 月 8 日，https://tjj.beijing.gov.cn/tjsj_31433/sjjd_31444/202401/t20240108_3529576.html。

一问题上，只有 3.04% 的老人表示非常方便，近 66% 的老人认为看病方便的程度为"一般及以下"；第六，老年人社区参与水平有待提升。

综上，北京市老年人口不仅绝对规模大、占比高，还具有消费意愿强，消费能力强，注重消费体验、性价比和便利性，偏好民生产品和文化娱乐消费等特点，消费需求旺盛且多元化，消费潜力大，供给端存在很大的市场空间，许多板块仍存在供需不匹配的情况。因此，从环境来看，北京市应大力发展银发经济，从多层次针对不同需求做出制度安排。

## 三 北京市银发经济的供给状况

### （一）积极推动"老有所养"，但服务精准性有待提升

在养老助餐方面，自 2022 年以来，北京市累计建成养老助餐点 1772 家，其中养老服务机构 1246 家，社会餐饮企业 341 家，老年餐桌、单位食堂等 185 家，覆盖 4988 个城乡社区 280 万余人。[①] 根据 2023 年北京市民政局、市财政局等 5 部门联合印发的《北京市加快养老助餐服务发展的工作方案》，北京市正依托北京养老服务网，积极搭建集供需匹配、支付体系、服务过程、实时统计、监督管理等功能于一体的养老助餐服务平台，推进养老助餐服务数字化，构建包括服务平台集成供餐、传统网点辐射供餐、社会餐饮企业分散供餐、集体用餐配送单位连锁供餐以及老年餐桌补充供餐在内的多元化服务体系。

在养老照护方面，目前，北京市养老机构入住率较低，2024 年 6 月发布的《北京市养老机构行业发展报告》显示，全市共有 578 家养老机构、10.9 万张床位，剔除尚未收住老年人的机构，全市养老机构平均入住率仅为 45%，出现"一床难求"与大量闲置并存的现象。同时，养老护理人员仍存在缺口，本市户籍人口中有 26.50 万名重度失能失智老年人，养老护理

---

① 资料来源：《2022 年北京市老龄事业发展报告》。

人员仅约1.45万人，二者比例为18∶1，与国际标准仍存在距离。① 此外，北京在全国15个老年医疗护理服务试点省份中率先推动社区卫生服务中心转型升级，进一步增加基层老年医疗护理与长期照护服务供给，加强基层医养结合服务补短板工作。

在医疗服务方面，截至2022年底，北京市有472家医疗机构创建为老年友善医疗机构，6家转型建设安宁疗护中心，10家转型建设老年护理中心，84家社区卫生服务中心老年健康服务规范化建设达标。另外，"互联网+医疗服务"也在北京蓬勃发展，截至2022年底，全市已有互联网医院32家，提供互联网诊疗服务的医疗机构有131家，在线服务患者约30万人次。在医养结合方面，北京市医养结合机构总数为215家，床位数达5.9万张。在北京市的养老机构里，内设医疗机构的有189家，占养老机构的36.6%，但并非全部内设医疗机构都能成为定点医保单位，老年人医保报销无法全部覆盖，制约了老年人对养老机构的选择。同时，大部分老年人的医疗需求并不在于大病急病上，而是集中于慢性病管理，大量养老机构在这一领域的资质尚不足以支撑开展相关的服务，这也影响了银发经济在医疗板块的发展。

## （二）积极推进老年友好型社会建设，但系统性有待增强

在建设老年宜居环境方面，2022年，在国家卫生健康委和全国老龄办联合发布的全国示范性老年友好型社区名单中，北京市有32个社区入围；2023年，北京又有32个社区入围。

在完善社区基础设施方面，2024年以来，全市老旧小区改造工程新开工129个小区，新完工136个小区；2023年加装电梯693部，大大便利了老年人的出行，也保障了他们的安全。然而，老年人不仅对电梯本身存在需求，对后续维护保养和付费同样存在需求，因此后续服务还需得到进

---

① 《市政协围绕完善养老服务政策专题协商议政　委员"对症开方"解超大城市"养老忧虑"》，北京市人民代表大会常务委员会官网站，2023年7月4日，http：//www.bjrd.gov.cn/xwzx/bjyw/202307/t20230704_3154107.html。

一步完善。

在打造无障碍环境方面,第一,2022 年北京市园林绿化局印发《北京市全龄友好型公园建设导则》,在全市范围内推动全龄友好型公园建设,增加公园无障碍设施,配置监控、防火、智能导览等智慧园林设施。第二,2021 年底,全市公交车队配备了 1.2 万辆无障碍公交车,城区无障碍公交车配置率达到 80% 以上。① "北京通" App 增加了长者版入口和专属服务,实现了页面操作简约化、支持语音播报,满足老年人及视障用户需求。

### (三)积极促进"老有所为",但参与平台和机会有待重视②

从世界各国的实践情况看,人类对人口老龄化的应对先后经历了两个阶段。第一阶段突出"养",即主要为老年人提供各类产品和服务;第二阶段强调"养"和"为"并举,不仅要将老年人作为客体开发产品与服务,还要将老年人作为主体,拓展和应用老年人的人力资本。

在老年志愿服务方面,北京市推进养老志愿服务体系规范化、专业化建设。老人成为养老志愿服务的重要力量,北京成立助老志愿服务队伍,开展义诊、义剪、义演、结对帮扶等志愿服务。2022 年,北京市志愿服务组织广泛开展各类助老志愿服务活动,截至 12 月底,在"志愿北京"平台中开展助老志愿服务活动的志愿服务队伍达 5592 个,发起助老志愿服务项目759 个,参与志愿者达 24458 人次。

在老年教育服务方面,北京成立老年教育协作会,并评选老年学习示范校,包括老年大学、成人学校和职工大学等。此外,依托北京老年开放大学,开设了保健养生、北京文化、公民素养、家居生活、家庭教育、农村建设、文化艺术、职业发展和智慧助老 9 类 172 门课程。发挥社区科普大学作用,实施科技惠老行动,以科普云课堂、互动体验课和科普游学等形式为老年居民开展科普讲座;开展"云端话科普"线上公益直播,观众超 50 万人

---

① 《北京无障碍公交车达 1.2 万部 城区占比超八成》,光明网,2022 年 3 月 3 日,https://m.gmw.cn/baijia/2022−03/03/35559084.html。

② 资料来源:《2022年北京市老龄事业发展报告》。

次。组织"老年教育优秀教材"评选工作，有效推动老年教育课程高标准高质量发展。联合社会组织和公益组织，形成规范化、制度化、专业化的老年教育志愿者队伍。

### （四）积极探索商业养老保险，但市场培育有待推动

2022年3月以来，北京市大力开展商业养老保险试点，截至2022年末，北京市共有11家保险公司推出了12款商业养老保险产品，累计实现保费收入7.54亿元，投保5.73万人次。① 此外，北京市牵头开发城市定制型商业医疗保险"北京普惠健康保"，完善了北京市多层次医疗保障体系。

老年人的投资心理和习惯促使他们更加关注金融产品和保险服务的安全和实惠，但目前市场上的产品有限，供给和需求处于低位平衡的状态，因此老年型金融保险产品存在不小的发展空间。

综上所述，老年人在衣、食、住、行等方面的需求都在增长，但是相应的供给却较为有限，细分市场发展不充分，缺乏统筹与引导，有待重点关注与解决。

## 四 推动北京市银发经济高质量发展的对策建议

### （一）进一步完善政策支持体系，推进顶层设计

推动北京银发经济的高质量发展，完善政策支持体系和推进顶层设计是关键步骤，制定和实施科学合理的政策对于应对老龄化挑战、推动银发经济高质量发展具有重要意义。

第一，应制定符合北京市情的银发经济发展规划。应当以《关于发展银发经济增进老年人福祉的意见》为根本遵循，结合《"十四五"国家老龄事业发展和养老服务体系规划》，制定专门的银发经济发展规划，明确发展

---

① 《北京银保监局：12款个人养老金保险产品已落地北京》，《北京商报》2023年2月23日。

目标、实施路径和具体措施。规划应涵盖养老服务、适老化改造、智慧养老等领域，确保各项政策措施的科学性和可操作性。

第二，加大财政和金融支持力度，形成多元化的资金支持体系。政府应设立专项资金用于推动银发经济发展，确保老龄产业与老龄事业的稳定投入。推出普惠金融政策，开发适合老年人的金融产品，如养老保险、健康保险和长期护理保险等，提升老年人的消费能力和经济保障水平。通过财政补贴、税收优惠等政策，鼓励社会力量和市场主体积极参与银发经济发展。

第三，进一步建立健全养老服务标准和评估体系，提升养老服务质量。制定统一的养老服务标准和规范，涵盖居家养老、社区养老和机构养老等服务形式。建立严格的评估和监督机制，确保养老服务质量的持续提升。通过定期检查和评估，对不达标的服务机构进行整改，保障老年人享有高质量的养老服务。

第四，推动智慧健康养老产业的发展，利用科技手段提升养老服务水平。应为智慧养老技术的应用提供政策支持，发展智能健康监测、远程医疗和智能家居等技术，增强老年人的生活便利性和安全性。通过政策支持和资金投入，推动智慧健康养老产业的快速发展。

## （二）进一步激发老年人的消费潜能，提高生活品质

当前，北京正面临人口老龄化快速发展的挑战，提高老年人的生活品质对于激发市场活力和优化资源配置有重要意义。

第一，完善社会保障体系，消除老年人消费的后顾之忧。应继续深化基本养老保险制度改革，确保养老保险的可持续性，逐步提高养老金标准，满足老年人的基本生活需求。推进长期护理保险制度建设，为失能、高龄和独居老年人提供经济保障，减轻其家庭负担，提升其生活质量。

第二，完善老年人参与社区治理制度，推动灵活就业。积极鼓励老年人参与社区治理，针对具备劳动能力和意愿的老年人，政府应提供多样化的就业机会和培训支持，帮助老年人实现再就业。

第三，提升老年人生理和心理健康水平，提升其生活质量。在提升老年

人生理健康水平方面，完善老年健康服务体系，提供全方位的健康管理和医疗服务。继续推进医养结合，建立健全社区医疗服务网络，为老年人提供便捷的健康咨询、疾病预防和康复护理服务。加强老年人健康教育，普及健康生活理念，提高老年人的健康素养和自我管理能力。在提升老年人心理健康水平方面，推广心理健康体检，大力培育社区社会组织，丰富老年人的精神文化生活，提升其幸福感和获得感。通过建设老年大学和终身学习平台，提供多样化的学习机会，提升老年人的生活品质。

第四，优化老年人的居住环境，提升其生活便利性和安全性。推进老旧社区的适老化改造，完善无障碍设施建设，提升社区环境的适老性和安全性。政府应制定和推广适老化住宅建设标准，优化新建住宅和公共设施的适老化设计，为老年人提供安全、舒适和便利的居住环境。

### （三）推动老龄产业与老龄事业协同发展

老龄产业涵盖了与老年人相关的产品和服务，以市场为主体；老龄事业则涉及政府和社会提供的公共服务和福利保障，以政府为主体。老龄产业与老龄事业协同发展，是实现老年人高质量生活和社会经济可持续发展的关键。

第一，要坚持政府主导并强化社会参与，夯实老龄产业与老龄事业协同发展的基础。政府在制定政策、提供资源和资金支持方面具有重要作用。通过出台科学合理的政策，政府需要发挥引导和激励社会力量积极参与银发经济发展的作用，形成政府与社会共治的良好局面。社会组织和企业的参与，能够提供专业化和个性化的养老服务，弥补政府在资源和服务方面的不足，实现多元力量的协同合作，提升老年人的生活质量。

第二，要构建多层次养老服务体系，把握老龄产业与老龄事业协同发展的核心内容。老年人的需求多样且层次不一，单一的服务模式难以全面覆盖。建立居家养老、社区养老和机构养老相结合的多层次养老服务体系，可以满足不同老年群体的需求，提供全方位的养老保障。以居家养老为基础、社区养老为支撑、机构养老为补充的模式，能够有效提升养老服务的质量，确保老年人在不同生活阶段都能获得合适的养老服务，从而实现老龄事业的健康发展。

第三，要促进银发经济与其他产业融合，畅通老龄产业与老龄事业协同发展的渠道。老年人的需求不仅限于基本的养老服务，还包括健康、文化、旅游等领域。推动银发经济与这些相关产业的融合发展，可以形成协同效应，满足老年人的多样化需求，同时促进相关产业的发展，形成新的经济增长点。例如，健康产业的老年医疗和康复服务，文化产业的老年文化娱乐产品，旅游产业的老年旅游线路等，都是银发经济与其他产业融合的具体表现。这种融合不仅提高了老年人的生活质量和幸福感，也推动了银发经济的可持续发展。

## 参考文献

金牛、原新：《银发经济高质量发展：人口基础、战略导向与路径选择》，《河北学刊》2024 年第 2 期。

刘智勇：《积极应对人口老龄化国家战略：观念更新、任务定位、实现途径》，《学习论坛》2023 年第 1 期。

彭希哲、陈倩：《中国银发经济刍议》，《社会保障评论》2022 年第 4 期。

徐莺、刘含笑：《中国"银发经济"的现状、问题与前景》，《北京航空航天大学学报》（社会科学版）2023 年第 1 期。

王少辉、李富有：《中国老年群体消费结构、需求特征和行为决策》，《北京社会科学》2021 年第 8 期。

郝福庆、王谈凌、鲍文涵：《积极应对人口老龄化的战略思考和政策取向》，《宏观经济管理》2019 年第 2 期。

王爱华：《新时期人口老龄化对经济转型的影响路径与应对策略》，《贵州社会科学》2013 年第 2 期。

陆杰华、阮韵晨、张莉：《健康老龄化的中国方案探讨：内涵、主要障碍及其方略》，《国家行政学院学报》2017 年第 5 期。

翟振武、陈佳鞠、李龙：《中国人口老龄化的大趋势、新特点及相应养老政策》，《山东大学学报》（哲学社会科学版）2016 年第 3 期。

宋全成、崔瑞宁：《人口高速老龄化的理论应对——从健康老龄化到积极老龄化》，

《山东社会科学》2013 年第 4 期。

彭希哲、胡湛：《公共政策视角下的中国人口老龄化》，《中国社会科学》2011 年第 3 期。

刘萌、张艿逸：《银发经济市场调查：政策效果正在显现 产品供给有待扩大》，《证券日报》2024 年 4 月 22 日。

王春娟、杜雨轩：《人口老龄化背景下数字经济驱动银发经济高质量发展机理与路径》，《商业经济》2024 年第 3 期。

纪竞垚、代丽丹：《银发经济：观念演进、政策脉络与现实挑战》，《中国发展观察》2024 年第 1 期。

# B.5
# 北京市生活服务业从业人员研究报告

闫 萍　王娟芬　陈知知*

**摘　要：** 生活服务业是国民经济的基础性支柱产业，也是关系人民群众生活质量和切身利益的民生基础性产业。生活服务业从业人员是维持城市运行秩序、保障居民生活品质的重要力量，其生存与发展状况应得到充分关注。本报告利用北京市"六类"生活服务业从业人员的调查数据，对其人口特征、就业状况、社会保障与福利状况、居住与家庭生活状况进行分析，发现北京市生活服务业从业人员面临就业质量不佳、社会保障暴露短板、家庭照料负担沉重、住房保障力度不足、长期定居意愿不强等困境。本报告从安居乐业、社会保障、家庭友好等方面提出改善北京市生活服务业从业人员生活与发展状况的对策建议，包括制定完善的住房保障政策、完善"一老一小"家庭支持政策等。

**关键词：** 生活服务业从业人员　就业状况　社会保障　家庭支持　北京

## 一　研究背景

生活服务业是国民经济的基础性支柱产业，也是关系人民群众生活质量

---

\* 闫萍，博士，中共北京市委党校（北京行政学院）社会学教研部（北京市人口研究所）人口发展与城市战略教研室主任、教授、硕士研究生导师，主要研究方向为人口发展与城市战略、人口老龄化、家庭发展；王娟芬，中共北京市委党校（北京行政学院）社会学教研部（北京市人口研究所）人口学专业硕士研究生，主要研究方向为人口发展；陈知知，中共北京市委党校（北京行政学院）社会学教研部（北京市人口研究所）人口学专业硕士研究生，主要研究方向为人口发展。

和切身利益的民生基础性产业。生活服务业包括劳动密集、知识与信息密集和资本密集 3 种类型，典型的劳动密集型生活服务业为餐饮、保安、维修、快递物流、保洁家政、交通运输等行业，多属于传统生活服务业的范畴。随着信息技术和数字平台的发展，诞生了如快递、网约车、外卖、电商直播等新型服务业。既有的对生活服务业的研究以生活服务业对经济增长的促进作用为主，对提供生活服务的从业群体本身的研究较少。我国正处在转变经济发展方式、全面建设社会主义现代化国家的转型期，促进生活服务业高质量发展、保障相关从业者的生存与发展权益，具有重要意义。北京市服务业从业人口规模庞大，根据《北京统计年鉴 2023》数据，在 2022 年北京市常住就业人口中，第三产业就业人口占比达 81.4%，且 2010~2022 年，第三产业就业人口的比例逐年攀升，说明服务业从业人口已成为推动北京市经济发展的重要力量。

近年来，国家十分关注生活服务业从业人员的生存与发展状况，出台了一系列政策。就业是最基本的民生，党的十八大以来，以习近平同志为核心的党中央高度重视就业问题。党的二十大报告明确指出，要强化就业优先政策，健全就业促进机制，促进高质量充分就业。《国务院办公厅关于促进家政服务业提质扩容的意见》指出，要完善公共服务政策，改善家政服务人员从业环境，加强社保补贴等社会保障支持。人力资源和社会保障部办公厅印发的《新就业形态劳动者休息和劳动报酬权益保障指引》指出，企业要制定完善新就业形态劳动者休息办法，科学确定劳动者工作量和劳动强度，防止劳动者过度劳动。国务院总理李强于 2024 年 1 月 22 日主持召开国务院常务会议，审议通过《关于促进即时配送行业高质量发展的指导意见》，会议指出，近年来即时配送行业快速兴起，在促进消费、保障民生、扩大就业等方面发挥着越来越重要的作用，要加强鼓励引导，进一步营造良好营商环境。可见，关注生活服务业从业人员的就业与生存发展问题具有十分重要的现实意义。

本报告利用对北京市 3000 名生活服务业从业人员的问卷调查数据，通过分析其在就业、社会保障与福利、居住与家庭生活方面的现实状况，进一步总结北京市生活服务业从业人员面临的困境，提出改善北京市生活服务业从业人员生活与发展状况的对策建议。

## 二　数据来源与样本特征

本报告所使用的数据来自笔者于 2022 年 11~12 月对北京市"六类"生活服务业从业人员进行的问卷调查，调查对象为北京市城乡接合部的快递员、网约车司机、保安、保洁、维修工、餐饮服务员等六类群体，调查内容包括基本状况、就业状况、社会保障与福利状况、居住与家庭生活状况等，调查采取了分层抽样与配额抽样等方式从北京市各区进行抽样，面向六类群体发放问卷 3000 份，每类群体均发放 500 份。回收问卷 3000 份，问卷回收率为 100%；有效问卷 3000 份，问卷有效率为 100%。通过对这些样本进行相关的统计分析，了解北京市生活服务业从业人员的总体情况与面貌特征。

在性别构成上，3000 个样本中，2149 人为男性，占比达到 71.6%；而女性仅有 851 人，占比为 28.4%。在年龄构成上，北京市生活服务业从业人员的年龄结构偏年轻化，绝大多数人员的年龄在 18~45 岁，其中以 22~37 岁居多，平均年龄约为 31 岁，最小年龄为 18 岁。在婚姻状况上，57.3% 的人处于已婚状态，40.2% 的人处于未婚状态，小部分为同居、离异或丧偶状态。在受教育程度上，北京市生活服务业从业人员受教育程度多为高中或中专，占比为 61.8%；其次是受过大学专科教育的，占比为 28.3%；再次是初中，占比为 7.0%；而接受过小学及以下教育或大学本科教育的人数较少。在户籍性质上，北京市农业户籍、北京市非农业户籍的占比分别为 30.4%、19.7%；外地农业户籍、外地非农业户籍的占比分别为 34.5%、15.5%。可见，北京市生活服务业从业人员中半数为北京市户籍，尤其是北京市农业户籍人员的占比达到三成以上（见表 1）。

表1 样本结构特征的描述性统计

单位：人，%

| 变量 | | 人数 | 占比 |
|---|---|---|---|
| 性别 | 男 | 2149 | 71.6 |
| | 女 | 851 | 28.4 |
| 婚姻状况 | 未婚 | 1206 | 40.2 |
| | 已婚 | 1718 | 57.3 |
| | 离婚或丧偶 | 57 | 1.9 |
| | 同居 | 19 | 0.6 |
| 受教育程度 | 未上过学 | 20 | 0.7 |
| | 小学 | 55 | 1.8 |
| | 初中 | 210 | 7.0 |
| | 高中或中专 | 1855 | 61.8 |
| | 大学专科 | 850 | 28.3 |
| | 大学本科 | 10 | 0.3 |
| 户籍性质 | 北京市农业户籍 | 911 | 30.4 |
| | 外地农业户籍 | 1034 | 34.5 |
| | 北京市非农业户籍 | 590 | 19.7 |
| | 外地非农业户籍 | 465 | 15.5 |

# 三 北京市生活服务业从业人员的就业状况

本报告对生活服务业从业人员就业状况的考察包含工作时长、就业收入、就业身份、就业单位性质、面临的就业困难以及最希望得到的求职帮助等内容。通过对上述内容进行统计分析，揭示该群体所处的就业环境以及主要存在的就业需求与困难。

## 1. 从业人员大部分在岗，且每周平均工作时长接近60小时

如表2所示，从工作情况来看，86.8%的人员为取得收入而每周工作1小时以上；9.5%的人员临时停工、在职休假或学习；3.7%的人员未做任何工作。另外，调查数据显示，北京市生活服务业从业人员每周平均工作时间

达到59.4小时，最长达到90小时，远超《中华人民共和国劳动法》规定的44小时。

表2 北京市生活服务业从业人员工作情况

单位：人，%

| 选项 | 人数 | 比重 |
|---|---|---|
| 是 | 2604 | 86.8 |
| 临时停工、在职休假或学习 | 284 | 9.5 |
| 未做任何工作 | 112 | 3.7 |
| 总计 | 3000 | 100 |

注：问题为"您是否为取得收入而每周工作1小时以上"。

### 2. 从业人员的平均月收入①主要为4001~10000元

如表3所示，北京市生活服务业从业人员中，平均月收入为4001~5000元的占比为15.4%，5001~6000元和6001~7000元的占比均为16.0%，7001~8000元的占比为15.7%，8001~10000元的占比为13.7%。14.1%的人员的平均月收入在4000元及以下，也有9.0%超过10000元。另外，调查数据显示，这些人员2022年薪资与上年相比减少的占比较高，达到35.6%；2022年薪资与上年相比增加、变化不大的比重分别为33.8%、30.6%。

表3 北京市生活服务业从业人员平均月收入

单位：人，%

| 选项 | 人数 | 比重 |
|---|---|---|
| 2000元及以下 | 42 | 1.4 |
| 2001~3000元 | 98 | 3.3 |
| 3001~4000元 | 283 | 9.4 |
| 4001~5000元 | 463 | 15.4 |
| 5001~6000元 | 481 | 16.0 |
| 6001~7000元 | 480 | 16.0 |

① 税后收入，下同。

**续表**

| 选项 | 人数 | 比重 |
|------|------|------|
| 7001~8000 元 | 470 | 15.7 |
| 8001~10000 元 | 412 | 13.7 |
| 10000 元以上 | 271 | 9.0 |
| 总计 | 3000 | 100 |

### 3. 近半数从业人员的就业单位为私营企业

如表 4 所示，北京市生活服务业从业人员就业单位排名前三依次是私营企业、集体企业、国有及国有控股企业，占比分别为 49.4%、13.6% 和 10.6%；股份/联营企业占比为 9.0%；另外有小部分人在其他单位就业。

**表 4　北京市生活服务业从业人员就业单位性质**

单位：人，%

| 选项 | 人数 | 比重 |
|------|------|------|
| 行政机关和事业单位 | 125 | 4.2 |
| 国有及国有控股企业 | 319 | 10.6 |
| 集体企业 | 407 | 13.6 |
| 股份/联营企业 | 271 | 9.0 |
| 个体工商户 | 35 | 1.2 |
| 私营企业 | 1483 | 49.4 |
| 港澳台或外商独资或合资企业 | 19 | 0.6 |
| 社团/民办组织 | 80 | 2.7 |
| 其他单位 | 218 | 7.3 |
| 无单位 | 43 | 1.4 |
| 总计 | 3000 | 100 |

### 4. 近八成人员的就业身份是有固定雇主的雇员，也有小部分是零工或散工

如表 5 所示，大多数人员的就业身份为有固定雇主的雇员，占比达

79.9%；其次是无固定雇主的劳动者（零工、散工等），占比为 10.9%；自营劳动者占比为 6.5%；雇主占比为 2.5%。

**表5　北京市生活服务业从业人员就业身份**

单位：人，%

| 选项 | 人数 | 比重 |
|---|---|---|
| 有固定雇主的雇员 | 2396 | 79.9 |
| 无固定雇主的劳动者(零工、散工等) | 326 | 10.9 |
| 雇主 | 75 | 2.5 |
| 自营劳动者 | 195 | 6.5 |
| 其他 | 8 | 0.3 |
| 总计 | 3000 | 100 |

5. 求职时最看重的因素主要包括工资高低、社会保险及福利等

如表6所示，北京市生活服务业从业人员求职时最看重的因素是工资高低、社会保险及福利、工作条件（如包吃、住等），占比分别为 54.1%、49.5%、33.9%；其次为个人发展机会、离家距离，占比分别为 21.5%、18.2%；上班交通便利、单位所在区域的吸引力占比分别为 14.3%、8.5%。

**表6　北京市生活服务业从业人员求职时最看重的因素（多选）**

单位：人，%

| 选项 | 人数 | 比重 |
|---|---|---|
| 工资高低 | 1622 | 54.1 |
| 社会保险及福利 | 1486 | 49.5 |
| 工作条件(如包吃、住等) | 1018 | 33.9 |
| 个人发展机会 | 644 | 21.5 |
| 离家距离 | 547 | 18.2 |
| 上班交通便利 | 428 | 14.3 |
| 单位所在区域的吸引力 | 255 | 8.5 |

6. 培训需求主要包括职业技能培训、职业礼仪与素养培训等

如表 7 所示，北京市生活服务业从业人员最希望得到的培训内容是职业技能培训，占比达 46.6%；其次是职业礼仪与素养培训，占比为 20.0%；再次是时间管理和健康教育课程，占比分别为 13.3% 和 12.4%。

表7　北京市生活服务业从业人员最希望得到的培训内容

单位：人，%

| 选项 | 人数 | 比重 |
| --- | --- | --- |
| 健康教育课程 | 371 | 12.4 |
| 职业技能培训 | 1398 | 46.6 |
| 职业礼仪与素养培训 | 599 | 20.0 |
| 时间管理 | 398 | 13.3 |
| 高效沟通 | 232 | 7.7 |
| 其他 | 2 | 0.1 |
| 总计 | 3000 | 100 |

7. 工作时遇到的困难主要包括发展前景不佳、工作重复单一、社会地位不高、缺乏社会保障等

如表 8 所示，北京市生活服务业从业人员工作时遇到的困难主要有发展前景不佳、工作重复单一、社会地位不高、缺乏社会保障、收入不稳定，占比分别为 48.6%、47.8%、42.9%、42.5%、35.6%；工作环境恶劣、客户投诉多、与平台或公司存在矛盾的占比分别为 19.9%、13.2% 和 4.7%。

表8　北京市生活服务业从业人员工作时遇到的困难（多选）

单位：人，%

| 选项 | 人数 | 比重 |
| --- | --- | --- |
| 收入不稳定 | 1069 | 35.6 |
| 缺乏社会保障 | 1275 | 42.5 |
| 工作重复单一 | 1433 | 47.8 |

| 选项 | 人数 | 比重 |
|------|------|------|
| 发展前景不佳 | 1457 | 48.6 |
| 社会地位不高 | 1288 | 42.9 |
| 工作环境恶劣 | 596 | 19.9 |
| 客户投诉多 | 396 | 13.2 |
| 与平台或公司存在矛盾 | 141 | 4.7 |
| 其他 | 9 | 0.3 |

## 四 北京市生活服务业从业人员的社会保障与福利状况

本报告考察了北京市生活服务业从业人员的社会保障与福利状况，包括"五险一金"与意外伤害险的购买情况、参与医疗保险和养老保险的种类、参保意愿以及影响他们参保的因素等。本部分通过对这些内容进行统计分析，反映北京市生活服务业从业人员在享受社会保障与福利方面的特征，以进一步探究这些人员所面临的社会保障困境。

**1. 超半数从业人员的工作单位购买了"五险一金"或意外伤害险，近两成从业人员的工作单位未购买上述两种保险**

如表9所示，北京市生活服务业从业人员中，58.2%的人的工作单位购买了"五险一金"；53.5%的人的工作单位购买了意外伤害险；也有19.3%的人的工作单位既未购买"五险一金"，也未购买意外伤害险。

表9　北京市生活服务业从业人员工作单位购买保险情况

单位：人，%

| "五险一金"购买情况 | 人数 | 比重 |
|------|------|------|
| 已购买 | 1722 | 58.2 |
| 未购买 | 1235 | 41.8 |
| 总计 | 2957 | 100 |

续表

| 意外伤害险购买情况 | 人数 | 比重 |
|---|---|---|
| 已购买 | 1582 | 53.5 |
| 未购买 | 1375 | 46.5 |
| 总计 | 2957 | 100 |
| 以上保险，单位均未购买过 | 人数 | 比重 |
| 是 | 570 | 19.3 |
| 否 | 2387 | 80.7 |
| 总计 | 2957 | 100 |

注：其中43个缺失样本为"无单位"人员。

### 2. 七成以上从业人员参加了城乡居民基本医疗保险

如表10所示，大部分人员参加了城乡居民基本医疗保险，占比为73.3%，18.5%的人参加了城镇职工医疗保险，15.9%的人参加了商业医疗保险，仅有2.3%的人参加了公费医疗。另外，需注意的是，还有3.5%的人未参加医疗保险。

表10　北京市生活服务业从业人员参加的医疗保险类型（多选）

单位：人，%

| 选项 | 人数 | 比重 |
|---|---|---|
| 城乡居民基本医疗保险 | 2199 | 73.3 |
| 城镇职工医疗保险 | 555 | 18.5 |
| 公费医疗 | 70 | 2.3 |
| 商业医疗保险 | 477 | 15.9 |
| 未参加医疗保险 | 104 | 3.5 |

### 3. 近四成从业人员参加了城乡居民养老保险，近五成从业人员参加了城镇职工养老保险

如表11所示，北京市生活服务业从业人员中，47.70%的人参加了城镇职工养老保险，39.10%的人参加了城乡居民养老保险，20.10%的人参加了商业保险；同时有15.47%的人未参加养老保险。

表 11 北京市生活服务业从业人员参加的养老保险类型（多选）

单位：人，%

| 选项 | 人数 | 比重 |
|------|------|------|
| 城乡居民养老保险 | 1173 | 39.10 |
| 城镇职工养老保险 | 1431 | 47.70 |
| 商业保险 | 603 | 20.10 |
| 未参加养老保险 | 464 | 15.47 |
| 其他 | 1 | 0.03 |

4. 影响参加社会保险的因素主要包括社保缴费压力、单位缴纳社保情况以及对社保水平和待遇的信心等

如表 12 所示，北京市生活服务业从业人员参加社会保险的影响因素主要包括社保缴费压力、单位缴纳社保情况、对社保水平和待遇的信心，占比分别为 60.7%、45.1%、42.3%；另外，分别有 24.9%、19.4% 的人参加社会保险受户籍制度限制以及社保转移接续问题的影响。

表 12 北京市生活服务业从业人员参加社会保险的影响因素（多选）

单位：人，%

| 选项 | 人数 | 比重 |
|------|------|------|
| 对社保水平和待遇的信心 | 1270 | 42.3 |
| 社保缴费压力 | 1822 | 60.7 |
| 单位缴纳社保情况 | 1352 | 45.1 |
| 户籍制度限制 | 747 | 24.9 |
| 社保转移接续问题 | 583 | 19.4 |
| 其他 | 5 | 0.2 |

5. 外来从业人员不愿在京参保的阻碍因素主要包括个人负担的参保费用太高、不会长期留京等

关于参保意愿情况，问卷中设置了"若北京市出台不限户籍参加养老保险、医疗保险的政策（个人每月最少缴费 1500 元，按北京本地户籍待遇看病、养老），是否愿意在京参保"的问题，调查结果显示，在 1499 个非京籍样本中，75.1% 的人表示愿意在京参保，但也有 24.9% 的人表示不愿在

京参保。对于不愿在京参保的 374 个样本，问卷中收集了他们不愿在京参保的原因，结果显示，74.9% 的人因个人负担的参保费用太高而不愿在京参保，44.1% 的人由于不会长期留京而不愿在京参保，28.6% 的人因在老家有社保而不愿在京参保（见表 13）。

表 13　北京市外来生活服务业从业人员不愿在京参保的原因（多选）

单位：人，%

| 选项 | 人数 | 比重 |
| --- | --- | --- |
| 个人负担的参保费用太高 | 280 | 74.9 |
| 不会长期留京 | 165 | 44.1 |
| 在老家有社保 | 107 | 28.6 |
| 其他 | 4 | 1.1 |

注：比重为各选项人数占不愿意参保人数（374 人）的比重。

## 五　北京市生活服务业从业人员的居住与家庭生活状况

本报告对生活服务业从业人员居住与家庭生活状况的考察包含居住安排、居住环境、住房条件、子女教育、居留意愿等方面的内容。本部分通过对上述内容进行统计分析，反映该群体在居住环境、家庭生活等方面的特征，以进一步总结北京市生活服务业从业人员面临的居住与家庭生活困境。

1. 近六成从业人员与家人同住，同住家人主要是配偶[①]和子女

北京市生活服务业从业人员中，58.6% 的人与家人同住。在与家人同住的 1759 个样本中，23.8% 的人与 1 个家人同住，48.0% 的人与 2 个家人同住，16.3% 的人与 3 个家人同住，小部分人与 4 个及以上家人同住（见表 14）。与他们同住的家人主要是配偶和子女，其中 72.7% 与配偶同住，67.7% 与子女同住，28.7% 与父母（或一方）同住，小部分与兄弟姐妹或其他亲戚同住（见表 15）。

---

① 包括已婚配偶和同居伴侣，下同。

表 14　北京市生活服务业从业人员居住情况

单位：人，%

| 是否与家人同住 | 人数 | 比重 |
|:---:|:---:|:---:|
| 是 | 1759 | 58.6 |
| 否 | 1241 | 41.4 |
| 总计 | 3000 | 100 |

| 同住家人数 | 人数 | 比重 |
|:---:|:---:|:---:|
| 1 | 419 | 23.8 |
| 2 | 845 | 48.0 |
| 3 | 286 | 16.3 |
| 4 | 118 | 6.7 |
| 5 | 78 | 4.4 |
| 6 | 10 | 0.6 |
| 7 | 3 | 0.2 |
| 总计 | 1759 | 100 |

表 15　北京市生活服务业从业人员同住家人情况（多选）

单位：人，%

| 选项 | 人数 | 比重 |
|:---:|:---:|:---:|
| 父母(或一方) | 504 | 28.7 |
| 配偶 | 1278 | 72.7 |
| 子女 | 1190 | 67.7 |
| 兄弟姐妹 | 64 | 3.6 |
| 其他亲戚 | 5 | 0.3 |

### 2. 近半数从业人员的配偶从事临时工作

北京市生活服务业从业人员的配偶中，超四成在本区做固定工作；还有近半数的人在做临时工作，包括在本区做临时工作、跨区做临时工作、在北京以外地区做临时工作，占比分别为 25.7%、10.6%、9.1%（见表16）。这反映出北京市生活服务业从业人员的配偶中，相当一部分人可能面临一定的就业困难，做临时工作的比重较高，存在就业质量与就业稳定性不高的问题。

表 16　北京市生活服务业从业人员配偶的工作情况

单位：人，%

| 选项 | 人数 | 比重 |
|---|---|---|
| 无业 | 32 | 1.8 |
| 在本区做临时工作 | 447 | 25.7 |
| 跨区做临时工作 | 184 | 10.6 |
| 在北京以外地区做临时工作 | 158 | 9.1 |
| 在本区做固定工作 | 714 | 41.1 |
| 跨区做固定工作 | 78 | 4.5 |
| 在北京以外做固定工作 | 124 | 7.1 |
| 总计 | 1737 | 100 |

3. 九成以上从业人员需要经常或偶尔给父母（或一方）提供经济支持，四成以上从业人员需要照料父母（或一方）的生活起居

在对父母的生活照料方面，55.8%的人不需要照料父母（或一方）的生活起居，44.2%的人需要给父母（或一方）提供生活照料。在对父母（或一方）的经济支持上，49.0%的人经常给予父母（或一方）经济支持，44.6%的人偶尔给予父母（或一方）经济支持，6.4%的人从不给予父母（或一方）经济支持（见表17）。

表 17　北京市生活服务业从业人员对父母的生活照料及经济支持情况

单位：人，%

| 是否需要照料父母(或一方)的生活起居 | 人数 | 比重 |
|---|---|---|
| 需要 | 1326 | 44.2 |
| 不需要 | 1674 | 55.8 |
| 总计 | 3000 | 100 |
| 给予父母(或一方)经济支持的频率 | 人数 | 比重 |
| 经常 | 1470 | 49.0 |
| 偶尔 | 1338 | 44.6 |
| 从不 | 192 | 6.4 |
| 总计 | 3000 | 100 |

**4. 六成以上从业人员拥有1个子女，两成以上从业人员拥有2个子女，六成以上从业人员至少拥有1个在京共同居住的未成年子女**

如表18所示，在北京市生活服务业从业人员中，12.7%的人没有子女，65.1%的人拥有1个子女，20.1%的人有2个子女，小部分人有3个及以上子女。关于在京共同居住的未成年子女数量，数据显示，52.5%的人有1个未成年子女在京共同居住，8.5%的人有2个未成年子女在京共同居住，38.7%的人没有未成年子女在京共同居住。

表18　北京市生活服务业从业人员子女数量情况

单位：人，%

| 拥有子女数量 | 人数 | 比重 |
| --- | --- | --- |
| 0 | 227 | 12.7 |
| 1 | 1168 | 65.1 |
| 2 | 361 | 20.1 |
| 3 | 29 | 1.6 |
| 4 | 9 | 0.5 |
| 总计 | 1794 | 100 |
| 在京共同居住的未成年子女数量 | 人数 | 比重 |
| 0 | 694 | 38.7 |
| 1 | 942 | 52.5 |
| 2 | 153 | 8.5 |
| 3 | 5 | 0.3 |
| 总计 | 1794 | 100 |

**5. 半数以上从业人员在京同住的第一个子女处于义务教育阶段，近四成处于幼儿园或学龄前阶段**

如表19所示，在北京市生活服务业从业人员中，在京同住的第一个子女中处于小学学龄段的最多（38.5%）；其次是处于幼儿园学龄段的，占比达27.0%；再次是处于初中学龄段的，占比为14.4%；处于学龄前阶段的占比为9.7%；处于高中及以上学龄段的人数相对较少。另外，从义务教育阶段在京就读学校类型来看，超半数的人就读于公办学校，25.6%的人就读于民办打工子弟学校，14.6%的人就读于私人开办的学校，另外还有少数人适龄但未能按时入学。

表 19　北京市生活服务业从业人员在京同住的第一个子女的教育情况

单位：人，%

| 所处学龄段 | 人数 | 比重 |
|---|---|---|
| 学龄前阶段(0~3岁) | 107 | 9.7 |
| 幼儿园学龄段(3~6岁) | 297 | 27.0 |
| 小学学龄段(6~12岁) | 424 | 38.5 |
| 初中学龄段(12~15岁) | 158 | 14.4 |
| 高中学龄段(15~18岁) | 82 | 7.5 |
| 大学及以上 | 32 | 2.9 |
| 总计 | 1100 | 100 |
| 义务教育阶段在京就读学校类型 | 人数 | 比重 |
| 公办学校 | 333 | 57.2 |
| 民办打工子弟学校 | 149 | 25.6 |
| 私人开办的学校 | 85 | 14.6 |
| 适龄但未能按时入学 | 15 | 2.6 |
| 总计 | 582 | 100 |

6. 从业人员的第一个义务教育阶段子女在京入学主要面临入学难、学费压力、所在学校教学质量不高等困难

本报告调查了北京市生活服务业从业人员的第一个义务教育阶段子女在京入学面临的困难，如表 20 所示，可以发现，排名第一的是入学难、程序复杂，占比达到 20.0%；排名第二的是学费压力，占比为 18.8%；排名第三的是所在学校教学质量不高，占比达 15.6%。

表 20　北京市生活服务业从业人员第一个义务教育阶段子女
在京入学面临的困难（多选）

单位：人，%

| 选项 | 人数 | 比重 |
|---|---|---|
| 达到入学年龄,但不能按时入学 | 50 | 4.1 |
| 入学难、程序复杂 | 244 | 20.0 |
| 所在学校教学质量不高 | 190 | 15.6 |
| 所在学校教学条件不好 | 144 | 11.8 |
| 学费压力 | 229 | 18.8 |

| 选项 | 人数 | 比重 |
|---|---|---|
| 孩子较难融入环境 | 139 | 11.4 |
| 因父母工作原因,孩子需要频更换学校 | 71 | 5.8 |
| 教学内容无法与老家学校衔接 | 78 | 6.4 |
| 无困难 | 76 | 6.2 |

注：比重为各选项人数占参与此项调查人数（1221 人）的比重。

**7. 半数以上从业人员及其家庭居住在出租屋中，六成以上居住在3层及以下的楼房或平房、地下室中**

如表 21 所示，在住房来源上，38.3% 的人居住在业主出租房中，21.5% 的人居住在自购商品房中，14.7% 的人居住在农民自建出租房中，分别有 10.8%、5.9% 的人居住在开发商提供的集体租赁住房、政府提供的保障性租赁住房中，8.4% 的人居住在单位宿舍。在住房类型上，近六成住在平房或 2~3 层楼房中；14.6% 的人居住在 4~5 层楼房中，分别有 10% 左右的人居住在 6~7 层和 8 层及以上高层楼房中。在住房面积上，超半数人的住房面积为 31~90 平方米，小部分人的住房面积在 90 平方米以上，住房面积在 30 平方米及以下、31~60 平方米、61~90 平方米的人员比重分别为 29.2%、29.5%、26.4%；另外有 12.0% 的人住房面积为 91~120 平方米，2.8% 的人住房面积超过 120 平方米。在月均住房支出上，47.9% 的人在 2000 元及以下，38.2% 的人在 2001~4000 元，另外有 13.9% 的人超过 4000 元。

**表 21　北京市生活服务业从业人员住房情况**

单位：人，%

| 住房来源 | 人数 | 比重 |
|---|---|---|
| 自购商品房 | 646 | 21.5 |
| 农民自建出租房 | 442 | 14.7 |
| 业主出租房 | 1150 | 38.3 |
| 开发商提供的集体租赁住房 | 323 | 10.8 |

| 住房来源 | 人数 | 比重 |
|---|---|---|
| 政府提供的保障性租赁住房 | 178 | 5.9 |
| 单位宿舍 | 252 | 8.4 |
| 其他 | 9 | 0.3 |
| 总计 | 3000 | 100 |

| 住房类型 | 人数 | 比重 |
|---|---|---|
| 地下室 | 178 | 5.9 |
| 平房 | 884 | 29.5 |
| 2~3 层楼房 | 881 | 29.4 |
| 4~5 层楼房 | 439 | 14.6 |
| 6~7 层楼房 | 297 | 9.9 |
| 8 层及以上高层楼房 | 321 | 10.7 |
| 总计 | 3000 | 100 |

| 住房面积 | 人数 | 比重 |
|---|---|---|
| 30 平方米及以下 | 877 | 29.2 |
| 31~60 平方米 | 885 | 29.5 |
| 61~90 平方米 | 792 | 26.4 |
| 91~120 平方米 | 361 | 12.0 |
| 121 平方米及以上 | 85 | 2.8 |
| 总计 | 3000 | 100 |

| 月均住房支出(房租或房贷) | 人数 | 比重 |
|---|---|---|
| 2000 元及以下 | 1438 | 47.9 |
| 2001~4000 元 | 1145 | 38.2 |
| 4001~6000 元 | 283 | 9.4 |
| 6001~8000 元 | 134 | 4.5 |
| 总计 | 3000 | 100 |

8. 八成以上从业人员愿意继续留京，但大部分只计划短期留京，愿意留京10年以上或定居的不到四成

如表 22 所示，关于留京意愿问题，在 1499 个外来人员样本中，85.7%的人表示愿意继续留京，8.9%的人表示没想好，5.4%的人表示不愿继续留京。在计划留京时间上，上述愿意留京的 1285 个样本中，20.9%的人计划

留京 0~4 年，34.2%的人计划留京 5~9 年，23.7%的人计划留京 10 年及以上，12.4%的人计划定居，8.9%的人表示没想好。

**表 22　北京市生活服务业从业人员留京意愿**

单位：人，%

| 是否愿意继续留京 | 人数 | 比重 |
|---|---|---|
| 是 | 1285 | 85.7 |
| 否 | 81 | 5.4 |
| 没想好 | 133 | 8.9 |
| 总计 | 1499 | 100 |
| 计划留京时间 | 人数 | 比重 |
| 0~4 年 | 268 | 20.9 |
| 5~9 年 | 440 | 34.2 |
| 10 年及以上 | 304 | 23.7 |
| 定居 | 159 | 12.4 |
| 没想好 | 114 | 8.9 |
| 总计 | 1285 | 100 |

**9. 从业人员对继续留京的看法不一**

在对继续留京的看法上，1499 个外来人员样本的正面看法主要包括自己已适应城市生活、城市生活很丰富等，负面看法主要包括城市很好但不是自己的归宿、只是为了在城市挣钱等；此外，分别有 27.1%、23.6%的人认为生活质量赶不上城市普通家庭、没办法跟上城市生活节奏；还有 12.6%的人觉得居无定所而没有安全感，7.9%的人觉得没有家人陪伴很孤单（见表 23）。

**表 23　北京市生活服务业从业人员对继续留京的看法（多选）**

单位：人，%

| 选项 | 人数 | 比重 |
|---|---|---|
| 城市生活很丰富 | 677 | 45.2 |
| 自己已适应城市生活 | 691 | 46.1 |
| 城市很好但不是自己的归宿 | 627 | 41.8 |

续表

| 选项 | 人数 | 比重 |
|---|---|---|
| 没办法跟上城市生活节奏 | 354 | 23.6 |
| 生活质量赶不上城市普通家庭 | 406 | 27.1 |
| 只是为了在城市挣钱 | 533 | 35.6 |
| 居无定所而没有安全感 | 189 | 12.6 |
| 没有家人陪伴很孤单 | 118 | 7.9 |
| 其他 | 2 | 0.1 |

10. 从业人员最希望获得的支持与帮助包括提高薪酬待遇、进行职业技能培训、改善工作环境、改善居住生活环境等

如表 24 所示，北京市生活服务业从业人员最希望获得的支持与帮助是提高薪酬待遇，占比为 60.1%；其次，52.6%的人希望进行职业技能培训，48.4%的人希望改善工作环境，43.7%的人希望改善居住生活环境；而仅有小部分人希望提供体检，解决子女上学问题，丰富文化生活，提供心理疏导、困难帮扶与法律援助等。

表 24　北京市生活服务业从业人员最希望获得的支持与帮助（多选）

单位：人，%

| 选项 | 人数 | 比重 |
|---|---|---|
| 提高薪酬待遇 | 1802 | 60.1 |
| 进行职业技能培训 | 1579 | 52.6 |
| 改善工作环境 | 1451 | 48.4 |
| 改善居住生活环境 | 1311 | 43.7 |
| 体检 | 465 | 15.5 |
| 心理疏导 | 398 | 13.3 |
| 法律援助 | 339 | 11.3 |
| 困难帮扶 | 378 | 12.6 |
| 丰富文化生活 | 426 | 14.2 |
| 子女上学问题 | 449 | 15.0 |
| 看病报销问题 | 259 | 8.6 |
| 工会等相关组织的支持和帮助 | 107 | 3.6 |
| 有更多的机会参与社区事务 | 35 | 1.2 |

# 六 北京市生活服务业从业人员面临的困境

通过对北京市生活服务业从业人员就业状况、社会保障与福利状况、居住与家庭生活状况等的分析，本报告总结了这些人员在就业、社会保障、居住与家庭发展等方面存在的困境。

## （一）就业质量不佳

第一，劳动收入偏低。14.1%的生活服务业从业人员月均收入在4000元及以下，15.4%的人为4001~5000元，分别有16.0%的人为5001~6000元和6001~7000元，15.7%的人为7001~8000元，而仅有13.7%的人达到8001~10000元，9.0%的人超过10000元。

第二，就业稳定性较差，劳动强度大。从就业身份看，3000个样本中就业身份为零工或散工的达到326人，占比为10.9%。从收入稳定性看，北京市生活服务业从业人员2022年工资与上年相比减少的比重为35.6%；2022年工资与上年相比增加的比重为33.8%；2022年工资与上年相比变化不大的比重为30.6%。从工作时长看，绝大多数的生活服务业从业人员每周为取得收入而工作1小时以上，且工作时间最短为7小时，最长为90小时，平均每人工作59.4小时。另外，在3000个样本中，有9.5%的人临时停工、在职休假或学习；有3.7%的人未做任何工作。从配偶就业稳定性来看，生活服务业从业人员的配偶就业呈现明显的稳定性不强、质量不高的问题。其中接近半数的人在做临时工作，包括在本区做临时工作、跨区做临时工作、在北京以外地区做临时工作，同时还有一小部分处于无业状态。配偶的就业稳定性差，意味着家庭面临的收入风险增大。

第三，从业困难多元，职业技能有待提高。调查中，北京市生活服务业从业人员工作时遇到的主要困难包括发展前景不佳、工作重复单一、社会地位不高、缺乏社会保障，且这些人员在工作中可能缺乏相应的职业技能与素养培训。在他们最希望得到的培训内容中，职业技能培训占比接近一半；其次是职业礼仪与素养培训，占比为 20.0%；时间管理和健康教育课程占比分别为 13.3% 和 12.4%；高效沟通课程占比为 7.7%。

### （二）社会保障暴露短板

第一，基础保险参与率不够高。在 2957 名有工作单位的被调查者中，有 58.2% 的人的工作单位购买了"五险一金"，53.5% 的人的工作单位购买了意外伤害险，但必须注意到，还有 19.3% 的人的工作单位未购买以上保险。在医疗和养老保险的参与率方面，有 73.3% 的人参加了城乡居民基本医疗保险，18.5% 的人参加了城镇职工医疗保险，15.9% 的人参加了商业医疗保险，2.3% 的人参加了公费医疗，3.5% 的人未参加任何医疗保险。近半数人员参加了城镇职工养老保险，但也有 15.5% 的人员未参加任何养老保险。

第二，参保过程存在主观与客观障碍。影响与阻碍北京市生活服务业从业人员参加社会保险的因素主要包括社保缴费压力、单位缴纳社保情况、对社保水平和待遇的信心等；另外，户籍制度限制及社保转移接续问题也是阻碍他们参保的重要因素。我国城乡二元户籍制度的存在在一定程度上影响了城市外来人口在工作地参保的积极性。问卷调查显示，在不限制户籍条件参保的情况下，外地户籍人员的在京参保意愿较强，1499 名外地户籍人员中愿意在京参保的比例达 75.1%，但也有 24.9% 的人员表示不愿在京参保，原因主要包括个人负担的参保费用太高、不会长期留京、在老家有社保等。

### （三）家庭照料负担沉重

第一，养老负担较重。部分北京市生活服务业从业人员承担着抚幼、养老的双重压力。问卷调查中，生活服务业从业人员的平均年龄为 31 岁，男性占 71.6%，超过半数人员已婚（57.3%），近九成人员有孩子（87.3%），近六成人员与家人共同居住（58.6%）。在赡养父母方面，超过四成人员需要照料父母（或一方）的生活起居，经常、偶尔给予父母（或一方）经济支持的比例分别为 49.0%、44.6%。

第二，子女年龄偏小，入学存在困难。在3000个调查样本中，拥有未成年子女的人员接近半数（47.2%）；在共同居住的第一个子女中，处于小学学龄段的占比最高（38.5%），其次是幼儿园学龄段（27.0%），说明从业人员子女的年龄整体偏小，需要来自家庭的精心照料。在处于义务教育阶段的子女中，仅有57.2%的就读于公办学校，25.6%就读于民办打工子弟学校，14.6%就读于私人开办的学校，2.6%处于适龄但未能按时入学的状态。他们在京入学主要面临入学难、学费压力、所在学校教学质量不高等困难。

### （四）住房保障力度不足

第一，产权住房自有率较低。数据显示，北京市生活服务业从业人员中，38.3%的人居住在业主出租房中，14.7%的人居住在农民自建出租房中，分别有10.8%、5.9%的人居住在开发商提供的集体租赁住房、政府提供的保障性租赁住房中，8.4%的人居住在单位宿舍，而仅有21.5%的人居住在自购商品房中。

第二，住房面积较小。从业人员在京住房面积主要为31~90平方米，其中住房面积在30平方米及以下、31~60平方米、61~90平方米的人员比重分别为29.2%、29.5%、26.4%；另外，仅有12.0%的人住房面积为91~120平方米，2.8%的人住房面积超过120平方米。值得注意的是，大部分人员处于非独居状态，近六成人员与家人同住；在与家人同住的样本中，48.0%的人员与2个家人同住，16.3%的人员与3个家人同住。同住家庭成员较多意味着对住房空间的需求提升，而当前的住房面积可能无法满足需求。

第三，住房成本较高。数据显示，超半数人员月均住房支出在2000元以上，13.9%的人月均住房支出超过了4000元，38.2%的人月均住房支出为2001~4000元，47.9%的人月均住房支出在2000元及以下。可见，北京市作为超大城市，住房成本较高，为生活服务业从业人员带来较沉重的经济负担，这在一定程度上会降低其生活幸福感。

第四，住房环境欠佳。数据显示，北京市生活服务业从业人员对目前居住环境的满意度有待提升，分别有 43.6%、45.9%、31.7% 的人对目前居住的室内环境、室外环境、邻里人文环境感到不满意，说明有相当一部分生活服务业从业人员的居住环境得不到有效改善。

### （五）长期定居意愿不强

第一，长期留京意愿不强。有 85.7% 的人表示愿意继续留京，这些人中，20.9% 的人计划留京 0~4 年，34.2% 的人计划留京 5~9 年，23.7% 的人计划留京 10 年及以上，12.4% 的人计划定居。

第二，留京态度比较消极。部分人员对留京的看法比较消极，认为城市很好但不是自己的归宿。此外，分别有 27.1%、23.6% 的人认为生活质量赶不上城市普通家庭、没办法跟上城市生活节奏；还有 12.6% 的人觉得居无定所而没有安全感，7.9% 的人觉得没有家人陪伴很孤单。

## 七 改善北京市生活服务业从业人员生活与发展状况的对策建议

基于对北京市生活服务业从业人员面临的困境的分析，本报告提出改善生活服务业从业人员生活与发展状况的对策建议。良好的就业与社会保障、居住与生活环境是从业人员生存发展的基础，也是促进从业人员选择"留下来"的重要因素，本报告从安居乐业、社会保障、家庭友好等方面提出改善北京市生活服务业从业人员生活与发展状况的对策建议。

### （一）坚持双管齐下、齐头并进，既要"稳就业"又要"安居所"

从上述分析可以发现，就业与住房困难是北京市生活服务业从业人员面临的两个基本生存难题，可以从以下几个方面提供支持和保障。

第一，完善相关政策法规与监管体系，维护生活服务业从业人员合法权益。就业质量风险背后必然包含了群体权益保护缺失的问题，如工作时长与强度界定难、薪资水平不匹配、社会保险缺失、意外伤害理赔难等。对此，北京市政府应转变传统的监管方式，出台相关政策法规，辅以互联网技术手段，加强对行业和平台的监管，防止不合理的用工行为。例如，建立一个以身份证号为注册标识，包括劳动定额标准、劳动时长、劳动报酬支付周期、平台抽成比例、考核办法等指标的劳动基准账户，以此建立最低小时收入制度和常态化休息休假制度。

第二，加强困难群体的职业技能培训，将职业培训对象扩展至生活服务业从业人员的配偶，以家庭劳动人口为单位提供就业支持。一方面，政府要对生活服务业从业人员的家庭情况尤其是劳动力情况进行调查与评估，建立就业困难群体的专属档案。另一方面，政府、企业、社会组织等主体应协同各方力量，为生活服务业从业人员及其配偶提供多样化、具有针对性的培训项目，如与专业培训机构或高等院校合作，针对建筑、家政、餐饮服务等职业群体开展切合需求的技能培训，提升其在就业市场的竞争力。

第三，制定完善的住房保障政策，改善生活服务业从业人员居住环境。住房问题是影响外来人员居留意愿的一个重要因素。因此，要高度关注该群体的住房保障工作，切实解决好住房问题。优化供应结构，加快推进保障性安居工程。大力推进集体土地租赁住房建设，在项目选址、资金筹集、建设管理等方面出台一系列政策措施，满足项目周边就业人群和城市中低收入家庭的实际需求，并在房租房贷方面给予他们必要的支持。进一步推进棚改和环境整治，改善居民住房条件，提升居民对生活环境的满意度。

## （二）坚持以人为本、促进共享，构建全覆盖的社会保障安全网

从上述分析可以发现，北京市生活服务业从业人员的基础保险参与率不够高，参与过程面临主观与客观障碍，可以从以下几个方面提升社会保障与福利水平。

第一，完善医疗和养老保险制度，建立多层次社会保障服务体系。首先，监督相关企业、雇主为生活服务业从业人员缴纳社保，切实维护其社保权益，对于一些中小型企业，政府可以加大帮扶力度，通过减免税收等政策鼓励企业缴纳社保。其次，对于无固定雇主的零工、散工或依靠第三方平台

进行自我雇佣的从业人员，政府应担任责任主体，重点关注社会救助与社会保险等问题，制定过渡性的特殊政策，或适当降低一些低收入从业人员的社保缴纳额度。最后，适当提高部分困难人群的社保待遇，同时不断完善医保报销制度及养老保险的异地转接制度，以提振相关人员对社保水平和待遇的信心，扫除主观与客观障碍。

第二，推动建立新就业形态从业人员职业伤害保障试点。快递员和网约车司机的日常就业在很大程度上依靠互联网技术平台，就业时间、地点的灵活化、自由化让他们难以保障自身权益。因此，需进一步规范和发展灵活就业，平台企业应当依照国家和本市规定，以实名制形式为在本平台注册并在本市接单的新就业形态从业人员缴纳职业伤害保险费。将更多的灵活就业者纳入社会保险保障范围，实现社会保障从"广覆盖"到"全覆盖"的转变，相关部门需大力开展宣传，做好相关保障服务，推动形成维护新就业形态从业人员权益的良好社会氛围。

第三，实施差别化落户政策，为长期居留人员提供落户机会。从前文分析可知，户籍条件在一定程度上影响外地户籍人员的参保意愿，进而影响其社会保障与福利水平。因此，要完善针对非京籍人员的落户政策。例如，具体制定针对外来生活服务业从业人员的落户标准，适当降低其落户门槛，可以以这类群体在京的居住年限、就业年限、城镇社会保险参保年限等为基准条件，制定具体的落户标准，使一些有居留意愿且达到标准的外来生活服务业从业人员更好地实现在京落户。

### （三）坚持家庭友好、扶老携幼，完善"一老一小"家庭支持政策

家庭是社会的基本单位，对个体的成长与发展具有深远影响。一方面，家庭成员能为生活服务业从业人员提供生活照料与情感支持；另一方面，家庭成员可能为生活服务业从业人员带来经济、照料与情感方面的负担。因此，要从家庭支持的视角减轻生活服务业从业人员的照料负担。

第一，提升普惠性托育水平，加快普惠性养老服务设施建设。政府应加大对公办普惠制幼儿园的财政投入力度，同时更加关注低端服务业从业人员

的幼儿教育问题，与相关企业单位合作共建幼儿园，保障这部分从业人员的适龄子女能够准时入学，解决家庭面临的托育难题。其次，据前文分析，需要照料父母（或一方）生活起居和给予父母（或一方）经济支持的人员比例都较高。因此，需做好居家和社区基本养老、老年助餐、经济困难失能老年人集中照护等工作，在扩大养老服务供给的同时拓宽老年人的收入渠道。由此，可减轻家庭的经济与照料负担，实现养老责任的社会共担。

第二，加强对外来人员子女教育的支持与保障。应将该群体随迁子女的义务教育纳入各级政府教育发展规划和财政保障范畴，尽可能地保障随迁子女在公办学校接受义务教育。对未能在公办学校就学的，采取政府购买服务等方式，保障随迁子女在普惠性民办学校接受义务教育；同时，通过学费补贴等方式提供经济支持，减轻学费压力；此外，需对一些民办学校的教学进行严格监管，保障其教学质量，尽力缩小教育教学差距。

## 参考文献

李冠艺、冷佳璇：《新型经济发展方式下的公共服务业与生活服务业研究》，《新经济》2016 年第 3 期。

朱迪：《新业态群体的成长与共同富裕》，《学海》2022 年第 1 期。

李培林：《加强新就业群体视角的新社会阶层研究》，《上海市社会主义学院学报》2023 年第 4 期。

廉思：《时间的暴政——移动互联时代青年劳动审视》，《中国青年研究》2021 年第 7 期。

匡亚林、梁晓林、张帆：《新业态灵活就业人员社会保障制度健全研究》，《学习与实践》2021 年第 1 期。

孙洁：《快递配送青年权益保障现状、瓶颈与对策建议》，《中国青年研究》2022 年第 1 期。

陆万军、张彬斌：《就业类型、社会福利与流动人口城市融入——来自微观数据的经验证据》，《经济学家》2018 年第 8 期。

杨凡：《流动人口正规就业与非正规就业的工资差异研究——基于倾向值方法的分析》，《人口研究》2015 年第 6 期。

陈春、冯长春：《农民工住房状况与留城意愿研究》，《经济体制改革》2011年第1期。

王成利、王洪娜：《城市长期居留流动人口的落户意愿及影响因素——基于差别化落户政策》，《中南财经政法大学学报》2020年第5期。

王利军、涂永前：《论灵活就业人员社会保障制度的完善》，《广东社会科学》2022年第6期。

# B.6

# 京津冀城市群人才流动研究报告[*]

于倩 杨丁 华怡[**]

**摘　要：** 人才流动对于促进区域创新和均衡发展具有重要意义。本报告基于历次全国人口普查数据、全国1‰人口抽样调查数据、全国1%人口抽样调查数据、各省市统计年鉴数据等相关数据，分析京津冀城市群内部人才流动特征和空间网络格局，并与长三角、珠三角城市群进行比较。结果发现，京津冀城市群内部人才流动规模呈扩大趋势，人才流动集聚性较强，京津对河北人才的"虹吸作用"持续增强；流入北京、天津、河北三地的人才年轻化、未婚化趋势显著，城乡户籍差距缩小；北京和天津、北京和廊坊形成了人才双向流动的良好局面，但人才流动网络的整体规模和密度有待提升，城市群内人才流动并不平衡。未来建议从打造人才集聚新高地、深化区域交通互联互通、创新人才流动体制机制三方面重点发力。

**关键词：** 人才流动　人口结构特征　空间分布　网络格局　京津冀

党的二十大报告指出，人才是第一资源，要深入实施人才强国战略，重点在于加快建设世界人才中心和创新高地，促进人才区域合理布局和协

* 本报告为中共北京市委党校（北京行政学院）校（院）级科研项目青年项目"京津冀城市群人才流动空间格局及其影响机制研究"（2024XQN008）的阶段性成果。

** 于倩，博士，中共北京市委党校（北京行政学院）社会学教研部（北京市人口研究所）讲师，主要研究方向为人口与经济、城市与区域发展；杨丁，中共北京市委党校（北京行政学院）社会学教研部（北京市人口研究所）硕士研究生，主要研究方向为社会学；华怡，中共北京市委党校（北京行政学院）社会学教研部（北京市人口研究所）硕士研究生，主要研究方向为社会学。

调发展，着力形成人才国际竞争的比较优势。城市群作为高级区域空间组织形态，其建设成为世界各国参与全球竞争和国际分工的重要途径之一。一方面，人才在城市群内部的自由流动和共享是促进区域人才一体化发展、建设区域创新共同体的重要条件；另一方面，人才流动的空间分布和轨迹能凸显城市群内不同城市和区域的创新活力，影响着城市群经济社会发展格局。

京津冀城市群作为我国城镇化水平较高、创新要素发达、人才和科技成果丰富以及数字经济发展优势明显的区域之一，与长三角城市群、珠三角城市群共为引领我国高质量发展的三大重要动力源。本报告通过研究人才在京津冀城市群内部的流动特征和空间格局，并与长三角和珠三角城市群进行比较分析，旨在把握京津冀城市群人才流动现状，为京津冀城市群人才一体化发展、高质量建设提供有益借鉴。

# 一　研究方法与数据来源

## （一）研究方法

### 1. 研究范围界定

本报告研究的京津冀城市群包括北京、天津以及河北的张家口、承德、秦皇岛、唐山、沧州、衡水、廊坊、保定、石家庄、邢台、邯郸共 13 市；长三角城市群包括上海，江苏省的南京、无锡、常州、苏州、南通、盐城、扬州、镇江、泰州，浙江省的杭州、宁波、嘉兴、湖州、绍兴、金华、舟山、台州，安徽省的合肥、芜湖、马鞍山、铜陵、安庆、滁州、池州、宣城共 26 市；珠三角城市群包括广州、深圳、珠海、佛山、惠州、东莞、中山、江门、肇庆共 9 市。

### 2. 人才与人才流动的界定

借鉴以往学者研究的经验，本报告所研究的人才是指 16~64 岁、受教育水平为大学专科及以上的人口。关于流动，本报告所探讨的是在一个城市群内部地理意义上的流动。目前，学界针对人口流迁的界定方法主要有两种口径：一种是人户分离口径，另一种是 5 年间常住地分离口径。本报告采用后者，这种口径也更接近国际上人口流迁的概念，但测算过程相较于人户分离口径更为复杂。5 年间常住地分离口径是指现住地不同于 5 年前常住地。其中，流入率参照 $t+n$ 年的常住人口总量（$t+n$ 为调查年份；$n$ 为迁移时间间隔）进行计算。流出率作为一种概率，根据联合国经济和社会事务部关于人口流出率计算的规定，需要参照 $t$ 年的暴露人口（population at risk）总量，即 $t$ 年可能流出的潜在人口数量（不包含死亡的人口）。暴露人口总量是指 $t$ 年在来源地居住且在 $t+n$ 年仍存活于世的人口总量，而不是 $t$ 年时的常住人口总量，具体可采用 $t+n$ 年的本地常住人口总量减去 $t$ 年至 $t+n$ 年流入本地的人口总量，再加上 $t$ 年至 $t+n$ 年流出本地的人口总量来测算。净迁移强度的测算要参照 $t+n$ 年的常住人口总量与 $t$ 年的暴露人口总量的平均值。

### 3. 人才流动的测算

限于数据可得性，本报告计算人才流入率、流出率和净流入率主要统计 2015~2020 年的数据。在计算人才流出率时将参照 2015 年的暴露人才总量，即 2015 年在来源地居住且 2020 年仍存活于世的人才总量。2015 年的暴露人才总量，用 2020 年的本地人才总量减去 2015~2020 年流入本地的人才总量，再加上 2015~2020 年流出本地的人才总量来测算。具体公式如下：

$$Q_i = TS_i - HIS_i + HOS_i \qquad (1)$$

其中，$TS_i$ 为城市 $i$ 2020 年的实际人才总量；$HIS_i$ 为城市 $i$ 2015~2020 年流入的人才总量；$HOS_i$ 为 2015~2020 年流出的人才总量；$Q_i$ 表示 2015 年城市 $i$ 的暴露人才总量。

（1）流入率

流入率是指在一定时间内流入某一地区的人口总量与该地区原有人口总量的比率。本报告中指 2015~2020 年内流入某一城市的人才总量与该城市人才总量的比率。流入率越高，表示城市群内人才流入越活跃。公式如下：

$$HIR_i = \frac{HIS_i}{TS_i} \tag{2}$$

其中，$HIR_i$ 指城市 $i$ 在 2015~2020 年的人才流入率；$HIS_i$ 指城市 $i$ 2015~2020 年流入的人才总量；$TS_i$ 表示城市 $i$ 2020 年的实际人才总量。

（2）流出率

流出率指在一定时间内流出某一地区的人口总量与该地区原有人口总量的比率。本报告中指 2015~2020 年内流出某一城市的人才总量与该城市 2015 年暴露人才总量的比率。流出率越高，表示城市群内人才流出越活跃。公式如下：

$$HOR_i = \frac{HOS_i}{Q_i} \tag{3}$$

其中，$HOR_i$ 指城市 $i$ 在 2015~2020 年的人才流出率；$HOS_i$ 指城市 $i$ 2015~2020 年流出的人才总量；$Q_i$ 指城市 $i$ 2015 年的暴露人才总量。

（3）净流入率

净流入率指在一定时间内流入人口总量与流出人口总量的差额相对于原有人口总量的比率。本报告中指 2015~2020 年内某一城市流入人才总量与流出人才总量的差额相对于该城市 2020 年实际人才总量和 2015 年暴露人才总量均值的比率。公式如下：

$$HNR_i = \frac{HIS_i - HOS_i}{(Q_i + TS_i)/2} \tag{4}$$

其中，$HNR_i$ 指城市 $i$ 2015~2020 年的人才净流入率；$HIS_i$ 指城市 $i$ 2015~2020 年流入的人才总量；$HOS_i$ 指城市 $i$ 2015~2020 年流出的人才总量；$TS_i$ 表示城市 $i$ 2020 年的实际人才总量；$Q_i$ 指城市 $i$ 2015 年的暴露人才总量。

4. 人才流动网络测算模型

（1）网络总体属性

a. 网络密度

网络密度反映城市群人才流动网络的完整性，网络密度越大，表示城市群节点城市之间的联系越紧密。公式如下：

$$D_g = m/[n(n-1)] \tag{5}$$

其中，$m$ 为网络中包含的关系总数，$n$ 是网络节点总数。

b. 平均聚类系数

平均聚类系数衡量网络节点的集聚情况。网络中节点聚类系数的大小由与其相连的邻接点之间实际的边数与理论上最大可能边数的比值决定。平均聚类系数是网络所有节点聚类系数的平均值，公式如下：

$$C = \frac{1}{n} \sum_{i=1}^{n} \frac{e_i}{k_i(k_i-1)} \tag{6}$$

其中，$n$ 为网络节点总数，$e_i$ 是与节点 $i$ 相连的邻接点之间实际的边数，$k_i$ 是和节点 $i$ 邻接的点的总数，$k_i(k_i-1)$ 是理论上最大可能边数。

（2）网络节点中心性

a. 度中心性

度中心性是指和节点 $i$ 直接相连的节点的总数，反映节点 $i$ 的连接程度。在城市群人才流动网络中，一个城市的度中心性表示和该城市有人才往来的城市数量总和。公式如下：

$$C_d(i) = \sum_{j=1}^{n} a_{ij} \tag{7}$$

其中，$a_{ij}$ 表示和节点城市 $i$ 直接相连的邻接点矩阵，与节点城市 $i$ 有人才往来的赋值为 1，没有人才往来的则赋值为 0。

b. 强度中心性

强度中心性也称加权度中心性，某一节点的强度中心性是和该节点直接相连的边的权重之和。在城市群人才流动网络中，城市的强度中心性指的是流入该城市和流出该城市的人才数量总和，反映一个城市在城市群人才流动网络中的位置和角色，公式如下：

$$C_S(i) = \sum_{j \in N_i} w_{ij} \tag{8}$$

其中，$N_i$ 为与节点 $i$ 直接相连的邻接点矩阵，$w_{ij}$ 表示节点 $i$ 和 $j$ 之间流动的人才总量。

### （二）数据来源

本报告的研究对象是 2015~2020 年常住地不同于 2011~2015 年常住地的具有大专及以上学历的 16~64 岁劳动力。[①] 采用的原始数据来自国家统计局微观数据实验室的全国 1‰ 人口抽样调查微观数据库，构成初始城市群内人才流动的 O-D 矩阵。参照齐宏纲等[②]、Liu 和 Shen[③] 的研究方法，利用抽样比例，推算出城市群内人才流动的实际 O-D 矩阵，使用的数据来自第七次全国人口普查、全国 1% 人口抽样调查、各省市统计年鉴。限于数据可得性，全国 1‰ 人口抽样调查数据只有省级层面数据，没有具体到城市层面的相关数据，故本报告在 2010~2015 年城市群人才流动方面只讨论省际流动情况。

## 二 京津冀城市群人才流动空间格局

### （一）京津冀城市群人才流动总体规模

2010~2020 年，京津冀城市群人才流动性呈上升趋势。城市群内部人才流动规模从 2010~2015 年的 60.8 万人上升至 2015~2020 年的 227.0 万人。其中，相较于 2010~2015 年，2015~2020 年北京、天津人才净流

---

① 本报告数据来源中，2015 年全国 1% 人口抽样调查的标准时点为 2015 年 11 月 1 日零时，第七次全国人口普查数据的标准时点为 2020 年 11 月 1 日零时，在二者的具体数据说明中，都明确了该调查情况是以现调查时间点往前推算进行的，由此得到的统计数据结果也就是在各普查标准时点和其往前推算 5 年之间的统计数据，即 2010 年 11 月 1 日至 2015 年 11 月 1 日和 2015 年 11 月 1 日至 2020 年 11 月 1 日，本报告统一省略具体月份，按普查标准时点将研究时间段划分为 2010~2015 年和 2015~2020 年，仅做趋势和变化分析。

② 齐宏纲等：《2000—2015 年中国高学历人才省际迁移的演化格局及影响机理》，《地理研究》2022 年第 2 期，第 456~479 页。

③ Y. Liu，J. Shen，"Spatial Patterns and Determinants of Skilled Internal Migration in China，2000-2005," *Papers in Regional Science* 4 （2014）：749-771.

入规模持续增长，分别增加了 3 万人和 1.4 万人，河北净流出规模增长 4.4 万人（见表 1），京津对河北的"虹吸效应"依旧存在。

表 1　2010~2015 年和 2015~2020 年京津冀城市群人才流动总规模

单位：人，%

| 地区 | 流出 | | 占比 | | 流入 | | 占比 | |
|---|---|---|---|---|---|---|---|---|
| | 2010~<br>2015 年 | 2015~<br>2020 年 | 2010~<br>2015 年 | 2015~<br>2020 年 | 2010~<br>2015 年 | 2015~<br>2020 年 | 2010~<br>2015 年 | 2015~<br>2020 年 |
| 北京 | 38687 | 126892 | 13 | 11 | 188252 | 306606 | 62 | 27 |
| 天津 | 32999 | 74293 | 11 | 7 | 84194 | 139748 | 28 | 12 |
| 河北 | 232336 | 933675 | 76 | 82 | 31576 | 688506 | 10 | 61 |
| 京津冀 | — | — | — | — | — | — | — | — |

| 地区 | 总流量 | | 净流入 | |
|---|---|---|---|---|
| | 2010~2015 年 | 2015~2020 年 | 2010~2015 年 | 2015~2020 年 |
| 北京 | 226939 | 433498 | 149565 | 179714 |
| 天津 | 117193 | 214041 | 51195 | 65455 |
| 河北 | 263912 | 1622182 | -200760 | -245169 |
| 京津冀 | 608044 | 2269721 | — | — |

注：本报告研究的是京津冀城市群内部的人才流动，人才的流入流出都是在京津冀城市群内部展开的。故从整个城市群内部来看，其流出总量和流入总量是相等的，只是在不同城市间存在差别。为了避免读者误解为从京津冀城市群流出至三地之外或者从三地之外流入京津冀城市群，表 1 仅呈现京津冀的人才总流量。

资料来源：根据全国 1‰人口抽样调查数据计算。

## （二）京津冀城市群流动人才人口结构特征

### 1. 流入人才人口结构特征

如表 2 所示，2010~2020 年，北京、天津、河北三地流入人才群体呈现明显的年轻化、未婚化趋势，城乡户籍差距缩小。三地流入人才职业类型呈现不同的变化趋势，其中专业技术人员、社会生产服务和生活服务人员两类职业人才流入北京的比重提高，流入天津、河北两地的比重均呈下降趋势。生产制造及有关人员的流入比重在三地均呈下降趋势。可见，因处于不同的经济发展阶段，三地所需的人才类型存在差异。

表 2　2010~2015 年和 2015~2020 年京津冀城市群流入人才人口结构特征

单位：%

| 指标 | | 2010~2015 年 | | | 2015~2020 年 | | |
|---|---|---|---|---|---|---|---|
| | | 北京流入 | 天津流入 | 河北流入 | 北京流入 | 天津流入 | 河北流入 |
| 年龄 | 19 岁及以下 | 2.03 | 9.78 | 3.58 | 6.12 | 12.30 | 22.96 |
| | 20~29 岁 | 41.96 | 43.19 | 47.02 | 69.39 | 40.16 | 57.70 |
| | 30~39 岁 | 36.74 | 29.50 | 30.83 | 18.71 | 29.51 | 15.05 |
| | 40~49 岁 | 12.83 | 10.41 | 12.95 | 3.40 | 14.75 | 3.12 |
| | 50~64 岁 | 6.45 | 7.12 | 5.62 | 2.38 | 3.28 | 1.17 |
| 性别 | 男 | 45.94 | 52.03 | 46.85 | 47.96 | 53.28 | 44.32 |
| | 女 | 54.06 | 47.97 | 53.15 | 52.04 | 46.72 | 55.68 |
| 户籍 | 城镇 | 96.16 | 98.98 | 93.53 | 94.22 | 99.18 | 96.16 |
| | 乡村 | 3.84 | 1.02 | 6.47 | 5.78 | 0.82 | 3.84 |
| 婚姻状况 | 未婚 | 26.81 | 38.97 | 24.53 | 70.07 | 55.74 | 75.18 |
| | 有配偶 | 71.81 | 60.56 | 74.96 | 29.59 | 43.44 | 24.52 |
| | 其他 | 1.38 | 0.47 | 0.51 | 0.34 | 0.82 | 0.30 |
| 职业 | 1 | 4.35 | 2.58 | 3.75 | 0.68 | 2.46 | 1.35 |
| | 2 | 30.29 | 23.24 | 24.70 | 30.95 | 18.85 | 10.46 |
| | 3 | 12.90 | 12.13 | 13.46 | 7.82 | 14.75 | 3.11 |
| | 4 | 25.65 | 16.43 | 21.98 | 32.65 | 15.57 | 11.69 |
| | 5 | 0.07 | 0.16 | 0.51 | 0.00 | 0.00 | 0.29 |
| | 6 | 3.99 | 9.78 | 7.50 | 1.70 | 4.92 | 2.62 |
| | 7 | 0.14 | 0.16 | 0.17 | 0.00 | 1.64 | 0.00 |
| | 8 | 22.61 | 35.52 | 27.94 | 26.19 | 41.80 | 70.48 |

注：表中数字代表 1. 党的机关、国家、群众团体和社会组织、企事业单位负责人；2. 专业技术人员；3. 办事人员和有关人员；4. 社会生产服务和生活服务人员；5. 农林牧渔生产及辅助人员；6. 生产制造及有关人员；7. 军人；8. 未填写或不便分类的其他从业人员。

资料来源：根据全国 1‰人口抽样调查数据计算。

**2. 流出人才人口结构特征**

如表 3 所示，在流出人才群体的人口属性方面，三地呈现不同的特点。其中，天津、河北流出人才呈现年轻化、未婚化趋势。年龄在 40 岁以下的天津、河北流出人才比重分别从 2010~2015 年的 82.42%、84.08%提高到 2015~2020 年的 83.34%、96.77%；未婚的天津、河北流出人才比重分别从 2010～2015 年的 35.60%、36.74% 提高到 2015～2020 年的 55.56%、80.06%。以上趋势河北表现更为明显，且有更多生活在河北城镇的人才流出。京津冀三地的共同点是越来越多的女性人才流出。在职业类型方面，流出人才中，专业技术人员天津有所增加，北京、河北减少；社会生产服务和生活服务人员北京和天津增加，河北减少；生产制造及有关人员三地均减少。综合前文流入人才职业类型特征可以发现，北京社会生产服务和生活服务人员流动较为活跃，天津为京冀输送了较多的专业技术人员以及社会生产服务和生活服务人员，京津冀城市群内生产制造及有关人员流动性下降。

表 3　2010～2015 年和 2015～2020 年京津冀城市群流出人才人口结构特征

单位：%

| 指标 | | 2010～2015 年 | | | 2015～2020 年 | | |
|---|---|---|---|---|---|---|---|
| | | 北京流出 | 天津流出 | 河北流出 | 北京流出 | 天津流出 | 河北流出 |
| 年龄 | 19 岁及以下 | 1.92 | 8.92 | 5.70 | 2.52 | 4.17 | 20.28 |
| | 20～29 岁 | 38.39 | 41.61 | 52.91 | 21.85 | 61.11 | 63.57 |
| | 30～39 岁 | 38.71 | 31.89 | 25.47 | 52.94 | 18.06 | 12.92 |
| | 40～49 岁 | 14.05 | 9.72 | 11.63 | 18.49 | 12.50 | 2.01 |
| | 50～64 岁 | 6.94 | 7.86 | 4.30 | 4.20 | 4.17 | 1.23 |
| 性别 | 男 | 46.77 | 51.68 | 46.86 | 44.54 | 50.00 | 46.33 |
| | 女 | 53.23 | 48.32 | 53.14 | 55.46 | 50.00 | 53.67 |
| 户籍 | 城镇 | 96.65 | 98.67 | 94.53 | 94.96 | 94.44 | 96.22 |
| | 乡村 | 3.35 | 1.33 | 5.47 | 5.04 | 5.56 | 3.78 |
| 婚姻状况 | 未婚 | 23.38 | 35.60 | 36.74 | 17.65 | 55.56 | 80.06 |
| | 有配偶 | 75.10 | 63.96 | 62.79 | 79.83 | 44.44 | 19.82 |
| | 其他 | 1.52 | 0.44 | 0.47 | 2.52 | 0.00 | 0.11 |
| 职业 | 1 | 4.63 | 2.65 | 3.14 | 5.04 | 1.39 | 0.78 |
| | 2 | 30.73 | 23.32 | 24.53 | 21.01 | 31.94 | 15.15 |
| | 3 | 13.65 | 12.46 | 11.63 | 16.81 | 8.33 | 4.01 |
| | 4 | 24.58 | 17.23 | 22.09 | 32.77 | 19.44 | 15.58 |
| | 5 | 0.16 | 0.09 | 0.35 | 0.00 | 0.00 | 0.22 |

| 指标 | | 2010~2015 年 | | | 2015~2020 年 | | |
|---|---|---|---|---|---|---|---|
| | | 北京流出 | 天津流出 | 河北流出 | 北京流出 | 天津流出 | 河北流出 |
| 职业 | 6 | 3.67 | 9.63 | 8.02 | 1.68 | 8.33 | 2.34 |
| | 7 | 0.16 | 0.18 | 0.12 | 0.00 | 0.00 | 0.22 |
| | 8 | 22.43 | 34.45 | 30.12 | 22.69 | 30.56 | 61.69 |

注：表中数字代表 1. 党的机关、国家、群众团体和社会组织、企事业单位负责人；2. 专业技术人员；3. 办事人员和有关人员；4. 社会生产服务和生活服务人员；5. 农林牧渔生产及辅助人员；6. 生产制造及有关人员；7. 军人；8. 未填写或不便分类的其他从业人员。

资料来源：根据全国 1‰人口抽样调查数据计算。

### （三）京津冀城市群人才流动空间分布

**1. 京津冀城市群人才流动强度及城市群比较**

通过分析城市群内部城市间人才流入和流出规模，发现京津冀城市群人才流动极化现象明显，河北为主要的人才净流入"洼地"。如表 4 所示，在人才流出方面，保定、北京、邯郸位居前列，流出规模均超过 10 万人，3 个城市的流出人才规模在城市群人才流出总规模中的占比分别为 14.37%、11.18%、11.17%。而在人才流入方面，京津冀城市群表现出明显的层次特征。北京、天津、石家庄为城市群人才的核心吸纳地，属于第一层次，人才流入占比均超过 12.00%，分别为 27.02%、12.31%、21.41%。其次为唐山、保定和廊坊，属于第二层次，人才流入占比为 6%~8%。河北省的其他城市秦皇岛、邯郸、邢台、张家口、承德、沧州、衡水则属于第三层次，人才流入占比均在 4.00%以下。从人才净流入情况来看，北京凭借其强大的产业经济优势、优质的医疗教育资源和优渥的收入待遇，成为人才竞相涌入的目的地，人才净流入数量位居京津冀城市群各城市之首，其次为石家庄和天津。而河北省除了廊坊、唐山分别有 9186 人、4607 人净流入外，其他城市均表现出明显的人才净流出趋势，人才净流出规模排在前 5 位的城市依次为保定、邯郸、邢台、衡水和沧州。

表4 2015～2020年京津冀、长三角、珠三角城市群人才流入和流出规模及占比

单位：人，%

| 城市群 | 城市 | 流出 | 占比 | 流入 | 占比 | 总流量 | 净流入 |
|--------|------|------|------|------|------|--------|--------|
| 京津冀 | 北京 | 126892 | 11.18 | 306606 | 27.02 | 433498 | 179714 |
| | 天津 | 74293 | 6.55 | 139748 | 12.31 | 214041 | 65455 |
| | 石家庄 | 98596 | 8.69 | 242966 | 21.41 | 341562 | 144370 |
| | 唐山 | 78730 | 6.94 | 83337 | 7.34 | 162067 | 4607 |
| | 秦皇岛 | 46407 | 4.09 | 41488 | 3.66 | 87895 | −4919 |
| | 邯郸 | 126804 | 11.17 | 44311 | 3.90 | 171115 | −82493 |
| | 邢台 | 86530 | 7.62 | 14735 | 1.30 | 101265 | −71795 |
| | 保定 | 163071 | 14.37 | 76839 | 6.77 | 239910 | −86232 |
| | 张家口 | 68600 | 6.04 | 29006 | 2.56 | 97606 | −39594 |
| | 承德 | 42746 | 3.77 | 36225 | 3.19 | 78971 | −6521 |
| | 沧州 | 78030 | 6.88 | 31885 | 2.81 | 109915 | −46145 |
| | 廊坊 | 65324 | 5.76 | 74510 | 6.57 | 139834 | 9186 |
| | 衡水 | 78838 | 6.95 | 13204 | 1.16 | 92042 | −65634 |
| 长三角 | 上海 | 166495 | 6.79 | 393713 | 16.06 | 560208 | 227218 |
| | 南京 | 161011 | 6.57 | 321627 | 13.12 | 482638 | 160616 |
| | 无锡 | 106121 | 4.33 | 110711 | 4.52 | 216832 | 4590 |
| | 常州 | 81730 | 3.33 | 93346 | 3.81 | 175076 | 11616 |
| | 苏州 | 132667 | 5.41 | 180927 | 7.38 | 313594 | 48260 |
| | 南通 | 146396 | 5.97 | 47928 | 1.96 | 194324 | −98468 |
| | 盐城 | 142608 | 5.82 | 51881 | 2.12 | 194489 | −90727 |
| | 扬州 | 93312 | 3.81 | 23429 | 0.96 | 116741 | −69883 |
| | 镇江 | 47806 | 1.95 | 36831 | 1.50 | 84637 | −10975 |
| | 泰州 | 100522 | 4.10 | 48314 | 1.97 | 148836 | −52208 |
| | 杭州 | 142106 | 5.80 | 305647 | 12.47 | 447753 | 163541 |
| | 宁波 | 90963 | 3.71 | 107288 | 4.38 | 198251 | 16325 |
| | 嘉兴 | 52924 | 2.16 | 86528 | 3.53 | 139452 | 33604 |
| | 湖州 | 45382 | 1.85 | 33043 | 1.35 | 78425 | −12339 |
| | 绍兴 | 105639 | 4.31 | 47559 | 1.94 | 153198 | −58080 |
| | 金华 | 98638 | 4.02 | 56430 | 2.30 | 155068 | −42208 |
| | 舟山 | 13689 | 0.56 | 11865 | 0.48 | 25554 | −1824 |
| | 台州 | 81210 | 3.31 | 19626 | 0.80 | 100836 | −61584 |
| | 合肥 | 178809 | 7.30 | 213435 | 8.71 | 392244 | 34626 |

| 城市群 | 城市 | 流出 | 占比 | 流入 | 占比 | 总流量 | 净流入 |
|---|---|---|---|---|---|---|---|
| 长三角 | 芜湖 | 71957 | 2.94 | 86218 | 3.52 | 158175 | 14261 |
| | 马鞍山 | 52775 | 2.15 | 53174 | 2.17 | 105949 | 399 |
| | 铜陵 | 53480 | 2.18 | 14210 | 0.58 | 67690 | −39270 |
| | 安庆 | 115591 | 4.72 | 51039 | 2.08 | 166630 | −64552 |
| | 滁州 | 88018 | 3.59 | 28818 | 1.18 | 116836 | −59200 |
| | 池州 | 40401 | 1.65 | 14177 | 0.58 | 54578 | −26224 |
| | 宣城 | 40662 | 1.66 | 13147 | 0.54 | 53809 | −27515 |
| 珠三角 | 广州 | 235511 | 26.45 | 246870 | 27.72 | 482381 | 11359 |
| | 深圳 | 208153 | 23.37 | 196167 | 22.03 | 404320 | −11986 |
| | 珠海 | 36009 | 4.04 | 52792 | 5.93 | 88801 | 16783 |
| | 佛山 | 91100 | 10.23 | 121558 | 13.65 | 212658 | 30458 |
| | 江门 | 54067 | 6.07 | 19229 | 2.16 | 73296 | −34838 |
| | 肇庆 | 52382 | 5.88 | 24506 | 2.75 | 76888 | −27876 |
| | 惠州 | 78385 | 8.80 | 75167 | 8.44 | 153552 | −3218 |
| | 东莞 | 98145 | 11.02 | 119258 | 13.39 | 217403 | 21113 |
| | 中山 | 36805 | 4.13 | 35012 | 3.93 | 71817 | −1793 |

资料来源：根据全国1‰人口抽样调查数据计算。

长三角城市群的人才流动呈现明显的多中心、多层级、组团式格局，且较为均衡。具体而言，从人才净流入来看，上海在整个城市群中占据主要优势，2015~2020年净流入人才227218人。江苏省部分城市人才净流入规模逐级递减，由大到小依次为南京、苏州、常州、无锡，分别净流入160616人、48260人、11616人、4590人，江苏省其他城市呈现人才净流出趋势。相应地，浙江省杭州、嘉兴、宁波呈现人才净流入趋势，分别净流入163541人、33604人、16325人，其他城市呈现人才净流出趋势。安徽省合肥、芜湖、马鞍山呈现人才净流入趋势，分别净流入34626人、14261人、399人，其他城市呈现人才净流出趋势。

珠三角城市群的人才流动则呈现双极化特征。广州与深圳两座超大城市在人才流入与流出总量方面均占据绝对优势，两城人才流动量合计约为89万人，接近珠三角城市群人才流动总量的一半，这一集中度显著高于京津冀与长三角城市群。与京津冀、长三角城市群不同，珠三角城市群的人才净流入并没有呈现与城市能级相一致的态势。2015~2020年，人才净流入城市按照规模大小依次为佛山、东莞、珠海、广州，其他城市呈现人才净流出趋势。

从城市群人才流入率、流出率来看京津冀城市群人才流动强度，并与长三角和珠三角城市群进行比较（见表5）。不难看出，2015~2020年，京津冀城市群、长三角城市群和珠三角城市群的超大城市北京、天津，上海和广州、深圳的人才流动均不如其所在城市群内其他城市活跃。一方面，这与超大城市庞大的人口基数有关；另一方面，超大城市高昂的房价、不断攀升的生活成本以及个别政策措施，在一定程度上产生了人才流动平稳效应。值得注意的是，京津冀城市群的石家庄和珠三角城市群的珠海成为所在城市群人才净流入率最高的城市，这一方面是因为近年来两地陆续出台人才政策，政策效果逐渐显现；另一方面是因为区域交通基础设施网络的完善为人才流动带来助力。京津冀协同发展战略实施以来，石家庄火车站先后开行直达省内廊坊、承德、沧州等地的高铁列车，提升了区域内互联互通水平。[①] 港珠澳大桥的建成通车使得大湾区城市间人才流动更加顺畅，三地加速融合发展。[②]

长三角城市群中，南京、杭州、嘉兴有较高的人才净流入率，这不仅与就业机会、人才政策相关，还与包括基础设施、自然环境、人文氛围等在内的城市舒适性有关。从人才净流入率为正的城市占城市群内所有城市的比重来看，珠三角城市群为44.4%，长三角城市群为42.3%，京津冀城市群为38.5%，这在一定程度上说明人才在京津冀城市群内仅向少数几个城市净流入，不均衡现象较为明显。

---

① 《十年京津冀｜京广高铁：人才流动"快车道"》，搜狐网，2024年3月5日，https://www.sohu.com/a/762016133_100081921。

② 《珠海：去年引才7万人，人才总数突破90万，深化推进英才计划》，"中工网"百家号，2024年2月1日，https://baijiahao.baidu.com/s?id=17896570528273133407&wfr=spider&for=pc。

表5 2015~2020 年京津冀、长三角、珠三角城市群人才流入率、
流出率与净流入率

单位：%

| 城市群 | 城市 | 流入率 | 流出率 | 净流入率 | 城市群 | 城市 | 流入率 | 流出率 | 净流入率 |
|---|---|---|---|---|---|---|---|---|---|
| 长三角 | 上海 | 4.87 | 2.06 | 3.02 | 长三角 | 池州 | 7.73 | 22.04 | -13.18 |
| | 南京 | 9.61 | 4.81 | 5.15 | | 宣城 | 4.49 | 13.90 | -8.71 |
| | 无锡 | 6.88 | 6.60 | 0.29 | 京津冀 | 北京 | 3.39 | 1.40 | 2.09 |
| | 常州 | 8.26 | 7.23 | 1.07 | | 天津 | 3.70 | 1.97 | 1.78 |
| | 苏州 | 6.10 | 4.47 | 1.71 | | 石家庄 | 11.04 | 4.48 | 6.73 |
| | 南通 | 3.98 | 12.17 | -7.95 | | 唐山 | 6.94 | 6.56 | 0.38 |
| | 盐城 | 6.50 | 17.87 | -10.76 | | 秦皇岛 | 8.52 | 9.53 | -1.00 |
| | 扬州 | 3.07 | 12.22 | -8.70 | | 邯郸 | 5.43 | 15.55 | -9.47 |
| | 镇江 | 6.10 | 7.92 | -1.84 | | 邢台 | 2.63 | 15.43 | -11.72 |
| | 泰州 | 6.56 | 13.66 | -7.01 | | 保定 | 6.32 | 13.42 | -6.77 |
| | 杭州 | 8.90 | 4.14 | 5.21 | | 张家口 | 5.47 | 12.93 | -7.07 |
| | 宁波 | 6.48 | 5.50 | 1.02 | | 承德 | 8.20 | 9.67 | -1.44 |
| | 嘉兴 | 10.79 | 6.60 | 4.39 | | 沧州 | 4.40 | 10.77 | -6.09 |
| | 湖州 | 6.81 | 9.35 | -2.56 | | 廊坊 | 8.82 | 7.74 | 1.11 |
| | 绍兴 | 5.71 | 12.68 | -6.83 | | 衡水 | 3.54 | 21.11 | -16.05 |
| | 金华 | 6.10 | 10.66 | -4.58 | 珠三角 | 广州 | 4.64 | 4.43 | 0.23 |
| | 舟山 | 6.67 | 7.69 | -1.05 | | 深圳 | 3.85 | 4.08 | -0.25 |
| | 台州 | 2.52 | 10.42 | -7.66 | | 珠海 | 8.41 | 5.74 | 2.88 |
| | 合肥 | 8.71 | 7.30 | 1.50 | | 佛山 | 7.18 | 5.38 | 1.88 |
| | 芜湖 | 13.24 | 11.05 | 2.29 | | 江门 | 3.17 | 8.90 | -5.62 |
| | 马鞍山 | 15.29 | 15.18 | 0.12 | | 肇庆 | 6.59 | 14.08 | -7.29 |
| | 铜陵 | 6.99 | 26.30 | -17.15 | | 惠州 | 8.93 | 9.31 | -0.39 |
| | 安庆 | 8.99 | 20.37 | -10.85 | | 东莞 | 7.93 | 6.53 | 1.50 |
| | 滁州 | 5.67 | 17.31 | -10.88 | | 中山 | 5.73 | 6.03 | -0.30 |

资料来源：根据全国1‰人口抽样调查、全国1%人口抽样调查、第七次全国人口普查、各省市统计年鉴相关数据计算。

**2. 京津冀城市群人才流动空间路径及城市群比较**

通过分析京津冀、长三角、珠三角城市群城市之间人才流动组合（见表6）可以发现，人才流动总量排名前十的城市组中，流入城市基本为城市

群的中心城市、次中心城市、发达城市或与中心城市邻近的城市。具体来说，北京、天津、石家庄是京津冀城市群人才流入的主要目的地，并且京津冀城市群存在两对双向流动城市组，分别为北京和天津、北京和廊坊。其中，北京和天津之间的人才流动规模较大，人才双向流动较为活跃。2015～2020年，流入北京人才中有18.03%来自天津，流入天津人才中来自北京的比例高达31.97%。可见，京津双城建设得到进一步深化，联动效应显现。此外，北京与廊坊之间的人才交流也颇为频繁，流入廊坊的人才中有超过1/3来自北京，比例达到38.89%。而流入石家庄的人才主要来自河北省内的保定、邯郸、邢台等城市。

表6  2015～2020年京津冀、长三角、珠三角城市群人才流动总量
排名前十的城市组

单位：人，%

| 城市群 | 排名 | 城市组 | 人才流动数量 | 占总流入比重 |
|---|---|---|---|---|
| 京津冀 | 1 | 天津→北京 | 55272 | 18.03 |
| | 2 | 保定→石家庄 | 53411 | 21.98 |
| | 3 | 北京→天津 | 44674 | 31.97 |
| | 4 | 邯郸→石家庄 | 42938 | 17.67 |
| | 5 | 石家庄→北京 | 34415 | 11.22 |
| | 6 | 邯郸→北京 | 33372 | 10.88 |
| | 7 | 保定→北京 | 33372 | 10.88 |
| | 8 | 邢台→石家庄 | 29323 | 12.07 |
| | 9 | 北京→廊坊 | 28976 | 38.89 |
| | 10 | 廊坊→北京 | 26072 | 8.50 |
| 长三角 | 1 | 绍兴→杭州 | 50284 | 16.45 |
| | 2 | 南通→南京 | 47880 | 14.89 |
| | 3 | 金华→杭州 | 44368 | 14.52 |
| | 4 | 杭州→上海 | 44318 | 11.26 |
| | 5 | 宁波→杭州 | 43382 | 14.19 |
| | 6 | 南京→上海 | 43288 | 10.99 |

续表

| 城市群 | 排名 | 城市组 | 人才流动数量 | 占总流入比重 |
|---|---|---|---|---|
| 长三角 | 7 | 苏州→上海 | 41226 | 10.47 |
| | 8 | 安庆→合肥 | 40462 | 18.96 |
| | 9 | 盐城→南京 | 38512 | 11.97 |
| | 10 | 盐城→苏州 | 35576 | 19.66 |
| 珠三角 | 1 | 广州→深圳 | 83659 | 42.65 |
| | 2 | 广州→佛山 | 68440 | 56.30 |
| | 3 | 深圳→广州 | 67328 | 27.27 |
| | 4 | 深圳→东莞 | 63992 | 53.66 |
| | 5 | 佛山→广州 | 59847 | 24.24 |
| | 6 | 东莞→深圳 | 40387 | 20.59 |
| | 7 | 深圳→惠州 | 34536 | 45.95 |
| | 8 | 广州→东莞 | 31027 | 26.02 |
| | 9 | 惠州→广州 | 27786 | 11.26 |
| | 10 | 惠州→深圳 | 25963 | 13.24 |

资料来源：根据全国1‰人口抽样调查数据计算。

珠三角城市群中有4对双向流动城市组，可见珠三角城市群形成了更为紧密的人才流动网络。流入深圳的人才中，42.65%来自广州，20.59%来自东莞，13.24%来自惠州；流入广州的人才主要来自深圳、佛山、惠州，比例分别为27.27%、24.24%、11.26%。可见，京津冀城市群的北京、天津和珠三角城市群的广州、深圳，均形成了密切的人才流动关系，人才流动规模居城市群前列。值得注意的是，京津冀城市群的廊坊和珠三角城市群的惠州，虽然不是经济特别发达的城市，却分别成为所属城市群中心城市北京、深圳人才流出的主要承接地，这主要与两城所处地理位置、人才政策以及区域交通网络有关，特别是惠州一直是地价房价"洼地"，通过构建产城人融合的城市发展生态，承接大城市更多辐射效应，强化与大城市公共服务的连通共享，城市对转移产业和人才的承接能力大大增强。

长三角城市群城市间人才流动呈现明显的阶梯式向中心城市集聚的现象，即次中心城市南京、杭州的人才主要流入中心城市上海，江苏省内城市人才主要流入南京，浙江省内城市人才主要流入杭州，安徽省内城市人才主要流入合肥。

### 3. 京津冀城市群人才流动网络及城市群比较

从城市群人才流动网络整体结构看（见表7），2015~2020 年，京津冀城市群人才流动网络的各项指标位于三大城市群中间。在网络边数、度中心性指标方面，长三角城市群占据绝对优势，表明其区域内城市间人才流动路径数量最多，存在人才往来的城市数量最多，人才流动数量最多，网络的结构凝聚力最强，这可能与长三角城市群各城市的发展水平相对均衡、产业分工明确以及区域内交通网络发达等因素有关。珠三角城市群人才流动网络密度最大，为 0.9028，京津冀城市群和长三角城市群分别为 0.8654 和 0.5692，说明珠三角城市群内部人才交流最为密切，长三角城市群这一指标表现并不突出，主要原因在于安徽省的多数城市与城市群内其他城市的人才流动数量不多。从人才流动网络平均聚类系数来看，珠三角城市群最高，为 0.9077，京津冀城市群次之，为 0.8787，长三角城市群最低，为 0.7144，说明珠三角与京津冀城市群人才流动的集聚性较强，主要向少数几个城市集聚。相比之下，长三角城市群的人才流动集聚性则较为均衡。以上数据在一定程度上表明，京津冀城市群内部人才流动的深度和广度亟须进一步提升。

表7　2015~2020 年京津冀、长三角、珠三角城市群人才流动网络整体结构

| 城市群 | 网络规模 | | | | 集聚性 | 度中心性 | 强度中心性 |
|---|---|---|---|---|---|---|---|
| | 节点数 | 边数 | 密度 | 直径 | 平均聚类系数 | 平均度 | 加权平均度 |
| 京津冀 | 13 | 135 | 0.8654 | 2 | 0.8787 | 20.7692 | 174593.9 |
| 长三角 | 26 | 370 | 0.5692 | 3 | 0.7144 | 28.4615 | 188531.6 |
| 珠三角 | 9 | 65 | 0.9028 | 2 | 0.9077 | 14.4444 | 197901.7 |

资料来源：根据全国 1‰人口抽样调查数据计算。

# 三 结论与对策建议

通过分析 2010~2020 年京津冀城市群流动人才人口结构特征和人才流动空间格局，并与长三角、珠三角城市群进行比较，得出以下主要结论。

第一，从人才流动规模和强度来看，京津冀城市群内部人才流动规模呈扩大趋势。京津对河北人才的"虹吸作用"持续增强，石家庄主要吸引河北省内人才流入。长三角城市群内人才流动多中心、多层级、组团式格局的特征明显，珠三角城市群内人才流动呈现双极化特征，而京津冀城市群内人才仅向少数几个城市（北京、天津、石家庄、廊坊、唐山）净流入。

第二，从流动人才人口结构特征来看，北京、天津、河北三地流入人才年轻化、未婚化趋势显著，城乡户籍差距缩小；越来越多女性人才流出所在城市，天津和河北各市流出人才中未婚年轻人增多；北京的社会生产服务和生活服务人员流动较为活跃，天津为城市群内其他城市输送了较多的专业技术人员以及社会生产服务和生活服务人员，城市群内生产制造及有关人员的流动性下降。

第三，从人才流动路径和网络来看，京津冀城市群形成了北京和天津、北京和廊坊人才双向流动的良好局面，人才流动规模较大。但京津冀城市群整体人才流动网络规模不及长三角城市群，人才流动网络密度不及珠三角城市群。京津冀城市群内人才流动并不平衡。

经济发展水平、公共服务配套、交通连通性、自然和文化、人才政策等都是影响人才流动的关键因素。综上所述，为促进京津冀城市群人才合理流动和协调发展，推动区域高质量发展，本报告提出以下几点建议。

一是加快北京"新两翼"建设，打造人才集聚新高地。高标准高质量建设北京城市副中心和河北雄安新区，打造绿色生态、和谐宜居的未来之城。构建优质人才生态，分层分类在资金奖励、引进落户、人才安居、子女教育、医疗服务等方面给予精准支持。搭建人才智慧服务平台，打造服务人才的专业队伍，提供全方位、全要素、全周期的人才服务，进而形成城市群引才、聚才、留才的强磁场，形成区域多中心、多层级、组团式的人才集聚空间格局。

二是深化区域交通互联互通，搭建人才流动快车道。规划建立现代化综合立体交通网，建设多元化、广覆盖、高密度的轨道交通网络，建立更高层次的协同合作机制，打造数智赋能的城市群现代交通体系。改变北京单点放射的交通格局，疏解过境交通，打造多节点、网络状的区域交通新格局，为城市间人才交流提供便捷高效、互联互通的交通基础设施。

三是创新人才流动体制机制，凝聚区域人才发展合力。一方面，建立和完善京津冀人才数据库，通过人才资源信息采集和动态管理，实现人才精准画像、人才供需预测和人才流失预警，促进区域人才合理配置、优势互补、高效流动。另一方面，深化人才流动制度改革，推动区域人才政策衔接、人才资质互认、人才服务标准协同，打通各类用人主体间的关联通道，为区域间实现人才共享搭建多样、便捷的路径，营造相互融通的人才发展生态。同时，加强人才流动服务保障，在户籍、医疗、社保福利等方面强化人才政策协同，减少人才后顾之忧，激发人才流动新活力新动能。[1]

## 参考文献

陈凯华、赵彬彬、张超：《全球科研人员百年跨国流动规律、格局与势差效应》，《管理世界》2024年第2期。

古恒宇、沈体雁：《中国高学历人才的空间演化特征及驱动因素》，《地理学报》，2021年第2期。

李峰、徐付娟、郭江江：《京津冀、长三角、粤港澳科技人才流动模式研究——基于国家科技奖励获得者的实证分析》，《科学学研究》2022年第3期。

刘晖、李欣先、李慧玲：《专业技术人才空间集聚与京津冀协同发展》，《人口与发展》2018年第6期。

姚凯：《以区域合理布局和协调发展　着力打造人才竞争优势》，《中国人才》2022

---

[1]　尹德挺、于倩：《推动京津冀协同发展不断迈上新台阶》，《光明日报》2024年5月6日。

年第 12 期。

袁方成:《城市人才流动新动向新特征与新动能》,《人民论坛》2021 年第 29 期。

张文佳、王雨润、阴劼:《深圳市高学历人才迁入格局的时空演化与驱动因素——基于 1980—2014 年个体迁移大数据》,《地理科学》2023 年第 2 期。

钟媛婷、张继焦:《从人才流动看京津冀协同发展》,《中国发展观察》2023 年第 5 期。

# B.7
# 依托京津冀人口协同发展
# 增强首都发展活力研究报告

薛伟玲 刘李红*

**摘 要:** 京津冀人口协同发展对防范和化解首都人口风险、提升首都发展活力具有重要现实意义。本报告从人口规模、结构、素质、分布、经济活力等方面对京津冀人口协同发展现状进行分析,发现依托京津冀人口协同发展增强首都发展活力仍需在以下几方面重点发力:第一,进一步提升京津冀地区人口规划管理智能化、一体化水平,打破行政壁垒,增强人口规划引领力和管理驱动力;第二,针对人口规模风险,需从激发内生动力和外生动力方面共同发力,保持京津冀地区人口增长动力,在张弛有度调节人口规模和分布中增强首都发展活力;第三,适应人口年龄结构变动形势,在平衡人的生产性和消费性中增强首都发展活力;第四,推动产业结构优化和人口素质提升,在耦合均衡中增强首都发展活力。

**关键词:** 人口协同 首都发展活力 京津冀

京津冀人口协同发展是京津冀协同发展战略的重要组成部分,有助于推动三地发挥各自在人口规模、结构、素质、分布上的优势,将三地各自的人

* 薛伟玲,博士,中共北京市委党校(北京行政学院)社会学教研部(北京市人口研究所)副教授、硕士生导师,主要研究方向为人口经济学、老年健康;刘李红,博士,中共北京市委党校(北京行政学院)经济学教研部讲师,主要研究方向为城市经济学、产业经济学、政治经济学。

口发展问题置于更加广阔的空间内，最大限度地规避人口挑战和风险，不断保持适度人口规模、优化人口结构、均衡人口分布、提升人口素质、增强人口活力，为三地发展注入源源不断的人口动力。京津冀人口协同发展不仅能提升地区整体发展活力，而且对于提升首都吸引力和发展活力具有重要价值。

# 一 京津冀人口规模协同情况

## （一）京津冀人口增速转向，河北人口承载潜力大

根据《中国统计年鉴 2023》，2022 年京津冀地区常住人口规模为10967 万人，占全国总人口的 7.77%，低于 2014 年的 7.94%。其中，北京常住人口为 2184 万人，天津常住人口为 1363 万人，河北常住人口为 7420万人。2014~2022 年，京津冀地区常住人口规模整体小幅上升，从 10923万人增至 10967 万人，增长了 0.40%。其中，北京常住人口从 2171 万人增至 2184 万人，增长了 0.60%；天津常住人口从 1429 万人降至 1363 万人，下降了 4.62%；河北人口从 7323 万人增至 7420 万人，增长了1.32%。同期，长三角地区常住人口平均增速为 4.68%，其中，浙江增速高达 11.66%，上海增速为 0.32%，江苏增速为 2.83%，安徽增速为2.17%。在京津冀地区内，北京常住人口规模占比从 2014 年的 19.88%提高到 2022 年的 19.91%，河北常住人口规模占比从 2014 年的 67.04%提高到 2022 年的 67.66%，天津常住人口规模占比从 2014 年的 13.08%下降到2022 年的 12.43%。

本报告使用国家统计局发布的分地区年度数据进行纵向比较。京津冀地区不同时期人口增速排名显示，2015~2022 年，河北增速排名高于北京、天津；2004~2014 年，北京增速排名第一，高于天津、河北。2004~2014 年，全国人口年均增速为 0.65%，京津冀地区为 1.71%，远超全国平均水平，其中北京为 4.54%，天津为 3.96%，河北为 0.75%。同期，广东人口年均增速为 2.61%，长三角地区人口年均增速为 1.04%。

根据第七次全国人口普查数据，北京常住外来人口来源地前 10 位分别为河北、河南、山东、黑龙江、山西、辽宁、安徽、天津、内蒙古和吉林。根据国家统计局的年度数据，以上十大来源地 2022 年的出生率，仅有河南和安徽超 7‰，分别为 7.42‰ 和 7.16‰；东北三省和天津甚至低于 5.00‰。十大来源地 2022 年的常住人口自然增长率均为负值，北京未来常住人口增长动力不足。

通过 2004~2014 年和 2014~2022 年人口规模增速比较可以发现：京津冀地区整体增速发生了由高于全国平均增速向低于全国平均增速的转变，地区人口增长优势减弱。结合地区发展定位以及和广东、长三角地区的比较，发现当前河北人口承载潜力大。

## （二）北京人口正迁移特征明显

对北京市各功能区人口迁移的特征进行分析发现，北京人口迁移呈现正迁移特征。图 1 展示了 2010~2022 年北京各功能区净迁移人口变动情况。

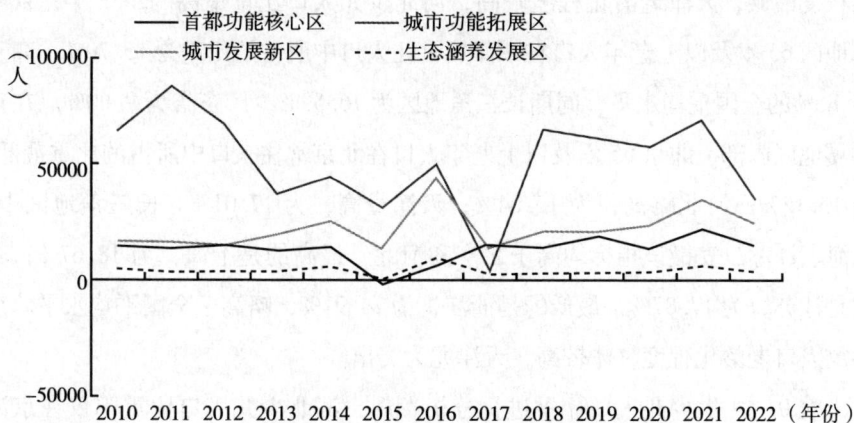

**图 1　2010~2022 年北京各功能区净迁移人口变动情况**

资料来源：相关年份《北京统计年鉴》《北京区域统计年鉴》。

由图 1 可知，城市功能拓展区的净迁移人口最多，其次是城市发展新区、首都功能核心区和生态涵养发展区，人口迁移特征与各功能区的经济发展特征基本吻合，经济发展程度越高的功能区净迁移人口越多。具体到各功能区，城市功能拓展区的净迁移人口于 2010～2017 年整体呈现下降趋势，2018～2021 年整体呈现上升趋势，2022 年净迁移人口大幅下降。城市发展新区的净迁移人口于 2010～2022 年整体呈现上升趋势，2016 年净迁移人口达到高峰，2022 年净迁移人口有所下降。首都功能核心区和生态涵养发展区的净迁移人口于 2010～2022 年基本处于稳定状态。进一步对北京市各区净迁移人口变动情况进行分析发现，海淀区、朝阳区、西城区的净迁移人口在 2010～2022 年均位列前三。

## 二　京津冀人口年龄结构协同情况

### （一）京津冀整体年龄结构失衡，地区分异特征明显 [①]

整体来看，京津冀整体年龄结构失衡，"老龄少子"现象明显，北京老龄化程度最低，天津老龄化程度较高，河北少儿人口比重最高。2022 年，京津冀地区 65 岁及以上老年人口在京津冀常住人口中所占的比重为 15.70%，高于 14.86% 的全国平均水平，同期长三角地区为 16.59%，广东省为 9.60%。在京津冀地区内部，北京 65 岁及以上老年人口在北京常住人口中所占的比重最低，为 15.12%；河北略高，为 15.64%；天津最高，为 17.01%。长三角地区中，上海、江苏、安徽该指标均高于北京和河北，最高的是上海，为 18.67%；其次是江苏，为 17.87%；最低的是浙江，为 14.91%，略高于全国平均水平。京津冀人口老龄化程度整体较高，天津尤为突出。

对 0～14 岁少儿人口比重进行分析发现，河北少儿人口比重不仅在京津冀地区内最高，而且高于全国平均水平。2022 年，京津冀地区少儿人口占京津冀常住人口的比重为 16.58%，低于同期 16.94% 的全国平均水平，也低于广东省（18.47%），但高于长三角地区（14.36%）。北京少儿人口在

---

①　本部分数据来源于国家统计局。

北京常住人口中所占的比重最低，为 12.06%；天津略高，为 12.96%；河北最高，为 18.57%。

### （二）劳动力年老化现象隐现，人口机会窗口即将关闭[①]

劳动年龄人口的比重和年龄结构不仅反映了当下劳动力的供给情况，也反映了未来劳动力的供给潜力。2022 年全国劳动年龄人口比重为 68.21%，京津冀地区劳动年龄人口比重低于全国平均水平，为 67.72%，也低于长三角地区（69.04%）和广东省（71.94%）。造成这种差异的主要原因在于河北常住人口中劳动年龄人口仅占 65.79%，天津和北京则均高于 70.00%，分别为 70.03% 和 72.82%。本报告使用《北京统计年鉴 2023》人口数据对北京劳动年龄人口内部年龄构成进行分析，发现劳动年龄人口中，25～44 岁人口有 805.2 万人，占 50.64%。但是，对比 2014 年，2022 年除 35～39 岁人口比重上升外，25～29 岁、30～34 岁、40～44 岁 3 个年龄段的人口比重都出现了下降，2014 年劳动年龄人口中占比最高的年龄段是 25～29 岁，而到 2022 年占比最高的年龄段是 30~34 岁，劳动力年老化现象隐现。

一般将总抚养比低于 50% 的时期称为人口机会窗口期，2022 年京津冀地区总抚养比为 47.67%，虽然略高于 46.60% 的全国平均水平，但仍处于人口机会窗口期。同时，京津冀地区总抚养比高于长三角地区（44.83%），也高于广东省（34.81%）。京津冀地区少儿抚养比为 24.8%，老年抚养比为 21.8%，二者相差不大，而广东省少儿抚养比（25.67%）远高于老年抚养比（13.34%）。相对于广东省而言，京津冀地区年龄结构失衡给人口发展带来的当下挑战和未来风险值得高度重视，需要加大力度留住年轻人、提高生育率。

### （三）北京"一老一小"人口存在空间分布差异，生态涵养发展区和首都功能核心区占比高

对北京人口年龄结构进行分析发现，从人口规模变化趋势看，城市发展

---

[①] 本部分数据来源于国家统计局。

新区和城市功能拓展区的 0~14 岁和 65 岁及以上人口均呈现增长态势，15~
64 岁人口呈现减少态势。从占比看，城市功能拓展区和城市发展新区的
15~64 岁劳动年龄人口占比较高，生态涵养发展区和首都功能核心区的 65
岁及以上老年人口以及 0~14 岁少儿人口占比较高。

　　图 2 展示了 2011~2022 年北京各功能区 0~14 岁少儿人口变化情况。总
体来看，各区按 2022 年 0~14 岁少儿人口规模从大到小排序依次为城市发
展新区、城市功能拓展区、首都功能核心区和生态涵养发展区。首都功能核
心区 0~14 岁少儿人口在 2013~2014 年以及 2018~2019 年有小幅增长，
2019 年后趋于稳定。城市功能拓展区 0~14 岁少儿人口在 2018 年小幅下降
到 92.6 万人，2019 年又迅速增长到 106.6 万人，2020~2022 年基本为 106
万人左右。城市发展新区 0~14 岁少儿人口一直处于稳定增长状态。2020
年，城市发展新区 0~14 岁少儿人口首次超过城市功能拓展区，城市发展新
区成为全市 0~14 岁少儿人口的集聚地。2020 年后，城市发展新区的 0~14
少儿人口持续增长，2022 年已经达到 109.8 万人。

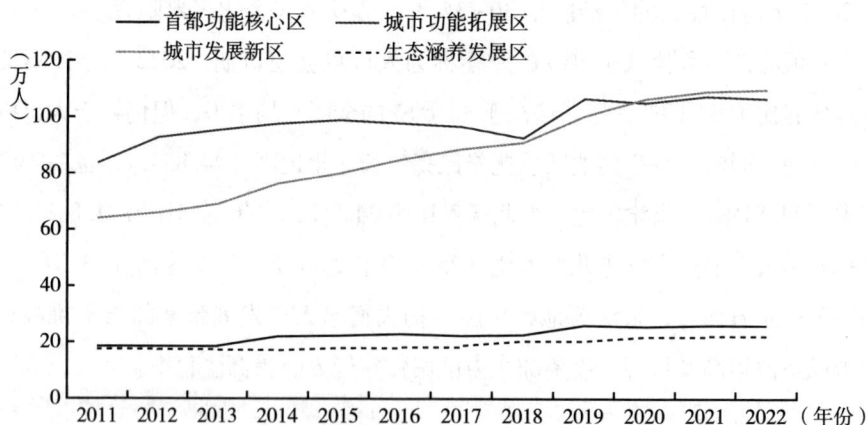

**图 2　2011~2022 年北京市各功能区 0~14 岁少儿人口变化情况**

资料来源：相关年份《北京统计年鉴》《北京区域统计年鉴》。

　　图 3 展示了 2011~2022 年北京市各功能区 15~64 岁劳动年龄人口变
化情况。总体来看，各区按 2022 年 15~64 岁劳动年龄人口规模从大到小

排序依次为城市发展新区、城市功能拓展区、生态涵养发展区和首都功能核心区。首都功能核心区 15~64 岁劳动年龄人口从 2013 年的 172.5 万人下降到 2022 年的 117.7 万人。城市功能拓展区 15~64 岁劳动年龄人口从 2015 年的 858.1 万人下降到 2022 年的 662.3 万人。城市发展新区 15~64 岁劳动年龄人口从 2011 年的 546.2 万人增长到 2020 年的 706.6 万人，2020 年首次超过城市功能拓展区，城市发展新区成为全市劳动力集聚地。2021~2022 年，城市发展新区 15~64 岁劳动年龄人口呈现下降趋势，2022 年为 686.5 万人。生态涵养发展区的 15~64 岁劳动年龄人口基本处于低位稳定状态。

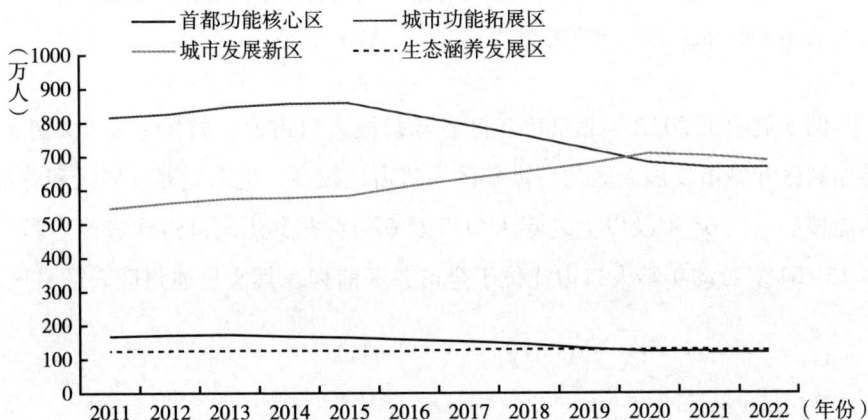

**图 3　2011~2022 年北京市各功能区 15~64 岁劳动年龄人口变化情况**

资料来源：相关年份《北京统计年鉴》《北京区域统计年鉴》。

图 4 展示了 2011~2022 年北京市各功能区 65 岁及以上老年人口变化情况。总体来看，各功能区 65 岁及以上老年人口均呈现增长态势，城市功能拓展区和城市发展新区 65 岁及以上老年人口增长趋势更加显著。从人口规模来看，城市功能拓展区的 65 岁及以上老年人口规模最大。城市功能拓展区 65 岁及以上老年人口从 2018 年的 114.3 万人增长到 2022 年的 145.2 万人，城市发展新区 65 岁及以上老年人口从 2018 年的 71.6 万人增长到 2022 年的 117.0 万人。

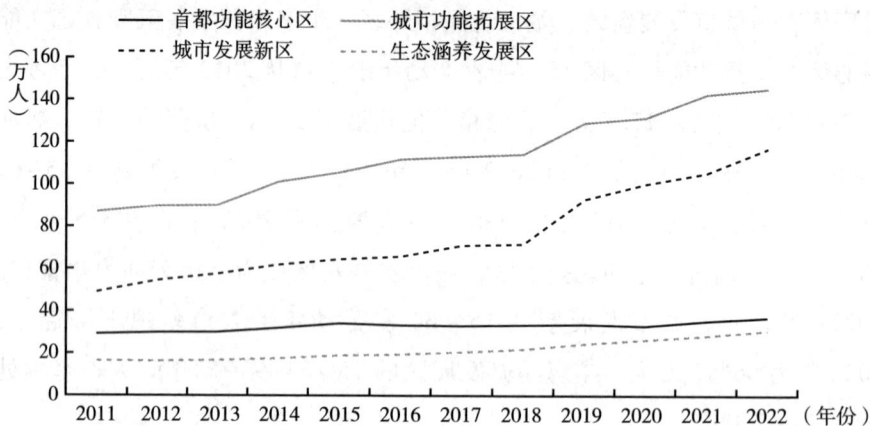

**图4 2011~2022年北京市各功能区65岁及以上老年人口变化情况**

资料来源：相关年份《北京统计年鉴》《北京区域统计年鉴》。

图5展示了2022年北京市各区各年龄段人口占比。整体来看，城市功能拓展区和城市发展新区的劳动年龄人口占比较高，生态涵养发展区和首都功能核心区的65岁及以上老年人口以及0~14岁少儿人口占比较高。昌平区15~64岁劳动年龄人口占比位于全市各区前列，其次是通州区、顺义区、

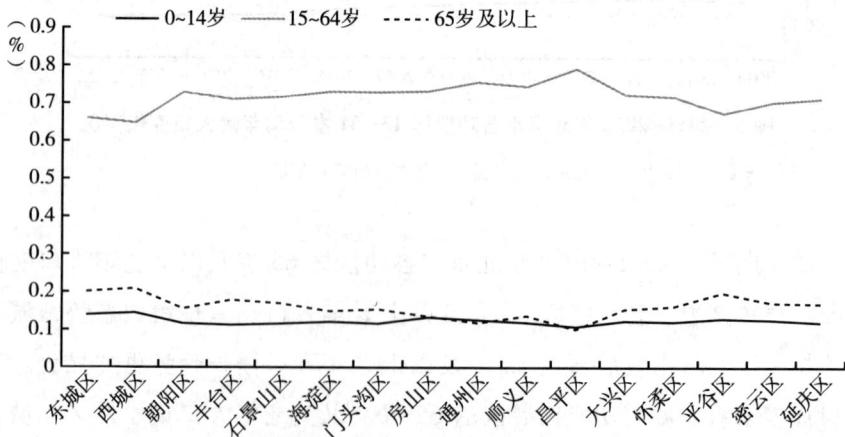

**图5 2022年北京市各区各年龄段人口占比**

资料来源：相关年份《北京统计年鉴》《北京区域统计年鉴》。

房山区、海淀区、大兴区、朝阳区。东城区、西城区、平谷区、丰台区、密云区、石景山区、延庆区 65 岁及以上老年人口占比较高。西城区、东城区、房山区、平谷区、通州区、密云区、大兴区、怀柔区 0～14 岁少儿人口占比较高。

## 三 京津冀人口城乡和产业结构协同情况

### （一）京津冀人口城乡结构：城镇化水平提升潜力大，潜力主要来自河北

从京津冀地区人口城乡分布来看，未来该地区城镇化水平仍有较大提升潜力。根据《中国统计年鉴 2023》，2022 年末，北京常住人口为 2184 万人，其中城镇人口比重为 87.57%；天津常住人口为 1410 万人，其中城镇人口比重为 85.11%；河北常住人口为 7288 万人，其中城镇人口比重为 61.65%。2022 年末，全国城镇人口比重为 65.22%，河北的城镇化率低于全国平均水平。同期，京津冀区域内乡村人口为 3319 万人，占 30.26%。根据世界银行数据库，2022 年全球城镇化率为 57.00%，高收入国家城镇化率为 81.64%。京津冀地区城镇化率仍有较大提升空间，未来城镇化水平的提高将主要来自河北城镇人口比重的提升。根据人口经济学一般原理，与城镇化相伴而生的是劳动生产效率的提高。

### （二）京津冀人口产业结构：地区产业结构较优，但地区差异大

本部分对京津冀地区人口产业结构的分析聚焦就业人口在三次产业间的分布以及城镇就业人口在大的行业门类的分布。根据《中国统计年鉴 2023》就业统计数据，2022 年京津冀地区就业人口有 5333 万人，其中第一产业有 878 万人，占 16.46%；第二产业有 1521 万人，占 28.52%；第三产业有 2934 万人，占 55.02%。第二产业就业人口基本和全国平均水平持平，第三产业就业人口比重高于全国平均水平。在京津冀地区内部，北京第三产业就

业人口比重高达 81.36%；天津第三产业就业人口占 60.23%，低于上海的 65.85%，在全国排名第三；河北第三产业就业人口比重为 45.78%，低于全国平均水平。对比来看，广东省 2022 年第一、第二、第三产业就业人口比重分别为 10.46%、36.56%、52.98%；长三角地区 2022 年第一、第二、第三产业就业人口比重分别为 12.41%、38.87%、48.72%。京津冀地区第三产业就业人口比重平均绝对离差为 13.60%，高于长三角地区的 6.70%；京津冀地区第二产业就业人口比重平均绝对离差为 6.94%，高于长三角地区的 5.08%；京津冀地区第一产业就业人口比重平均绝对离差为 10.62%，高于长三角地区的 7.78%。以上数据说明，京津冀地区人口产业结构较优，但是地区内部不均衡的现象也更为明显。

从国际比较来看，当前发达国家第三产业比重多超过 70%，2021 年日本第三产业就业人口占 73.1%，新加坡占 85.3%，美国占 79.2%，法国占 78.0%，德国占 71.1%，英国占 81.0%。在京津冀地区内部，河北和天津的产业结构还存在较大的升级潜力。

对城镇单位就业人员的行业分布进行分析发现，北京城镇就业人口占比排名前五的行业分别为：信息传输、软件和信息技术服务业，占 13.51%；租赁和商业服务业，占 9.40%；科学研究和技术服务业，占 8.35%；金融业，占 7.84%；制造业，占 7.68%。天津城镇就业人口占比排名前五的行业分别为：制造业，占 25.98%；教育业，占 8.63%；公共管理、社会保障和社会组织，占 8.18%；建筑业，占 7.52%；批发和零售业，占 6.41%。河北城镇就业人口占比排名前五的行业分别为：公共管理、社会保障和社会组织，占 17.80%；制造业，占 17.29%；教育业，占 14.97%；卫生和社会工作，占 8.70%；建筑业，占 6.47%。在 19 个行业门类中，北京城镇就业人口占比排名第一的信息传输、软件和信息技术服务业，在天津排第 12 名，在河北排第 13 名。除制造业外，北京城镇就业人口占比排名前四的行业在河北和天津都没有排在前 5 名，然而在天津和河北，有 4 个行业的城镇就业人口占比同时排名前五。天津和河北的城镇就业人口行业分布具有较强的相似性，而北京与天津和河北的差异较大。就业人口在三地的分布同时受到行业互补和行业竞争的双重影响，如何避免"跳蛙"效应和恶性竞争、促进就业人口在京津冀三地有序流动成为亟须解决的问题。

# 四 京津冀人口素质协同情况

## （一）京津冀地区人口素质整体较高

根据国家统计局年度数据，2022年京津冀地区6岁及以上人口中，未上过学的人口占2.39%，小学文化程度者占21.01%，初中文化程度者占34.69%，高中文化程度者占16.89%，大专及以上文化程度者占25.03%。京津冀地区人口受教育程度高于全国平均水平，2022年全国6岁及以上人口中，高中文化程度者占16.35%，大专及以上文化程度者占19.47%。京津冀地区人口的受教育程度也高于长三角地区平均水平，2022年长三角地区6岁及以上人口中，初中、高中、大专及以上文化程度者的比重均低于京津冀地区的相应比重，分别为32.15%、16.32%和23.07%；长三角地区小学文化程度和未上过学的人口比重则高于京津冀地区的相应比重，分别为24.47%和3.99%。与广东省比较发现，广东省大专及以上文化程度人口比重低于京津冀地区，为21.07%，但是，广东省高中文化程度人口比重高于京津冀地区，为19.92%。此外，广东省小学文化程度和未上过学的人口比重同样高于京津冀地区，分别为22.31%和2.53%。

## （二）京津冀地区人口素质呈梯度差异

在京津冀地区内部，北京、天津、河北人口受教育程度呈梯度差异，从2022年大专及以上文化程度者在6岁及以上人口中所占的比重来看，北京高达50.33%，远高于天津的32.82%和河北的16.08%，天津虽远低于北京，但仍远超全国平均水平，位居全国第三。但是，河北大专及以上文化程度者的比重却低于全国平均水平。在北京，大专及以上文化程度者占比最高；其次是初中文化程度者，占20.60%；高中文化程度者占16.90%；小学文化程度者占 10.84%；未上过学的人口占 1.32%。在天津，尽管不同受教育程度者的比重与北京有较大差异，但分布和北京一致，占比最高的也是大专及以上文化程度者；其次是初中文化程度者，占 31.49%；高中文化程度者占 17.86%；小学文化程度者占 16.05%；未上过学的人口占 1.79%。河北不同受教育程度人口的分布不同于北京和天津，在 6 岁及以上人口中，初中文化程度者占比最高，为 39.46%；其次是小学文化程度者，占 24.94%；高中文化程度者占 16.71%；大专及以上文化程度者占 16.08%；未上过学的人口占 2.81%。

对比 2014 年人口受教育程度可以发现，尽管在京津冀地区内部，河北人口的受教育程度不及北京和天津，但是在全国进行排名可以发现，河北人口受教育程度较 2014 年有较大提升。对 2014 年各地大专及以上文化程度者在 6 岁及以上人口中所占的比重进行排序发现，河北仅高于西藏和云南，为 7.94%，远低于 11.53% 的全国平均水平；同期，北京位居第一，为 38.15%；天津位居第三，为 22.13%。

## 五　京津冀地区人口空间协同情况

### （一）2016年起三地人口分布发生变化

2004~2022 年京津冀人口比重变动情况见图 6。由图 6 可知，2004 年以来，京津冀地区人口分布整体呈现从人口向京津持续集中转为人口开始向河北扩散的现象，这种现象以 2016 年为转折点。2004~2015 年，北京和天津人口在京津冀地区总人口中所占的比重都呈持续上升态势，相应地，河北人口在京津冀地区总人口中所占的比重呈持续下降态势。自 2016 年开始，这种趋势发生了逆转，2016~2022 年，河北人口在京津冀地区总人口中所占的比重持续上升，天津人口在京津冀地区总人口中所占的比重持续下降，而北京人口在京津冀地区总人口中所占的比重则基本稳定。

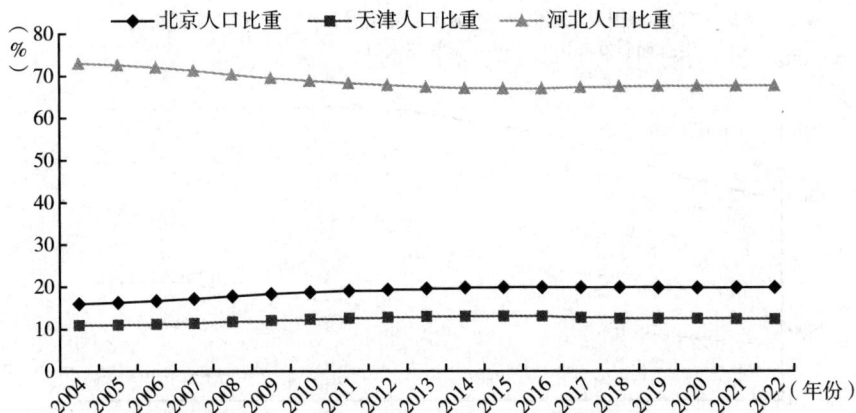

**图6 2004~2022年京津冀人口比重变动情况**

资料来源：国家统计局。

　　具体来看，河北人口在京津冀地区总人口中所占的比重由2004年的73.01%逐年下降至2015年的66.94%，2016年上升至66.97%，并于2022年升至67.66%，基本回到2012年的水平。天津人口在京津冀地区总人口中所占的比重从2004年的10.98%持续上升至2015年的13.12%，2016年下降为13.10%，此后继续下降，2022年为12.43%，基本与2010年的水平持平。北京人口在京津冀地区总人口中所占的比重从2004年的16.01%持续上升至2015年的19.94%，2016年下降至19.93%，2017年继续降至19.92%，2018年升至19.93%，2019年降至19.87%，2020年继续降至19.83%，2021年和2022年持续上升，2022年升至19.91%。整体来看，2015年后，北京人口在京津冀地区总人口中所占的比重基本呈稳定态势。

## （二）北京人口空间分布变动趋势：城市化—郊区化—趋于稳定

　　对北京人口空间分布变动趋势进行分析发现，北京人口分布经历了城市化—郊区化—趋于稳定的趋势。图7展示了2005~2022年北京市各功能区常住人口变动趋势。

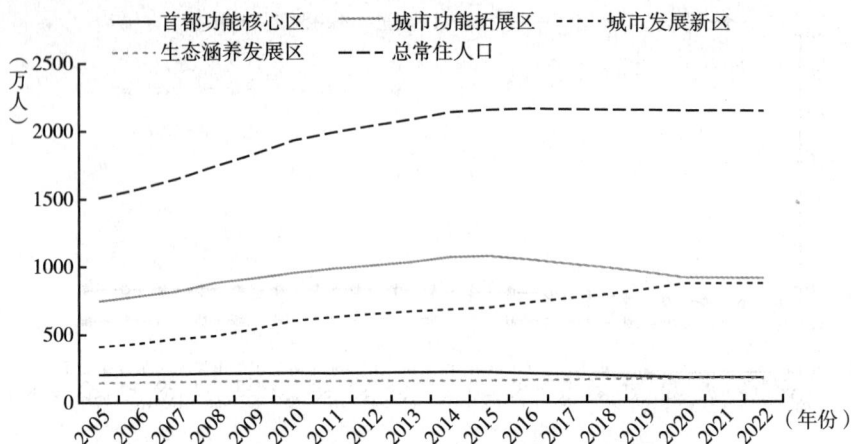

**图7 2005~2022年北京市各功能区常住人口变动趋势**

资料来源：相关年份《北京统计年鉴》《北京区域统计年鉴》。

如图7所示，2005~2015年，北京常住人口呈现增长趋势，2015年之后，北京常住人口基本稳定在2150.0万人左右。从各功能区常住人口变化来看，城市功能拓展区常住人口于2015年达到峰值1076.4万人之后开始呈现下降趋势，2020年城市功能拓展区常住人口为917.0万人，2020年之后城市功能拓展区常住人口基本稳定在916.0万人左右。城市发展新区常住人口在2005~2022年一直处于增长状态，2015年之前增长速度相对较慢，常住人口从2005年的411.6万人增长到2015年的699.1万人，10年间增加了287.5万人。2015~2020年，城市发展新区常住人口增长速度较快，从2015年的699.1万人增长到2020年的874.0万人，5年间增加了174.9万人，2020年之后城市发展新区的常住人口基本稳定在874.0万人左右。首都功能核心区常住人口在2005~2014年处于增长趋势，2014年之后一直下降，从2014年的222.4万人下降到2022年的180.4万人，8年间减少了42.0万人。

进一步对北京市各区常住人口变化情况进行分析发现，朝阳区、海淀区、丰台区常住人口在2005~2015年处于增长趋势，2015年之后开始下降，到2020年趋于稳定。大兴区和昌平区常住人口一直处于增长状态，2008~2010 年出现增长高峰，之后增长较为稳定。通州区、顺义区常住人口在 2015~2020 年出现增长高峰。东城区和西城区常住人口于 2015 年开始呈现下降趋势。以上各区常住人口的变化体现出北京市城市化—郊区化的发展趋势，与郊区轨道交通建设、"疏整促"政策以及新城发展政策紧密相关。此外，人口的空间分布同公共服务资源配置之间的密切关系值得特别关注。近年来，尽管教育和医疗公共资源在城市发展新区明显扩充，但是公共服务仍集聚于东城区、西城区、朝阳区、海淀区的现象未得到显著改变。根据不同区域年龄结构数据分析结果发现，教育和医疗资源更加集聚的首都功能核心区，其少儿人口和老年人口的集聚程度也远远高于其他功能区。未来以更大力度提升京津冀区域内经济和公共服务"双轮驱动力"，推动京津冀人口实现长期、动态均衡非常重要。

## 六 京津冀人口经济活力协同情况

### （一）津冀人口经济活力提升空间大

对京津冀地区人口经济活力进行分析发现，京津冀地区人口经济系数长期低于广东省和长三角地区，人口经济活力提升空间大。人口经济系数是相应时间某地区 GDP 占全国 GDP 的比重同该地区人口占全国总人口的比重的比值，可以用来衡量相应时间该地区的人口经济活力。该数值等于 1，说明相应时间该地区人口经济活力与全国平均水平持平；大于 1，说明该地区经济活力高于全国平均水平；小于 1，说明该地区经济活力低于全国平均水平。2000~2022 年京津冀、广东省、长三角地区人口经济系数变动情况见图 8。

由图 8 可知，2022 年，京津冀地区人口经济系数为 1.07，低于广东省 1.19 的水平，更低于长三角地区 1.44 的水平。从时间趋势来看，京津冀地区人口经济系数从 2000 年的 1.31（高于全国平均水平）降至 2015 年的 0.83（低于全国平均水平），2020 年和 2022 年又重新略高于全国平均水平，分别为 1.09 和 1.07。广东省和长三角地区的人口经济系数则一直大于 1，说明它们的人口经济活力一直高于全国平均水平。

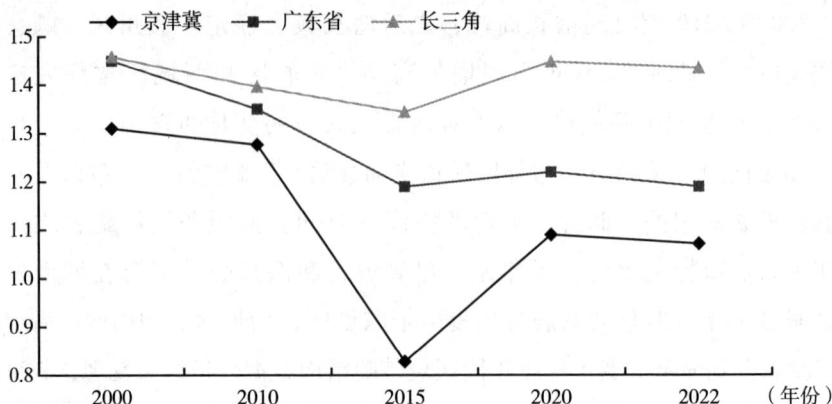

**图8 2000~2022年京津冀、广东省、长三角地区人口经济系数变动情况**

资料来源：《中国统计年鉴2023》、国家统计局相关年份数据。

## （二）京津冀人口经济活力的非协同性增强

2000~2022年京津冀人口经济系数变动情况见表1。由表1可知，2016年以来，随着天津人口占京津冀地区总人口的比重不断下降，其人口经济系数也不断下降。河北人口在京津冀地区总人口中所占比重的上升，没有带来人口经济系数的提高。同时，自2000年以来，天津与河北的人口经济活力同北京人口经济活力之间的差距不仅没有缩小，反而出现了扩大的趋势。换言之，北京、天津、河北人口经济活力的非协同性在增强。

**表1 2000~2022年京津冀人口经济系数变动情况**

| 地区 | 2000年 | 2010年 | 2015年 | 2020年 | 2022年 |
|------|--------|--------|--------|--------|--------|
| 北京 | 2.33 | 2.21 | 2.01 | 2.30 | 2.23 |
| 天津 | 2.13 | 2.18 | 2.20 | 1.42 | 1.40 |
| 河北 | 0.98 | 0.87 | 0.78 | 0.68 | 0.67 |

资料来源：《中国统计年鉴2023》、国家统计局相关年份数据。

# 七　依托京津冀人口协同发展增强首都发展活力的对策建议

人口作为基础性、战略性变量，对地区发展活力提升具有很大的战略支撑作用。人口协同发展是区域协同发展战略的重要组成部分，通过空间拓展实现时间延伸，在更大的空间内稳定人口规模、优化人口结构、提升人口素质、均衡人口分布，可以更好地应对地区人口问题，化解地区人口风险，更好实现人口与经济社会和资源环境之间的均衡发展，增强区域整体竞争力和吸引力，提升地区发展活力。立足增强首都发展活力，仍需以更大力度推动京津冀人口协同发展。

## （一）进一步提升京津冀地区人口规划管理水平，增强人口规划引领力和管理驱动力

从上文对人口规模、结构、分布、素质、经济活力的分析中可以发现，当前京津冀人口协同发展水平有待进一步提升，主要体现为人口、公共服务、产业、资源环境的协同联动机制不完善，三地之间的发展落差过大，错位发展、良性竞争不足，地区整体发展竞争力有待大幅提高，京津冀人口协同发展对首都发展活力提升的支撑力仍需进一步提升。根据人口集聚规律，产业创新和集聚能力、公共服务供给能力更强的区域，对人口的吸引力也更强，区域发展竞争力也更强。然而，人口的过度集聚则会带来"大城市病"，造成区域间人口集聚的梯度效应，降低资源配置效率。提升相邻区域的发展能力，承接核心地区的人口和产业溢出是应对这种风险的重要途径，综观国际大都市，都市圈的形成为核心城市竞争力的提升提供了有力支撑。北京坚持功能重组和疏解转移，推动创新链产业链深度融合、公共服务一体化建设、生态文明协同治理，成为全国第一个实现了减量发展的城市，首都都市圈初步形成，首都发展活力进一步提升。

伴随疏解难度的进一步增加，未来需要继续立足首都功能定位及各地发

展特征，立足京津冀地区整体竞争力提升目标，进一步打破三地行政壁垒，制定更加系统、细致的人口、产业、公共服务、资源环境联动疏解承接目标、路径、机制，绘制更加细致的任务清单和施工图，建立三地联动统一的人口服务管理体系，加强人口数据收集、整理、存储、提取、使用标准化建设，依托大数据技术强化人口流动监测，加强京津冀地区人口同其他经济社会发展子系统联动监测预警机制建设，创新人口监测、预警研究方法，强化人口发展战略研究，推进人口更加合理、有序流动，提升河北的人口承载水平，推进北京中心城区人口降密度、优结构，持续优化首都功能，提升首都发展活力。

### （二）在张弛有度调节人口规模和分布中增强首都发展活力

回顾国内国际人口发展历史可以发现，人口规模不仅影响着消费市场规模，也影响着创新能力和水平。京津冀地区人口规模整体转向，给京津冀地区发展活力提升带来挑战，在全国人口负增长的背景下，未来需要下大力气同时激发人口增长的内生动力和外生动力，维持地区人口规模长期稳定，激发持久发展活力。

一方面，河北作为北京主要的常住外来人口来源地，其人口规模对北京人口规模和分布具有重要的调节作用；另一方面，伴随京津冀协同发展战略的不断推进，河北经济社会高质量发展为人口的适度、合理集聚提供了可行路径，将提升地区整体的人口吸引力，有利于首都在更高水平上吸引、集聚人口，从而有助于进一步激发首都创新活力、高水平打造国际一流和谐宜居之都，形成人口发展—首都发展的良性循环。人口增长内生动力的激发需要立足京津冀人口特征和发展趋势，充分关注全国人口特征、规律和变动趋势，打造生育友好型社会。建设生育友好型社会的基础是要在三地开展更加科学、细致的婚育现状和需求调查，提供更有针对性的婚姻、生育、养育、教育友好政策，结合各地特点，进一步落实住房、托育、教育、假期、税收、补贴、人才、劳动保护等工作，提升家庭支付能力和水平，促进家庭发展。通过生育友好型社会的建设，降低年轻人家庭发展成本，进一步提升年轻人口集聚水平，稳定京津冀地区人口自然增长水平，激发京津冀人口增长的持久内生动力。

除内生动力外，在国内国际人口竞争日趋激烈的背景下，需要从落户、就业、公共服务、生态环境等方面进一步提升京津冀地区的人口吸引力，推进教育、医疗、养老等关键领域公共服务一体化建设，充分使用先进技术，高水平、立体化建设京津冀交通体系，将河北、天津与北京的地缘优势转化为京津冀生产要素自由联通、有序流动的动力，增强地区人口增长外生动力。伴随人口自由流动机制的不断完善，各类人口在京津冀区域内部流动的阻力将不断降低，人口的分布也将更加均衡。此外，当前河北城镇化水平相对较低，未来需继续畅通城乡循环，加大对人才、资金、信息、技术等要素的支持力度，推动优质公共服务向农村延伸，强化乡村人才建设，切实提升乡村人口素质，建设现代化乡村，在应对人口近期困境和防范人口远期风险中寻得平衡，不断增强首都发展活力。

### （三）在平衡人的生产性和消费性中增强首都发展活力

人既是生产者，也是消费者。当前，京津冀地区"老龄少子"现象给传统经济社会发展模式带来了挑战，需要更好平衡人的生产性和消费性。从前文对人口经济活力的测算来看，京津冀人口经济系数低于长三角地区和广东省，北京、天津、河北人口经济活力的非协同性在增强，这显然与加快构建现代化都市圈的需求不相适应。结合劳动力供给风险增加的形势，需要从以下两个方面入手防范和化解劳动力供给风险，提升首都人口经济活力和老龄化社会消费水平，从而提升首都发展活力。

一方面，基于人是生产者的视角，防范和化解劳动力供给风险，提升劳动力供给能力和水平，提升人口经济活力。首先，结合北京高水平人才高地建设和京津冀国际人才形势，以及人才需求的多样性，充分发挥京津冀的空间多样性优势，吸引更多国际一流人才，打造京津冀人才跨地区引进、流动、使用的立体化协同机制和柔性协同机制，常态化探索"假期工程师"和"假期科学家"制度，更好满足人才建功立业的需求，同时提升发展水平和能力。在发挥北京人才、管理、研发、技术等优势的同时，进一步提升首都发展活力。针对大学毕业生难就业、慢就业问题，需要深入研究产业发展和大学生就业规律，强化"育用一体"的教育模式，将职业规划教育前置至高中阶段，让学生能够根据自身特点和优势清晰定位未来发展方向，大学阶段增加模拟就业课程和实习实训类课程，鼓励更多学校、专业开展"订单式"培养，减少大学生在校低效率"内卷"现象，鼓励学生更多提升职业思维能力和创新水平，适应社会发展需要，留在京津冀都市圈，在北京以外的更大空间内找到职业发展方向。其次，针对中年人职业焦虑问题，需要制定更加清晰的劳动保护制度，同时引导中年人树立终身教育理念，不断提升自己，紧跟时代发展步伐，充分发挥自身职业特长，及时结合自身特点调整职业发展路径，将自己积累的技能和经验应用到京津冀都市圈建设中。再次，针对老龄化程度不断加深、老年人口就业需求不断扩大的社会现实，有必要鼓励有意愿、有能力的老年人继续留在工作岗位贡献力量；通过整合高校、老年大学、用人单位等资源，开展有针对性的老年教育，为老年人继续参与职场赋能；打造更多适合老年人身心特征的工作场景，满足老年人弹性就业需求；建设京津冀一体化老年人力资源服务网络，实时发布、对接老年人就业职位和人员需求，让有意愿的老年人能够根据自身特点和需求在京津冀区域内更加广泛就业。

另一方面，基于人是消费者的视角，提升消费驱动力。消费是地区经济发展的重要驱动力。结合当前人口形势，在京津冀协同发展背景下，京津冀将会吸引更多不同类型消费人口跨区消费，将更具时代性、国际性、文化性、交往性的高品质产品和服务提供给更多的消费者，更好发挥消费对提升首都发展活力的重要作用。针对人口年龄结构不断年老化的特点，结合老年人口消费特征和需求，未来需打造更多适合老年人的消费场景，细分老年市场，精准满足老年人口多层次多样化消费需求，激发银发经济发展活力。京津冀人口协同发展为银发经济高质量发展注入了更强的动力，异地养老、旅居康养、静心疗愈等个性化养老需求，单靠北京显然难以完全满足，河北的自然资源优势更加突出，应将河北的资源优势和北京的产业优势更好地结合，满足老年人口消费需求，进一步提升人口消费活力。

## （四）在耦合均衡中增强首都发展活力

实现产业结构和人口素质的协同联动，避免人力资源失配错配，可以最大限度地发挥人口素质提升的优势。当前，京津冀地区人口及产业结构整体得到优化，但是区域差异较大，河北和天津还存在较大升级潜力，就业人口在三地的均衡分布受到行业互补和行业竞争的双重影响。京津冀需进一步明确各自资源、产业优势，细化产业目录清单，形成互补增益、竞争有序的产业协作关系，进一步补链强链，避免重复建设和资源浪费，推动京津冀地区上下游主体深度合作，深化产业链合作，强化创新共同体建设，推动科技研发和成果转化，提升京津冀产业整体竞争力。京津冀地区产业链的深度协同、完善，将为北京高精尖产业体系的发展提供成本更低、便利化程度更高的支持，北京在高质量打造高精尖产业体系方面显然具有较大的科技研发和金融服务优势，但是要推动高精尖产业体系的建设，充分发挥天津在高端制造方面的优势显然必不可少，也离不开河北现代商贸物流基地建设的支持。同时，河北凭借在土地、人力等要素成本上的优势，将容纳更多层次、更加多样的市场主体参与竞争，推动持续创新，而这个过程也是产业结构不断优化升级的过程。伴随产业结构的不断优化升级，人力资本配置将进一步优化，人口素质也将持续提升。通过产业升级和人口素质提升的联动，推动地区产业发展不断实现更加智能、更加高端、更加绿色、更高水平的均衡，再以产业高水平均衡不断推动地区人口素质提升和结构均衡，持续优化京津冀地区人口及产业结构，提升京津冀地区整体发展活力，逐步实现人才、资本、基础设施互联互通，不断拓展首都产业发展空间，增强首都发展活力。

**参考文献**

黎娟娟、黎文华：《后物质主义价值观视角下的大学生慢就业——基于北京某高校的质性研究》，《中国青年研究》2023年第5期。

童玉芬、刘志丽：《京津冀城市群双核心结构下的城市最优人口分布》，《北京社会科学》2023 年第 2 期。

尹德挺、赵政、史毅：《有序的非平衡：京津冀城市群人口系统自组织协同的演化过程——基于历次人口普查数据的分析》，《北京联合大学学报》（人文社会科学版）2023 年第 6 期。

# 专题报告

## B.8
## 北京市生育友好型社会建设中的
## 制度障碍与破解思路

马小红 陈知知[*]

**摘 要：** 我国已进入超低生育水平国家行列，北京作为我国超大城市之一，生育率持续走低且低于全国平均水平，亟待完善生育支持政策措施，构建生育友好型社会。在中国家庭结构、婚育观念转变的背景下，需要逐步完善多主体参与、多种福利供给的综合性生育支持体系。本报告通过梳理北京市生育支持政策，基于国际比较的视角，提出北京市生育支持政策存在以下不足：产假延长增加女性职业机会成本；政策制定家庭化与去家庭化难以平衡；生育支持措施对生育间接成本关注不足；女性生育权益保护存在体制差异；法规之间衔接不畅，存在政策空白。在此基础上，本报告提出以下对策建议：强化政府主体责任和顶层设计，健全法律法规体系；开展全生命历程

---

* 马小红，博士，中共北京市委党校（北京行政学院）北京市情研究中心主任、北京人口与社会
发展研究中心教授，主要研究方向为人口与社会发展、北京人口；陈知知，中共北京市委党校
（北京行政学院）社会学教研部（北京市人口研究所）硕士研究生，主要研究方向为人口发展。

的生育支持；营造婚育友好的文化氛围，重塑适龄婚育观。

**关键词：** 生育友好型社会　生育支持政策　北京

随着总和生育率持续走低、老龄化程度日趋加深，我国人口政策逐步从控制生育向鼓励和支持生育转型。2016 年，我国"二孩"生育政策出台。2017 年初，国家卫生计生委召开全国计划生育工作会议，提出构建生育友好型社会的目标。2021 年 7 月 20 日，《中共中央、国务院关于优化生育政策促进人口长期均衡发展的决定》正式印发，提出"实施一对夫妻可以生育三个子女政策"。然而，生育决策和生育行为受到多种因素的影响，政策"允许生"并不意味着人们"愿意生"。随着"三孩"生育政策的实施，各地相继出台积极生育支持措施，但鼓励生育的效果并不显著。从长期看，我国生育水平下行压力持续增大，生育一代的经济压力过大，婚育观和家庭观的变化以及生育孩子的效益下降等都在一定程度上降低了人们的生育意愿，我国在未来保持适度生育水平存在很大的挑战。2024 年 7 月，党的二十届三中全会明确指出，完善生育支持政策体系和激励机制，推动建设生育友好型社会。

"生育友好"概念可以从"生育"和"友好"两个角度理解。"生育"一词由来已久。《管子·形势解》说，"道者，扶持众物，使得生育，而各终其性命者也"。① 也就是说，世间万物都需要依靠生育以保存和延续物种。生育包含生（分娩）、育（泛指养育与教育）两个过程。生育友好型社会指的是社会为满足生育主体的生育需求而营造一个友善、安全、舒适的环境，使生育主体在其所生活的社会环境中得到尊重。② 友好是一种社会文化，它

---

① 杨菊华：《生育支持与生育支持政策：基本意涵与未来取向》，《山东社会科学》2019 年第 10 期。

② 石人炳：《生育友好型社会：概念、目标和举措》，《中国人口报》2017 年 7 月 26 日，第 3 版。

涉及家庭、社区、政府、企业和志愿组织等多元主体的协同行动，将生育责任和生育支持社会化，减轻生育主体及其家庭生育、养育和教育孩子的负担。

生育友好是社会保障的重要内容。改革开放后，我国提出了"社会保障社会化"的改革方向，反对政府包揽一切福利，强调非政府角色的责任分担机制，[①] 这与欧洲福利多元主义的政策理念不谋而合。福利多元主义强调福利供给主体的多元化，生育友好型社会强调多元主体对妇女生育行为的责任共担，两种政策理念具有共通之处。

鲁兹（Lutz）等提出低生育率陷阱理论，认为当总和生育率下降到1.5以后，会如同掉入陷阱般进行自我强化，扭转生育率下降的趋势将变得极其困难。[②] 国际上把总和生育率低于2.1称为低生育水平，低于1.5为超低生育水平，低于1.3为极低生育水平。[③] 2022年我国总和生育率为1.3，表明我国进入了极低生育水平国家的行列。北京市总和生育率仅为0.87，显著低于全国平均水平。数据显示，随着生育支持政策逐步放宽，北京市人口出生率呈短暂的上升趋势，2014年人口出生率为9.69‰，2016年为9.23‰，但2016年后持续下降。2023年，北京常住人口自然增长率为-0.5‰，常住人口出生率仅为5.63‰。[④] 北京市作为我国超大城市的代表，经济与社会发展水平位于全国前列，但生育率走低、人口老龄化加剧的形势不容忽视。老龄化、少子化加重了社会抚养负担，在此背景下，生育友好型社会的建设具有紧迫性。

本报告在梳理国内外相关政策和研究的基础上，对北京市生育支持政策进行了梳理，采用结构化问卷，对北京市卫生健康委员会、北京市发展和改

---

① 林闽钢：《福利多元主义的兴起及其政策实践》，《社会》2002年第7期。
② W. Lutz, V. Skirbekk and M. R. Testa, "The Low-fertility Trap Hypothesis: Forces that May Lead to Further Postponement and Fewer Births in Europe," *Vienna Yearbook of Population Research* 4 (2006).
③ 马小红、李家琳、王晨方：《低生育背景下北京生育友好型社会构建研究》，《新视野》2020年第4期。
④ 资料来源：《北京统计年鉴2023》。

革委员会等 10 个政府部门和 10 个社区的 30 名育龄妇女（包括户籍人口和流动人口）进行了集体访谈，分析北京市生育支持政策的制度障碍，并提出破解制度障碍的思路。

# 一 北京市生育支持政策梳理

当前，我国对生育的鼓励措施是全方位的，国家和各省市在个人、家庭、社会层面制定了鼓励生育的政策，并采取立法、宣传等手段来推行这些政策。本报告围绕母亲、儿童、家庭、企业 4 个主体对北京市生育支持政策进行分类梳理。

## （一）与母亲相关的政策

### 1. 生育保险

生育保险是国家通过立法，在职业妇女因生育子女而暂时中断劳动时，由国家和社会及时给予生活保障和物质帮助的一项社会保险制度。生育保险基金支付范围包含以下内容。一是生育津贴，按照女职工本人生育当月的缴费基数除以 30 再乘以产假天数计算。生育津贴为女职工产假期间的工资，生育津贴低于本人工资标准的，差额部分由企业补足。二是生育医疗费用，包括女职工因怀孕、生育发生的医疗检查费、接生费、手术费、住院费和药品费。三是计划生育手术医疗费用，包括职工因计划生育实施放置（取出）宫内节育器、流产术、引产术、绝育及复通手术所发生的医疗费用。四是国家和本市规定的其他费用。发放生育津贴的目的在于以经济奖励的方式鼓励生育子女。北京市对生育津贴的计算方式做出明确规定：生育津贴等于用人单位月人均缴费基数除以 30 天再乘以产假天数。

### 2. 母婴设施

建设生育友好型社会、儿童友好型城市，体现"友好"的一个个落点就在公共服务、城市建设的细节中。母婴设施能满足婴幼儿家庭在外的护理照料、哺乳集乳等需求，让母婴外出更便利、更舒心。2023 年 3 月，北京市卫生健康委员会等 14 部门联合印发《北京市母乳喂养促进行动计划实施方案》，提出扩大母婴设施的覆盖范围，推进车站、商场、医疗机构、景区等公共场所母婴设施建设；提高女性职工较多的用人单位的哺乳室配备率。北京市 2050 年的目标是母婴家庭母乳喂养核心知识知晓率达到 70% 以上，公共场所母婴设施配置率达到 80% 以上，应配备母婴设施的用人单位基本建成标准化的母婴设施。

### （二）与儿童相关的政策

#### 1. 普惠性托育

国家卫生健康委员会调查显示，阻碍生育的首要因素是婴幼儿无人照料，城市中有托育需求的家庭超过 1/3。2022 年 2 月，北京市人民政府印发《关于优化生育政策促进人口长期均衡发展的实施方案》，提出加大普惠托育机构财政支持力度，建设与常住人口规模相适应的婴幼儿配套服务设施。支持社会提供多元化的普惠性托育服务，鼓励有条件的幼儿园开设专门托班招收 2~3 岁的幼儿，分担来自家庭的抚幼责任。"十四五"时期，各个区均设立不少于一个综合性婴幼儿照护服务指导中心，承担辖区托育机构指导等服务。在社区建设方面，应加强社区托育服务设施建设，打造"一刻钟"托育服务圈，将托育服务设施纳入本市居住公共服务设施配置指标。

#### 2. 生育、养育、教育成本

生育、养育、教育成本社会共担，目的在于使子女抚养及教育成本外部化，减轻家庭负担，消除育龄群体因育儿成本太高而产生的后顾之忧。例如，住房是育龄人群面临婚育选择时考虑的重要因素。目前，市场上的"炒房热""天价学区房"等现象使得适龄男女的结婚成本、育儿成本居高不下。此外，受传统文化的影响，我国多数老年人会用自己的积蓄资助子女购房，以实现财富的代际转移，但这样的投资心理与行为又在无形中提高了购房价格，加剧了市场竞争。为此，北京市人民政府印发的《关于优化生育政策促进人口长期均衡发展的实施方案》提出"未成年子女数量较多的家庭申请公共租赁住房的，可以纳入优先配租范围"。该方案还强调通过

"健全假期用工成本分担机制""1.3 米以下儿童乘坐公交、地铁享受免票优惠""参保女职工生育医疗费用按规定纳入生育保险待遇支付范围"等支持措施,降低生育、养育和教育子女的成本。

### 3. 教育公平与优质教育资源供给

促进教育公平、加强优质教育资源供给,有利于引导教育系统向良性发展,防止教育"内卷",缓解育龄人群的育儿焦虑。2022 年 2 月,北京市人民政府提出"推进教育公平与优质教育资源供给"是优化生育政策、促进人口长期均衡发展的重要举措。应进一步推进义务教育优质均衡发展,进一步改善中小学的办学条件。在空间布局上,支持城市副中心、回天地区、新首钢等重点区域优化中小学校布局。进一步完善和推进学前教育,可通过适当延长在园时长等措施,不断满足家庭对普惠性托育的需求。为促进教育公平、防止资本对基础教育体系的入侵,应规范学科类校外培训机构培训行为、民办教育培训机构办学标准,将学生参加课外班的培训频次、学费缴纳等情况纳入学校督导工作内容,切实预防资金风险。

### (三)与家庭相关的政策

#### 1. 税收与住房

生育津贴出于对女职工劳动权益的保护,免征个人所得税,旨在减轻女职工因生育子女产生的经济压力。2008 年 3 月,《财政部、国家税务总局关于生育津贴和生育医疗费有关个人所得税政策的通知》规定,生育妇女按照县级以上人民政府根据国家有关规定制定的生育保险办法,取得的生育津贴或其他属于生育保险性质的津贴、补贴,免征个人所得税。个人所得税中的子女教育专项附加扣除政策最早出台于 2018 年,国务院印发了《个人所得税专项附加扣除暂行办法》,这个暂行办法中包含了子女教育、继续教育、大病医疗、住房贷款利息或者住房租金、赡养老人等专项附加扣除。国务院于 2023 年 8 月 31 日发布了《关于提高个人所得税有关专项附加扣除标准的通知》,规定自 2023 年 1 月 1 日起,子女教育专项附加扣除标准由每个子女每月 1000 元提高到 2000 元。

住房政策向多子女家庭倾斜，旨在缓解多子女家庭的住房压力，减轻住房成本与负担，有利于刺激生育行为。2022 年 2 月，中共北京市委、北京市人民政府印发的《关于优化生育政策促进人口长期均衡发展的实施方案》规定了针对多子女家庭的住房政策，为未成年子女数较多的家庭提供户型选择方面的适当照顾，保障其优先配租公共租赁住房的权利。

2. 特殊类型家庭照顾

制定生育支持政策还需考虑特殊类型家庭可能面临的风险。第一，计划生育家庭的养老需求得不到有效满足，空巢和独居老人现象发生的可能性更大。因此，北京市人民政府印发的《关于优化生育政策促进人口长期均衡发展的实施方案》提出：针对"二孩"生育政策调整前的独生子女家庭，应设立独生子女父母护理假，有利于独生子女履行赡养义务；为符合条件的计划生育特殊家庭成员提供基本养老、基本医疗等方面的优待政策，如通过优先安排入住公办养老机构、提供无偿或低收费托养服务等措施，切实满足计划生育特殊家庭成员的养老需求。第二，受限于身体健康条件，生育障碍家庭成员的生育意愿难以实现。为此，2023 年 6 月，北京市医疗保障局、北京市人力资源和社会保障局出台《关于将 16 项治疗性辅助生殖技术项目纳入医保、工伤保险支付范围的通知》，规定将 16 项治疗性辅助生殖技术项目纳入北京市医保和工伤保险支付范围，治疗性辅助生殖技术包含促排卵检查、胚胎单基因病诊断、经阴道穿刺采卵术、精子优选处理等项目。符合开展人类辅助生殖技术批准条件的各定点医疗机构要严格按照标准做好报销费用工作。

（四）与企业相关的政策

1. 生育津贴

发放生育津贴的目的在于鼓励女性生育子女，减轻由生育产生的经济负担。《北京市企业职工生育保险规定》指出，生育津贴应按照女职工本人生育当月的缴费基数除以 30 再乘以产假天数计算。生育津贴为女职工产假期间的工资，当生育津贴低于本人工资标准时，差额部分应由企业补足。

### 2. 假期福利

为女性提供育儿假和产假，旨在使女性拥有更多的时间和精力生育、抚养孩子，减轻其工作压力和精神负担。2023 年 8 月 9 日，北京市人民代表大会常务委员会对生育假做出规定：女职工合法享受 98 天产假，产前可休假 15 天；女职工妊娠不满 16 周流产的，可享受 15 天产假；男方享受陪产假 15 天。为保障育龄夫妇的劳动权益，男女双方在休假期间，机关、企业单位和其他组织不得降低工资，不得将其辞退。在育儿假方面，在子女满 3 周岁前，夫妻每人每年可享受 5 个工作日的育儿假，夫妻双方享受的育儿假合计不超过 10 个工作日。

### 3. 劳动权益

保障女性的劳动权益，有利于提升其对生育行为的安全感，降低收入减少或中断带来的风险。对生育女性实施就业帮扶，有利于缓解其在家庭和职场二元对立中面临的角色冲突。2022 年 2 月，北京市人民政府做出规定：相关部门要加强对用人单位的监督和执法检查，依法查处侵犯女性职工生育、劳动保护、就业公平等合法权益的违法行为；用人单位在招聘过程中不得实施性别歧视相关行为；企业单位要健全女性职工权益保护的合同履约制度；鼓励用人单位与女职工依法协商确定弹性工作方式，在女职工哺乳期间，用人单位可通过采取缩短每日工作时长、弹性上下班等方式予以灵活安排，有利于女职工照料婴幼儿；用人单位不得为哺乳期女性职工安排夜班或增加劳动强度，不得降低其工资待遇或解除劳务合同，要依法保障女职工在哺乳期的劳动权益。

综上所述，北京市生育支持政策覆盖母亲、儿童、家庭、企业等多个相关生育主体，兼顾特殊类型家庭，在一定程度上保障了生育群体的生育权益。但是，现行政策仍存在制度障碍与局限性，不同政策之间可能存在矛盾与冲突，政策耦合性有待增强，制度障碍有待破解。

## 二 北京市生育支持政策存在的不足

### （一）产假延长增加女性职业机会成本

产假政策的初衷是促进女性产后身体恢复，保证女性有充足的时间为子女提供哺乳和陪伴等。西欧国家的经验表明，产假越长，对母亲产后精神健康越有利，能降低其年老抑郁的可能性。[①] 随着中国市场化程度的不断加深，各用人单位尤其是体制外单位出于对自身利益的考虑，可能没有严格执行现有产假政策，[②] 损害了女性休息休假的合法权益，增加了女性遗留疾病的风险。与部分西方发达国家相比，北京市的产假相对较短。以法国为例，育龄妇女生育第一胎可以享受 20 周的带薪休假，第二胎可以享受 40 周，育龄妇女父母也可以申请 6~12 个月不等的育儿假期，[③] 而北京现行政策规定夫妻双方享受的育儿假合计不超过 10 个工作日。

产假延长有利于女性的身体和精神健康，但实际上，产假政策也不可避免地为女性带来一些挑战，如女性因为生育可能面临工资降低、职业晋升受阻和被裁员等潜在风险，女性在事业上的机会成本会随着产假延长而增加。延长产假意味着女性与劳动力市场分离的时间变长，雇佣女性进一步促使企业的潜在成本上升，劳动力市场的性别歧视将进一步加剧，进而损害了女性在职场中的权益。因此，北京乃至我国在效仿西方国家延长产假时，要注意把握好延长的"度"，如何制定合理的产假制度，需要更多来自中国经验的数据支撑。

---

① M. Avendano, et. al, "The Long-run Effect of Maternity Leave Benefits on Mental Health: Evidence from European Countries," *Social Science & Medicine* 132 (2015).

② 孙文凯、张政、张海燕：《产假延长对女性收入的长期影响——基于断点回归设计的分析》，《世界经济文汇》2023 年第 1 期。

③ 李波平：《低生育率国家支持生育的家庭福利政策及其对中国的启示》，《湖北行政学院学报》2023 年第 1 期。

## （二）政策制定家庭化与去家庭化难以平衡

西方福利国家的家庭政策经历了家庭主义、去家庭化和再家庭化的发展脉络。① 西方的家庭政策实践于 19 世纪末出现，工业化发展和战争提升了国家对青壮年人口的需求，政府开始关注特殊贫困家庭特别是产妇，为其提供支持，目的是提高生育儿童的质量以满足对高质量人口的需要。二战后，发达国家普遍呈现大幅干预公民家庭生活的政策路径，此时政策不再聚焦对特殊贫困家庭的补救性帮助，取而代之的是普遍主义的福利供给，"从摇篮到坟墓"的公共服务不断完善，社会化福利代替了家庭保障功能，使家庭主义实现了去家庭化的转变。在"后福利国家时代"，各国的福利支出负担较重，由此限制了政府对家庭的干预，加之家庭功能改变带来的种种后果，政府开始重新审视家庭功能的重要性，相继出台再家庭化政策。

历次人口普查数据表明，我国的家庭规模发生显著变化。2000 年我国家庭户的平均人数为 3.46 人，2010 年下降到 3.09 人，"七普"时期又下降到 2.62 人。家庭结构小型化在一定程度上会导致养老风险增加、亲缘关系淡漠、社会凝聚力弱化、社会失范行为增加。因此，重塑家庭功能显得尤为重要。2022 年，北京市人民政府提出以"一老一小"为重点，建立健全覆盖全生命周期的人口服务体系，体现了人口政策的关注点向家庭单位转变。在强调家庭功能的同时，去家庭化的政策依然存在，如提倡建立社会化机构（托育、养老）替代家庭照料等。政策的去家庭化与再家庭化并非一种线性发展趋势，调查显示，由于托幼机构的盲目建设，再加上近年来出生率显著下降，北京多个区的托幼机构已从前几年的"一（托）位难求"转变为"一娃难求"。因此，要吸取西方社会的经验和教训，在家庭化和去家庭化政策之间找到平衡点，防止矫枉过正。

---

① 韩央迪：《家庭主义、去家庭化和再家庭化：福利国家家庭政策的发展脉络与政策意涵》，《南京师大学报》（社会科学版）2014 年第 6 期。

### （三）生育支持措施对生育间接成本关注不足

梳理北京市的生育支持政策可以发现，当前实行的生育支持政策往往聚焦经济措施，如生育津贴、税费减免、医疗费用报销、降低生育成本等，更多地考虑减少生育的直接成本，而对生育的间接成本考虑不足。生育成本包含机会成本、经济成本、时间成本、照料成本、心理成本几种类型。① 生育孩子后，女性需要花费大量的时间与精力照料子女，还可能受到职业发展受限、产后抑郁频发等因素的影响。从实际看，当前北京市的生育支持政策对间接成本的考虑不足。例如，缺乏对产后抑郁女性开展心理疏导的相关措施。又如，缺乏强有力的女性劳动权益保障措施，对处罚标准、维权途径、权力监督方的法律界定比较模糊，使女性在实际维权的过程中遇到困难。

### （四）女性生育权益保护存在体制差异

当前，我国颁布了《中华人民共和国劳动法》《中华人民共和国妇女权益保障法》《中华人民共和国人口与计划生育法》等法律条款，以保护女性的生育权益，北京市也出台了相关政策条例，这些法律条例为女性生育提供了可靠保障。但同时，我国仍缺乏有关就业歧视的严格明确的法律，导致女性遭遇就业歧视后依法维权的途径受限，其自身权益得不到有效保障。究其原因，部分市场主体缺乏社会责任感，企业为维持盈利不愿意承担高昂的生育成本。在产假政策方面，各地修订的人口与计划生育条例中，产假、配偶护理假成为普惠性规定，均在以前法定产假基础上有所延长。但是，实证数据表明，女性的生育假期存在单位性质差异。根据2017年全国生育意愿抽样调查的结果，2017年全国女职工产假平均天数为139.7天，而北京市女职工产假平均天数为133.6天，低于全国平均水平。在产假的职业差异方面，相比私营企业、外商合资企业和其他性质单位，中央党政机关就业人员

---

① 宋健、胡波：《中国育龄人群的生育动机与生育意愿》，《人口与经济》2022年第6期。

的平均产假天数明显更长（182.8 天）。[①] 从全国样本来看，调查显示，生育的女职工实际产假平均为 141 天，其中私营企业为 127 天。[②] 可见，私营企业女职工群体是生育支持政策需要关注的重点人群，应采取措施弱化体制差异对女性产假的影响。

### （五）法规之间衔接不畅，存在政策空白

目前的生育支持政策与《中华人民共和国人口与计划生育法》《女职工劳动保护特别规定》《中华人民共和国社会保险法》等相关政策法规不能有效衔接。比如，在落实延长产假待遇方面，2021 年修订的《北京市人口与计划生育条例》规定，女性可以休 158 天产假，而北京市生育津贴发放天数为 128 天，之间相差的 30 天没有明确支付主体。调查中，北京几个区的人社局都反映，延长后的产假、陪产假、育儿假的待遇支付问题，是新政实施以来百姓呼声最高、反映最强烈的热点问题。

## 三　完善北京市生育支持政策的对策建议

### （一）强化政府主体责任和顶层设计，健全法律法规体系

当前，北京市和我国的生育支持政策仍存在制度障碍与局限性，对生育间接成本、女性家庭与工作平衡、家庭支持功能的关注不足，非正规就业和全职育儿者的生育保险缺失等问题使女性的生育权益得不到全面有效的保障。因此，要强化顶层设计，健全支持保障制度，完善相关法律法规与配套措施。要注重协调不同生育支持政策，提升政策一致性，推进生育支持政策的有效落实。

---

① 马小红、李家琳、王晨方：《低生育背景下北京生育友好型社会构建研究》，《新视野》2020 年第 4 期。

② 贺丹等：《2006~2016 年中国生育状况报告——基于 2017 年全国生育状况抽样调查数据分析》，《人口研究》2018 年第 6 期。

营造支持性的政策环境，落实配套政策。如果忽视配套政策，则很难达到预期效果。综合性的一揽子政策包括：降低生育与养育孩子经济成本的政策，如生育津贴、税收减免等；保障女性再就业、促进性别平等的相关政策，如就业帮扶、反对性别歧视等，强调用人单位承担生育友好的社会责任；育儿社会化的政策，如发展普惠性机构，设立各种形式的专门招收3岁以下婴幼儿的托幼机构，减轻家庭的抚养负担；提供生殖健康相关服务的政策，保障生育妇女获得优质服务；家庭友好相关政策，聚焦生育支持的家庭功能，家庭成员之间应相互关爱，如提高男性家务劳动的参与率、隔代帮忙照料等；注重广泛的社会参与、部门配合，发挥非政府组织的独特作用，非政府组织作为连接政府与社会的纽带，可弥补政府在公共服务中的不足。

## （二）开展全生命历程的生育支持

生育和养育是个人生命历程的一个阶段，仅对已婚育龄人群进行生育支持政策设计是远远不够的。随着经济全球化和现代化进一步加速，企业的竞争压力仍然很大，就业不稳定，年轻人面临前所未有的风险和不确定性。从现实来看，青年在城市融入和个人发展方面遇到困难，就业质量得不到保障，"996族""月光族""房奴""车奴"成为常态，这会降低青年的生育意愿。城市生活的成本过高，补贴型生育支持政策的经济激励作用则不具有长期效应。因此，应将生育友好的目标与构建青年友好型、青年发展型城市联系起来，只有解决了青年群体的基本生存问题，才能更好地发挥青年群体的生育潜能。北京市作为我国超大城市的代表和高质量发展的引领者，应在青年保障领域做出表率。应立足高质量发展，建立青年发展型城市，为青年搭建立业舞台、提供环境友好的日常生活空间和实现全方位发展的社会空间，[①] 打造"宜人、宜居、宜业、宜育"的城市环境。同时，应将对隔代照料者的支持纳入政策范畴。文献研究和实地调研都显示，孩子照料问题

---

① 赵联飞：《高质量发展视野下的青年发展型城市建设研究》，《中国青年研究》2023年第10期。

是影响育龄人群生育积极性的重要因素，在社会化托育服务供不应求的背景下，隔代照料有利于缓解成年子女的育儿压力，老年人由被照顾者转变为照料者，也符合中国传统文化中"伦理本位"的角色期望。但是，照料者也需要被照料，老年人在照料孙辈中的劳动支付和精神抚慰在政策设计中关注甚少，应将他们纳入生育友好型社会制度设计中。

### （三）营造婚育友好的文化氛围，重塑适龄婚育观

北京市及全国人口普查数据表明，即使逐步放宽生育支持政策，实现生育率回归至适度水平的目标仍较遥远。新生代的生育意愿和生育行为受生育支持政策的影响逐渐减弱，一些生育支持政策对生育水平的刺激也呈边际递减状态。生育意愿低下的根本原因在于内生性因素驱动，而不是外部性的政策限制。① 第二次人口转变理论认为，家庭规模小型化、初婚和初育年龄的推迟、以同居代替结婚、个人主义流行、价值多元等是人口转变的新特征。② 当前传统婚育观式微，对于部分青年群体而言，婚姻和生育不再是必选项。青年群体更多从个体价值实现及自我成长的角度考虑生育行为，而非将生育视为必须履行的家庭义务。③ 因此，构建生育友好型社会、促进积极生育应以重塑青年的婚育观和人生观为着力点。

**参考文献**

马小红、李家琳、王晨方：《低生育背景下北京生育友好型社会构建研究》，《新视野》2020 年第 4 期。

《北京统计年鉴 2023》，北京市统计局网站，2024 年 6 月 20 日，https：//

---

① 穆光宗、林进龙：《论生育友好型社会——内生性低生育阶段的风险与治理》，《探索与争鸣》2021 年第 7 期。
② 蒋耒文：《"欧洲第二次人口转变"理论及其思考》，《人口研究》2002 年第 3 期。
③ 赵凤、陈李伟、桂勇：《青年群体生育意愿的十年变迁（2012~2021）——基于年龄、时期和世代分析》，《西北人口》2023 年第 2 期。

nj. tjj. beijing. gov. cn/nj/main/2023-tjnj/zk/e/indexch. htm。

《第七次全国人口普查主要数据情况》，国家统计局网站，2024 年 6 月 1 日，https：//www. stats. gov. cn/sj/zxfb/202302/t20230203_ 1901080. html。

杨菊华：《生育支持与生育支持政策：基本意涵与未来取向》，《山东社会科学》2019 第 10 期。

石人炳：《生育友好型社会：概念、目标和举措》，《中国人口报》2017 年 7 月 26 日。

林闽钢：《福利多元主义的兴起及其政策实践》，《社会》2002 年第 7 期。

孙文凯、张政、张海燕：《产假延长对女性收入的长期影响——基于断点回归设计的分析》，《世界经济文汇》2023 年第 1 期。

李波平：《低生育率国家支持生育的家庭福利政策及其对中国的启示》，《湖北行政学院学报》2023 年第 1 期。

韩央迪：《家庭主义、去家庭化和再家庭化：福利国家家庭政策的发展脉络与政策意涵》，《南京师大学报》（社会科学版）2014 年第 6 期。

宋健、胡波：《中国育龄人群的生育动机与生育意愿》，《人口与经济》2022 年第 6 期。

马春华：《瑞典和法国家庭政策的启示》，《妇女研究论丛》2016 年第 2 期。

贺丹等：《2006～2016 年中国生育状况报告——基于 2017 年全国生育状况抽样调查数据分析》，《人口研究》2018 年第 6 期。

李长安、杨贺：《全球青年失业问题及治理：对中国的启示》，《中国劳动》2022 年第 6 期。

赵联飞：《高质量发展视野下的青年发展型城市建设研究》，《中国青年研究》2023 第 10 期。

穆光宗、林进龙：《论生育友好型社会——内生性低生育阶段的风险与治理》，《探索与争鸣》2021 年第 7 期。

蒋耒文：《"欧洲第二次人口转变"理论及其思考》，《人口研究》2002 年第 3 期。

赵凤、陈李伟、桂勇：《青年群体生育意愿的十年变迁（2012～2021）——基于年龄、时期和世代分析》，《西北人口》2023 年第 2 期。

彭希哲、胡湛：《当代中国家庭变迁与家庭政策重构》，《中国社会科学》2015 年第 12 期。

W. Lutz, V. Skirbekk and M. R. Testa, "The Low-fertility Trap Hypothesis: Forces that May Lead to Further Postponement and Fewer Births in Europe," *Vienna Yearbook of Population Research* 4（2006）.

M. Avendano, et. al, "The Long-run Effect of Maternity Leave Benefits on Mental Health: Evidence from European Countries," *Social Science & Medicine* 132（2015）.

# B.9
# 北京市托育服务的供需分析与对策建议

胡玉萍　陈德云*

**摘　要：** 新中国成立以来，北京市托育服务政策大致经历了初建、转向和再建三个发展阶段。近年来，北京市密集出台了系列政策推动托育服务提质扩容，托育资源供给取得实质性成效，但仍存在入托需求大而送托行为少、托位总量不足与存量过剩、对托育质量的高期待与托育实际水平参差不齐等结构性矛盾。建议通过坚持普惠性公共服务发展路径、提升普惠托育服务资源的配置效率、统筹推进托幼一体化建设、逐步构建家庭支持政策体系等措施有效满足人民群众的托育需求，推动托育服务持续健康发展。

**关键词：** 托育服务　供需结构　普惠性　北京

幼有所育是人口高质量发展的重要基础。发展托育服务不仅关系民生福祉，更是人口高质量发展的重要内容。近年来，在我国出生人口规模持续下降的背景下，托育服务作为生育支持体系的重要组成部分受到国家的高度重视。习近平总书记强调，要高度重视解决好"一老一小"的问题，支持社会力量发展普惠托育服务。[①] 2023年5月，习近平总书记在主持召开二十届中央财经委员会第一次会议时再次强调，要建立健全生育支持政策体系，大

---

* 胡玉萍，博士，中共北京市委党校（北京行政学院）社会学教研部（北京市人口研究所）主任、教授、硕士研究生导师，主要研究方向为教育社会学、民生与社会建设；陈德云，中共北京市委党校（北京行政学院）社会学教研部（北京市人口研究所）硕士研究生，主要研究方向为社会政策。

[①]《要重视解决好"一老一小"问题》，中国政府网，2022年9月1日，https://www.gov.cn/xinwen/2022-09/01/content_5707911.htm。

力发展普惠托育服务体系，显著减轻家庭生育养育教育负担，推动建设生育友好型社会，促进人口长期均衡发展。① 在此背景下，国家陆续出台了一系列政策文件高位推动托育服务的发展。北京市作为首善之都，为促进托育服务的高质量发展，不断健全相关的政策法规和标准体系，努力满足人民对"幼有所育"的美好期盼。2023 年，《北京市托育服务体系建设三年行动方案（2023 年—2025 年）》发布，提出到 2025 年底每千人口拥有 3 岁以下婴幼儿托位数达 4.5 个的目标。目前，北京市的托育服务取得了一些积极进展，但同时面临一些亟待解决的问题。因此，梳理北京市托育服务政策发展历程，分析托育服务供需现状，持续优化托育服务供给，是建设首都普惠托育服务体系、促进托育服务持续健康发展的必然要求。

## 一 北京市托育服务政策的发展历程

在我国的治理情景中，地方政策的变迁内嵌于国家政策的发展框架之中，因此北京市托育政策的发展沿着国家政策变迁的轨迹展开，大致呈现相同的发展脉络。

### （一）政策初建期（1949~1977年）

新中国成立至 20 世纪 70 年代是我国托育事业的建构与发展期。总体来看，此阶段托育服务作为幼儿事业的一部分得到了党和政府的高度重视，呈现蓬勃发展的态势。由于新中国成立初期生产力还比较落后，通过提供托育服务从而让更多妇女参与生产建设便成为可取的方式，托育问题的解决是"解除广大职工和社员后顾之忧，调动他们大干社会主义积极性的一个重要方面"。这一时期托育服务的内容多出现在劳动保障政策中。在国家层面，1953 年《中华人民共和国劳动保险条例实施细则修正草案》第五十一条规定"实行劳动保险的企业的女工人女职员，有四周岁以内的子女二十人以上，工会

---

① 《习近平主持召开二十届中央财经委员会第一次会议》，中国政府网，2023 年 5 月 5 日，https://www.gov.cn/yaowen/2023-05/05/content_5754275.htm。

基层委员会与企业行政方面或资方协商单独或联合其他企业设立托儿所（如尚未具备设立托儿所条件，而有哺乳婴儿五个以上须设立哺乳室）"。此外，这一阶段还出台了《关于托儿所、幼儿园几个问题的联合通知》《关于工矿、企业自办中学、小学和幼儿园的规定》等相关政策文件。托育服务在多重推动下得以快速发展，"发展生产、大干社会主义事业"的目标是这一时期托育服务发展的直接动因，而"妇女解放"则作为此阶段的价值理性目标被加以倡导。《人民日报》的相关报道显示，到1954年底，全国仅厂矿企业就已经开设了4003个托儿所，1956年底全国城市各种托儿组织机构有26700多处，收托的儿童达到125万余名，比1949年增长了260倍。

在国家政策高强度的推动下，全国各地方的托育事业也如火如荼地展开，北京市亦如此。根据《人民日报》的报道，新中国成立初期，北京市公私托育园所共计40余处。为了更好地解放妇女劳动力、释放生产潜力，北京市贯彻"两条腿走路"的方针，通过充分组织和发动群众自办了各种类型的小型托儿所、幼儿园。截至1959年5月，在城区，群众自办的托儿组织已有1300多处，收托了7万多名儿童。郊区托育组织的发展同样迅猛，据不完全统计，1958年北京市全郊区共建立了6070个托儿所、队、组及邻里互助小组，收托了3万余名儿童，腾出大量妇女的时间参与生产建设。根据当时9个区的统计，在参与劳动的16.7万余名妇女中，育儿母亲占了一半左右。在新中国成立初期，托育作为集体主义事业受到党和国家的高度重视，得到了快速发展，为后续发展提供了制度基础和实践参考。

## （二）政策转向期（1978~2013年）

改革开放初期，托育事业经历了短暂的繁荣发展期。1979年，五届人大二次会议《政府工作报告》指出"要十分重视发展托儿所、幼儿园，加强幼儿教育"。同年，中共中央、国务院转发了教育部、卫生部、全国妇联等多部门联合出台的《全国托幼工作会议纪要》（以下简称《纪要》），《纪要》强调了托幼事业的重要性，就解决托儿所及幼儿园工作人员的工资、劳动保险、福利待遇等问题进行规定与说明。根据《纪要》精神，国家层面就托幼工作设立专项领导小组。北京市人民政府为了贯彻落实《纪要》的要求以及全国托幼工作会议的精神，于 1980 年 1 月 8 日召开了全市托幼工作会议，讨论了北京市托幼事业发展需要着重解决的问题，并指出要"千方百计解决职工、社员子女急需入托的问题"。会议还强调"力争在两年内发展一批托儿所、幼儿园，尤其要发展托儿所"。与国家的政策相呼应，北京市做了组织管理上的调整，在设立领导小组和办公室的同时，要求各区县建立相应的托幼工作领导小组和办事机构。20 世纪 80 年代，国家层面陆续出台了《托儿所、幼儿园卫生保健管理办法（草案）》《城市托儿所工作条例（试行草案）》《托儿所、幼儿园卫生保健制度》等系列政策。根据《人民日报》的报道，自全国托幼工作会议召开至 1980 年底，托幼工作取得较大进展，据 22 个省份的不完全统计，城乡各类托儿所、幼儿园已发展到超 98.8 万个，入托总数达到近 3500 万名，婴幼儿的入托率达 28.2%。

20 世纪 70 年代末托育事业的繁荣是短暂的。1982 年国务院机构改革时，将成立不到 3 年的托幼领导小组及其办事机构裁撤。随着国家经济体制转型的深入推进，受国家大力支持的托育事业在短暂的繁荣后分化。其中，3~6 岁的幼儿仍然受到国家政策的关注，相关政策大力倡导社会力量办园，而 3 岁以下婴幼儿的照料责任则回归家庭。从 20 世纪 90 年代开始，在经济体制、生育政策、社会观念等综合因素的影响下，"优生优育""科学育儿"成为主要的政策取向，针对婴幼儿群体，政策内容转为强调家庭教育和早期教育指导。《中共中央、国务院关于深化教育改革全面推进素质教育的决定》《国家教育事业发展"十一五"规划纲要》《关于幼儿教育改革与发展的指导意见》等多份文件都提及要重视儿童的早期发展教育，普及"科学育儿"的理念。受政策调整的影响，进入 21 世纪后，公办托儿所几乎完全消失。仅在 2000~2005 年，集体性托幼机构就减少了 56668 所，锐减 70%，其中托儿所的消失比重远高于幼儿园。① 北京市的政策持续关注 0~3 岁婴幼

---

① 《"幼托难题"引关注 当年那些托儿所是怎么"消失"的》，新华网，2017 年 11 月 20 日，http://www.xinhuanet.com/politics/2017-11/20/c_1121981948.htm。

儿群体，但政策目标也逐步发生转变。《北京市人民政府贯彻国务院关于基础教育改革与发展决定的意见》以及北京市"十一五""十二五"教育规划均提及要注重发展 0~3 岁婴幼儿的早期教育服务。简言之，这一时期托育服务整体走向社会化与市场化，而针对婴幼儿，政府职责定位于提供家庭教育和儿童早期发展的相关指导。

### （三）政策再建期（2014年至今）

进入新时代之后，伴随生育政策的调整，托育政策的完善也重新被提上日程。受到人口形势变化的影响，2013 年，我国结束了实施 34 年的独生子女政策，启动实施"单独二孩"生育政策。随后，"全面二孩"和"三孩"生育政策相继落地。但从政策设计到政策达到理想效果的过程还存在诸多不确定性。在育儿的时间成本、经济成本和机会成本不断攀升的客观现实下，女性面临育儿与工作难以兼顾的困境，同时叠加不断增加的养老压力等因素，家庭生育意愿并未充分释放。在此背景下，我国明确提出要推进"幼有所育"，完善生育政策的配套措施。2015 年，《中共中央、国务院关于实施全面两孩政策改革完善计划生育服务管理的决定》提出要合理配置儿童照料等资源，满足新增公共服务需求，引导和鼓励社会力量举办普惠性托儿所和幼儿园等服务机构。2016 年，国家卫生健康委在北京、辽宁、上海等全国 10 个城市开展了 3 岁以下婴幼儿托育服务需求调查，并根据调查情况向国务院报送了促进 3 岁以下婴幼儿托育服务发展的对策建议，研究出台婴幼儿托育服务发展的相关政策法规。经过前期的政策准备阶段，以 2019 年《国务院办公厅关于促进 3 岁以下婴幼儿照护服务发展的指导意见》（以下简称《意见》）为标志，托育政策进入密集发布阶段。《意见》提出坚持以人民为中心的发展思想，以需求和问题为导向，逐步满足人民群众对婴幼儿照护服务的需求，促进婴幼儿健康成长、广大家庭和谐幸福、经济社会持续发展，并提出 2020 年和 2025 年进一步满足人民群众的照护服务需求的具体目标。随后，《北京市人民政府办公厅关于促进 3 岁以下婴幼儿照护服务发展的实施意见》出台，详细说明了北京市托育服务事业发展的目标、任务及具体实施措施，提出到

2025 年底"本市婴幼儿照护服务的政策体系基本完善"的目标。

此后，国家和地方的各部门围绕托育服务出台了一系列配套性政策。在《中华人民共和国人口与计划生育法》《中共中央、国务院关于优化生育政策促进人口长期均衡发展的决定》等政策法规的指导下，北京市陆续出台《北京市人口与计划生育条例》（2021 年修正）、《北京市"十四五"时期妇女儿童发展规划》、《"十四五"时期健康北京建设规划》等政策文件，均提出要促进普惠托育服务的发展。2023 年，《北京市托育服务体系建设三年行动方案（2023 年—2025 年）》出台，明确提出"到 2025 年底每千人口拥有 3 岁以下婴幼儿托位数达 4.5 个，其中普惠托位占比不低于 60%"的工作目标，关于托育服务发展的任务和规范也进一步细化。从 2023 年 7 月的相关数据来看，我国提供托育服务的机构已超 7.5 万家，提供的托位数超 360 万个，婴幼儿入托率达到 6%。[①] 总体上，这一时期从国家到地方，托育服务政策体系逐步完善，相关标准规范也逐步明确，多层次的政策体系逐步建立。

## 二　北京市托育服务的供需现状

伴随国家和地方托育服务政策的密集出台，托育服务进入快速发展期，其实践也取得长足进展。但仍需看到，近年来，受新冠疫情、生育政策、学前教育政策以及人口发展战略等相关因素的影响，无论是在国家层面还是在北京市层面，与"十四五"公共服务规划目标都还有一定距离。未来一段时间内，托育服务政策还需要持续发力。一方面，婴幼儿作为托育的直接服务对象，其规模是决定托育服务需求的关键因素。另一方面，家庭的需求特征及目前的实践进展直接关系供给的有效性。因此，明确托育服务的发展现状，充分了解托育需求的规模及特征是持续优化首都托育服务政策、推进托育服务长期健康发展的内在要求。

---

① 《我国托育机构已超 7.5 万家 提供托位 360 多万个》，中国政府网，2023 年 7 月 11 日，https://www.gov.cn/lianbo/bumen/202307/content_6891182.htm。

## （一）北京市婴幼儿规模现状

**1. 累计出生人口减少，婴幼儿规模持续缩减**

近年来，北京市婴幼儿规模下降趋势明显。总体来看，2010~2022年，北京市常住出生人口和户籍出生人口均呈现先波动增长继而连续下降的趋势。其中，2010~2016年，常住出生人口波动上升，并在2014年和2016年出现两个人口增长的小高峰，常住出生人口分别达到20.8万人和20.2万人，户籍出生人口分别为17.2万人和20.5万人（见图1）。从2017年开始，常住出生人口和户籍出生人口均逐年下降。2022年，常住人口出生率为5.63‰，常住出生人口规模为12.4万人。

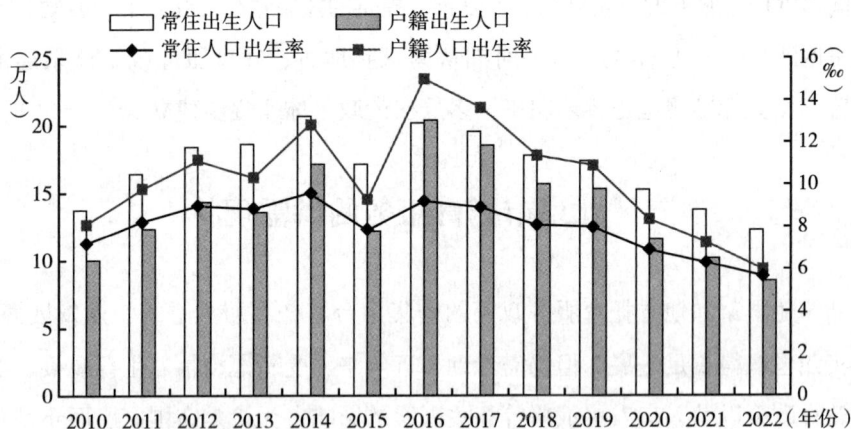

**图1　2010~2022年北京市常住及户籍出生人口情况**

资料来源：《北京统计年鉴》（2011~2023年）。

从累计出生人口规模来看，总体呈现先上升后下降的趋势。2014年，常住出生人口达到高峰（20.8万人），后波动下降，2022年为12.4万人，与2014年相比减少8.4万人。两年累计出生人口数在2017年达到高峰（39.9万人）后持续下降，2022年为26.3万人，与2017年相比减少13.6万人。三年累计出生人口数在2016年达到高峰，为58.2万人，后波动下降，2022年为41.6万人，与2016年相比减少16.6万人。四年及五年累计

出生人口数均在 2017 年达到高峰，分别为 77.9 万人和 96.6 万人，后基本
呈现下降的趋势（见表1）。相关研究显示，灵活方便和价格可接受的托育
服务对女性再生育意愿有着积极影响，在出生人口规模持续缩减的背景下，
托育服务作为生育政策配套支持措施的重要性和迫切性进一步凸显。

表1　2010~2022 年北京市常住出生人口累计出生数

单位：万人

| 年份 | 常住出生人口 | 两年累计出生人口数 | 三年累计出生人口数 | 四年累计出生人口数 | 五年累计出生人口数 |
|---|---|---|---|---|---|
| 2010 | 13.9 | — | — | — | — |
| 2011 | 16.5 | 30.4 | — | — | — |
| 2012 | 18.5 | 35.0 | 48.9 | — | — |
| 2013 | 18.7 | 37.2 | 53.7 | 67.6 | — |
| 2014 | 20.8 | 39.5 | 58.0 | 74.5 | 88.4 |
| 2015 | 17.2 | 38.0 | 56.7 | 75.2 | 91.7 |
| 2016 | 20.2 | 37.4 | 58.2 | 76.9 | 95.4 |
| 2017 | 19.7 | 39.9 | 57.1 | 77.9 | 96.6 |
| 2018 | 17.8 | 37.5 | 57.7 | 74.9 | 95.7 |
| 2019 | 17.5 | 35.3 | 55.0 | 75.2 | 92.4 |
| 2020 | 15.3 | 32.8 | 50.6 | 70.3 | 90.5 |
| 2021 | 13.9 | 29.2 | 46.7 | 64.5 | 84.2 |
| 2022 | 12.4 | 26.3 | 41.6 | 59.0 | 76.9 |

资料来源：《北京统计年鉴》（2011~2023 年）。

**2. 常住出生人口出现变动，城市发展新区比重上升明显**

实现供需的有效匹配是托育服务均衡发展的内在要求，北京市各区的常
住出生人口规模为需求空间分布提供了参考。总体来看，相较于 2012 年，
2022 年城市功能拓展区和城市发展新区的常住出生人口比重变动较为明显。
2022 年，在四大功能区中，城市发展新区的常住出生人口规模最大，约 5.6
万人，占全市常住出生人口总规模的比例为 45.29%。其次是城市功能拓展
区，约 4.9 万人，占比为 39.17%。生态涵养发展区和首都功能核心区分别
约为 1.1 万人和 8525 人，占比分别为 8.68% 和 6.87%。从各区来看，2022
年常住出生人口规模最大的是朝阳区，约 1.9 万人，占全市常住出生人口总

规模的比例为 15.22%。其次是海淀区，约 1.5 万人，占比为 12.17%。昌平区和大兴区的常住出生人口规模均约为 1.5 万人，占比分别为 11.93% 和 11.82%。延庆区和门头沟区的常住出生人口规模均在 2000 人以下，分别为 1559 人和 1846 人，占比分别为 1.26% 和 1.49%（见表 2）。

**表 2　2012 年和 2022 年北京市常住出生人口区域分布及变动情况**

| 地区 | 2012 年常住出生人口（人） | 占比（%） | 2022 年常住出生人口（人） | 占比（%） | 比例变化（个百分点） |
|---|---|---|---|---|---|
| 首都功能核心区 | 19363 | 10.48 | 8525 | 6.87 | -3.61 |
| 东城区 | 7296 | 3.95 | 2956 | 2.38 | -1.57 |
| 西城区 | 12067 | 6.53 | 5569 | 4.49 | -2.04 |
| 城市功能拓展区 | 87903 | 47.54 | 48590 | 39.17 | -8.37 |
| 朝阳区 | 31842 | 17.22 | 18880 | 15.22 | -2.00 |
| 丰台区 | 18376 | 9.94 | 11017 | 8.88 | -1.06 |
| 石景山区 | 6118 | 3.31 | 3592 | 2.90 | -0.41 |
| 海淀区 | 31567 | 17.07 | 15101 | 12.17 | -4.90 |
| 城市发展新区 | 60664 | 32.80 | 56185 | 45.29 | 12.49 |
| 房山区 | 9322 | 5.04 | 8383 | 6.76 | 1.72 |
| 通州区 | 10447 | 5.65 | 11079 | 8.93 | 3.28 |
| 顺义区 | 10157 | 5.49 | 7264 | 5.86 | 0.37 |
| 昌平区 | 16683 | 9.02 | 14796 | 11.93 | 2.91 |
| 大兴区 | 14055 | 7.60 | 14663 | 11.82 | 4.22 |
| 生态涵养发展区 | 16969 | 9.18 | 10763 | 8.68 | -0.50 |
| 门头沟区 | 2659 | 1.44 | 1846 | 1.49 | 0.05 |
| 怀柔区 | 3293 | 1.78 | 2027 | 1.63 | -0.15 |
| 平谷区 | 4315 | 2.33 | 2800 | 2.26 | -0.07 |
| 密云区 | 4212 | 2.28 | 2531 | 2.04 | -0.24 |
| 延庆区 | 2490 | 1.35 | 1559 | 1.26 | -0.09 |
| 全市 | 184899 | 100 | 124063 | 100 | — |

注：数据四舍五入，故可能存在分项之和与总计不一致的情况。
资料来源：2013 年和 2023 年《北京统计年鉴》。

从变化来看，与 2012 年相比，2022 年四大功能区的常住出生人口规模均缩减，其中，城市功能拓展区减少最多，约 3.9 万人，比重从 47.54% 降至 39.17%，下降了 8.37 个百分点。首都功能核心区次之，减少约 1.1 万人，比重从 10.48% 降至 6.87%，下降了 3.61 个百分点。生态涵养发展区减少 6206 人，比重变化不大。城市发展新区减少了 4479 人，比重从 32.80% 上升至 45.29%，上升了 12.49 个百分点，城市发展新区是唯一出现比重上升的功能区。从各区具体来看，比重下降最多的是海淀区，下降 4.90 个百分点，比重上升较多的是大兴区和通州区，分别上升 4.22 个和 3.28 个百分点。

### （二）北京市托育服务需求特征

#### 1. 婴幼儿替代性照料占六成，家庭存在客观托育需求

现阶段，托育服务不仅是重要的民生工程，还是生育政策落地的关键配套措施，同时被视为释放消费潜力、促进经济发展的有效手段。因此，发展托育服务的重要性不言而喻，但家庭是否存在真实的托育服务需求呢？国家卫生健康委的相关调查数据显示，有超过三成的婴幼儿家庭表示存在托育服务需求。从相关调查数据来看，北京的托育服务需求远高于全国平均水平。在"北京市 0~3 岁婴幼儿家庭托育服务需求调查"（以下简称"需求调查"）中，不考虑任何外部供给因素，如是否有托育机构、收费价格、距离远近、服务质量等的影响，仅就家庭意愿和需求而言，在 10395 个样本家庭中，愿意将婴幼儿送托的家庭较多，占调查总数的 76.32%。《2023—2024 年全国托育行业发展报告》（以下简称《报告》）中北京的调研数据也显示，在不考虑外部供给因素的情况下，71.8% 的样本家庭有送托意愿。《报告》还显示，目前承担婴幼儿日常主要照护工作的父母不到四成，替代性照料是目前满足育儿需求的主要方式。在所有育儿方式中，隔代照料占比接近一半，通过育儿嫂、保姆等家政人员提供育儿服务的占比为 8.9%。同时，在送托原因方面，减轻老人照看孩子负担、培养婴幼儿良好的行为习惯、方便家长工作和就业是主要原因。这反映了绝大多数家庭存在客观的托育服务需求，而隔代照料可能是家庭在没有更多选择下的被动之举。此外，《报告》还做了北京市和淄博市的对比，发现北京市的托育服务需求要高于淄博市，这在一定程度上也反映了一线、二线城市的婴幼儿家长比三线、四线城市家长有着更为迫切的育儿照料需求。

**2. 托育服务的选择标准集中，普惠性托育机构更受青睐**

客观托育需求转化为实际托育行动还存在诸多的限制性因素，家长在托育机构的选择方面要考虑种种现实性因素。从调研结果来看，在托育机构的选择标准方面，"与居住地距离""收费价格""安全问题"位居前列，是家长选择托育服务最为看重的因素。相应地，"距离过远"、"价格过高"以及"质量难以保证"成为抑制托育需求的主要原因。此外，关于托育机构的性质，需求调查数据显示，家庭最倾向选择的托育机构性质是公办，将各类机构的送托意向按照 0～5 分进行打分，公办托育机构的平均综合得分为 2.64 分；其次是普惠民办托育机构，平均综合得分为 1.33 分；营利性托育机构的平均综合得分仅为 0.23 分。《报告》中的样本家庭同样更青睐公办托育机构，选择公办托育机构的占比接近八成。而在具体的机构类型上，幼儿园办托、社区办托的占比都接近七成，是家长主要青睐的托育方式。实际上，调研数据所反映的家长对于托育机构的选择偏好指向"普惠性"建设标准，目前政策的推进方向和普惠托育服务的开展与家长的选择偏好相契合。

**3. 婴幼儿的养育成本较高，托育机构的教育质量被重视**

相关研究表明，0～3 岁婴幼儿对环境和外界刺激尤为敏感，此阶段的生活经历和体验将影响其性格、智力乃至社会性行为的形成。随着托育服务行业的持续发展以及国际社会对于 0～3 岁婴幼儿早期综合发展重要性认知的加深，托育服务的内容进一步丰富，不只局限于提供基本的婴幼儿照顾，还包括对婴幼儿的认知、情感、社会适应、语言等方面的启蒙教育。随着时代变迁，家长的育儿理念发生转变，对婴幼儿成长和教育的投入不断增加。根据需求调查结果，平均每个样本家庭每月花在照看婴幼儿上的直接成本（包括孩子吃喝拉撒、雇佣保姆费用、送托费用等）为 7425.37 元，间接成本（包括父母为照看子女减少的工作收入、为老人隔代照看租房的费用等）也达到 7011.79 元。《报告》的调查结果也显示，北京市有接近 1/5 的样本家庭养育婴幼儿的每月直接支出达 5000～10000 元，每月间接支出超 5000 元的家庭占比更是达到 30.1%。在较高的成本投入下，家长对婴幼儿的成长与发展也寄予了更多期待。在送托原因中，调查显示，培养婴幼儿良好的生活习惯以及让婴幼儿接受启蒙教育占比达六成。《报告》同时包括了对北京市托育服务消费群体的小规模调研数据，在托育服务消费者样本中，有68.4%在选择托育机构时最看重"师资水平"，超过八成肯定了送托对孩子成长的帮助。以上数据说明，家长选择托育服务不仅是为了解决工作与家庭难以兼顾的困境，还存在让婴幼儿接受更为科学专业的启蒙教育的主观愿望。

## （三）北京市托育服务实践

### 1. 普惠性试点不断推进，但与需求仍有差距

近年来，北京市不断将普惠性的政策目标转化为行动。截至2022年7月，全市提供托育服务的机构共627家，托位总数超2.9万个，在托婴幼儿达1万余人，全市每千人口托位数达1.33个。[①] 到2024年2月，全市提供托育服务的机构增长到876家，与2022年相比增加了249家；托位数达到近4.4万个，与2022年相比增加了近1.5万个。托位总体使用率在35%左右，其中58家普惠托育机构使用率达48%，28家普惠托育机构使用率超过50%。[②] 2024年2月，《北京市首批普惠托育机构名单》公布，全市普惠托育机构共计58家（不含幼儿园托班），每月最高收费3700元、最低收费1200元，在北京各区均有分布（见图2）。可以看到，近年来北京托育服务资源供给有所增加，但与到2025年底每千人口拥有3岁以下婴幼儿托位数达4.5个的目标仍然存在一定距离。

### 2. 3岁以下在园幼儿较少，幼儿园开设托班存在增长潜力

《北京市托育服务体系建设三年行动方案（2023年—2025年）》提出合理利用现有学前教育资源，在充分满足3~6岁儿童学前教育需求的基础上，鼓励和支持有条件的幼儿园开设托班招收2~3岁婴幼儿。2024年以来，

---

① 《关于本市托育服务体系建设情况的报告》，北京市人民代表大会常务委员会网站，2022年11月16日，http://www.bjrd.gov.cn/rdzl/rdcwhgb/sswjrdcwhgb202205/202211/t20221116_2860105.html。

② 相关数据由北京市卫生健康委人口监测与家庭发展处提供。

（家）

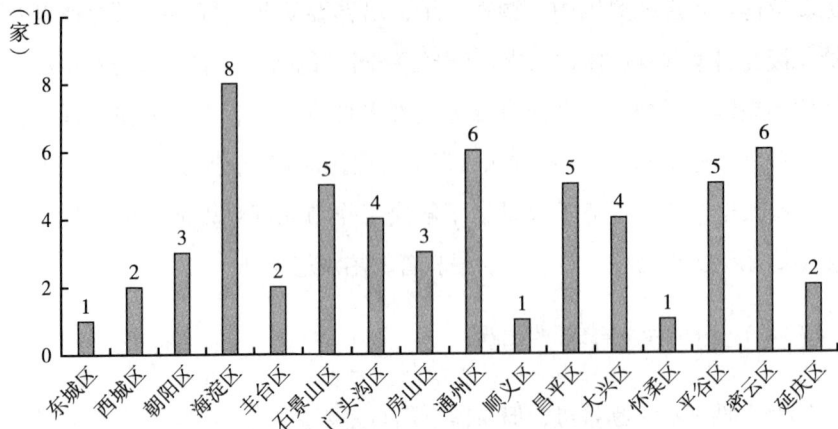

**图2 北京市普惠托育机构的区域分布**

资料来源：《北京市首批普惠托育机构名单》，北京市人民政府网站，2024年2月28日，https：//www.beijing.gov.cn/fuwu/bmfw/jhsyfwzdzx/2022jkbjxfjt/jkfw/202402/t20240228_3572111.html。

北京市大力支持幼儿园开设托班，同时支持单位、社区办托，引导社会托位向普惠托位转型。对2013~2023年北京市在园幼儿规模及年龄结构的分析可以为幼儿园托位的增设提供初步参考。

（1）3~5岁在园幼儿规模波动上升，3岁以下幼儿规模缩减

2013~2023年，北京市在园幼儿的年龄结构有所变动，各年龄段在园幼儿规模的变化趋势呈现差异性（见图3）。3岁以下在园人数的规模明显缩减，由2013年的2.00万人减少至2021年的0.06万人，占在园幼儿总规模的比重由2013年的5.73%下降至2021年的0.11%。其中，2020年减少人数最多，与2019年相比减少0.68万人，比重比2019年下降1.52个百分点，2022年和2023年规模出现小幅增长。3~5岁在园幼儿规模整体呈现波动上升的趋势，由2013年的32.4万人增长至2022年的57.2万人，增加24.8万人，占在园幼儿总规模的比重由2013年的93.00%上升至2022年的99.57%，上升了6.57个百分点（见表3）。2022年，在园幼儿几乎全部为3~5岁年龄段幼儿，2023年规模和占比稍有下降。6岁及以上在园幼儿规模较小且持续缩减，由2013年的0.40万人减少至2021年的0.05万人，比重

由 2013 年的 1.27% 下降至 2021 年的 0.09%，2022 年和 2023 年规模有所增长，但变化幅度不大。随着常住出生人口持续下降，3~5 岁适龄幼儿的存量规模也将缩减。幼儿园可以有效利用闲置资源新建、改建面向 3 岁以下幼儿的托位，在此过程中积极推进托幼一体化，提升学前教育的科学性和完整性。

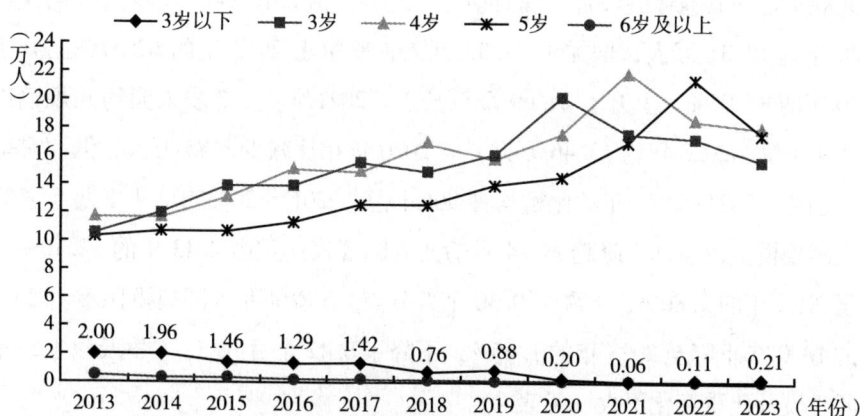

**图 3　2013~2023 年北京市各年龄段在园幼儿规模**

说明：3 岁以下幼儿数 2013 年统计口径为"3 岁以下"，2014~2023 年统计口径为"2 岁及以下"，本报告中统一表述为"3 岁以下"。

资料来源：北京市教育委员会发展规划处编《2013~2023 年北京市教育事业统计资料》。

**表 3　2013~2023 年北京市各年龄段在园幼儿规模比重**

单位：%

| 年龄段 | 2013 年 | 2014 年 | 2015 年 | 2016 年 | 2017 年 | 2018 年 | 2019 年 | 2020 年 | 2021 年 | 2022 年 | 2023 年 |
|---|---|---|---|---|---|---|---|---|---|---|---|
| 3 岁以下 | 5.73 | 5.37 | 3.71 | 3.10 | 3.19 | 1.70 | 1.89 | 0.37 | 0.11 | 0.18 | 0.40 |
| 3 岁 | 30.38 | 32.90 | 35.32 | 33.38 | 35.13 | 33.05 | 34.31 | 38.45 | 31.12 | 30.02 | 30.36 |
| 4 岁 | 33.28 | 31.77 | 32.96 | 35.94 | 33.34 | 37.28 | 33.68 | 33.43 | 38.76 | 32.30 | 34.70 |
| 5 岁 | 29.34 | 29.12 | 27.19 | 27.12 | 28.13 | 27.70 | 29.86 | 27.64 | 29.92 | 37.25 | 34.29 |
| 6 岁及以上 | 1.27 | 0.84 | 0.82 | 0.46 | 0.21 | 0.27 | 0.26 | 0.11 | 0.09 | 0.25 | 0.25 |
| 总计 | 100.00 | 100.00 | 100.00 | 100.00 | 100.00 | 100.00 | 100.00 | 100.00 | 100.00 | 100.00 | 100.00 |

注：3 岁以下幼儿数 2013 年统计口径为"3 岁以下"，2014~2023 年统计口径为"2 岁及以下"，本报告中统一表述为"3 岁以下"。

资料来源：北京市教育委员会发展规划处编《2013~2023 年北京市教育事业统计资料》。

（2）入园幼儿年龄集中在 3 岁，且集聚趋势愈加明显

2013~2023 年，北京市各年龄段入园幼儿的规模有所差异。3 岁以下入园幼儿规模基本呈现下降趋势，由 2013 年的 1.88 万人下降至 2021 年的 0.06 万人，占入园幼儿总规模的比重由 2013 年的 14.68%下降至 2021 年的 0.31%，下降了 14.37 个百分点，2022 年和 2023 年有所上升，但幅度较小。3 岁入园幼儿规模远超其他年龄段且呈现波动上升趋势，由 2013 年的 7.99 万人增长至 2020 年的 19.31 万人，增加了 11.32 万人，比重由 2013 年的 62.37%上升至 2020 年的 87.06%，上升了 24.69 个百分点。2021 年起，3 岁入园幼儿规模连续 3 年下降，2023 年为 15.46 万人，与 2020 年相比减少 3.85 万人，但比重呈上升趋势，2021~2023 年的比重均在 90%以上。2013~2023 年，4 岁及 5 岁幼儿入园规模呈现波动下降趋势。4 岁幼儿入园规模比重由 2013 年的 12.10%下降至 2023 年的 2.80%，下降了 9.30 个百分点。5 岁幼儿入园规模比重由 2013 年的 10.07%下降至 2023 年的 1.65%，下降了 8.42 个百分点。6 岁及以上幼儿入园规模及比重变化不大（见表 4）。

表 4　2013~2023 年北京市各年龄段入园幼儿规模及比重

单位：万人，%

| 年龄段 | 2013 年规模 | 比重 | 2014 年规模 | 比重 | 2015 年规模 | 比重 | 2016 年规模 | 比重 | 2017 年规模 | 比重 | 2018 年规模 | 比重 |
|---|---|---|---|---|---|---|---|---|---|---|---|---|
| 3 岁以下 | 1.88 | 14.68 | 1.83 | 13.65 | 1.38 | 9.26 | 1.24 | 8.12 | 1.38 | 7.78 | 0.73 | 4.42 |
| 3 岁 | 7.99 | 62.37 | 9.25 | 69.03 | 11.42 | 76.59 | 11.83 | 77.42 | 13.84 | 77.97 | 13.22 | 80.02 |
| 4 岁 | 1.55 | 12.10 | 1.29 | 9.63 | 1.31 | 8.78 | 1.46 | 9.55 | 1.56 | 8.79 | 1.67 | 10.11 |
| 5 岁 | 1.29 | 10.07 | 0.99 | 7.39 | 0.74 | 4.97 | 0.72 | 4.71 | 0.95 | 5.35 | 0.88 | 5.33 |
| 6 岁及以上 | 0.10 | 0.78 | 0.04 | 0.30 | 0.06 | 0.40 | 0.03 | 0.20 | 0.02 | 0.11 | 0.02 | 0.12 |
| 总计 | 12.81 | 100.00 | 13.40 | 100.00 | 14.91 | 100.00 | 15.28 | 100.00 | 17.75 | 100.00 | 16.52 | 100.00 |

| 年龄段 | 2019 年规模 | 比重 | 2020 年规模 | 比重 | 2021 年规模 | 比重 | 2022 年规模 | 比重 | 2023 年规模 | 比重 |
|---|---|---|---|---|---|---|---|---|---|---|
| 3 岁以下 | 0.83 | 4.94 | 0.19 | 0.86 | 0.06 | 0.31 | 0.10 | 0.56 | 0.20 | 1.22 |
| 3 岁 | 14.74 | 87.68 | 19.31 | 87.06 | 17.36 | 91.27 | 17.00 | 95.18 | 15.46 | 94.27 |
| 4 岁 | 0.79 | 4.70 | 1.63 | 7.35 | 1.11 | 5.84 | 0.45 | 2.52 | 0.46 | 2.80 |

| 年龄段 | 2019 年规模 | 比重 | 2020 年规模 | 比重 | 2021 年规模 | 比重 | 2022 年规模 | 比重 | 2023 年规模 | 比重 |
|---|---|---|---|---|---|---|---|---|---|---|
| 5 岁 | 0.43 | 2.56 | 1.03 | 4.64 | 0.49 | 2.58 | 0.30 | 1.68 | 0.27 | 1.65 |
| 6 岁及以上 | 0.02 | 0.12 | 0.02 | 0.09 | 0.00 | 0.00 | 0.01 | 0.06 | 0.01 | 0.06 |
| 总计 | 16.81 | 100.00 | 22.18 | 100.00 | 19.02 | 100.00 | 17.86 | 100.00 | 16.40 | 100.00 |

说明：3 岁以下幼儿数 2013 年统计口径为"3 岁以下"，2014～2023 年统计口径为"2 岁及以下"，本报告中统一表述为"3 岁以下"。

资料来源：北京市教育委员会发展规划处编《2013～2023 年北京市教育事业统计资料》。

目前，北京市托育服务的发展呈现一些显著特征。从需求来看，婴幼儿规模持续缩减与家庭托育需求迫切的客观现实并存，虽然多数家庭倾向于在理想条件下将婴幼儿送至照料机构以缓解育儿压力，但调查数据显示，目前隔代照料、育儿保姆等仍是主要的替代性照料方式。一方面，家长在托育机构的选择标准方面既注重价格、距离以及质量的"普惠性"，又对托育机构的教育质量予以较高期待。而当家长群体的需求不能得到有效满足时，就难以实现从入托需求到送托行为的转换。从供给端来看，近年来北京市托育资源供给取得了实质性进展，在托育机构开设、托位增加以及普惠托育服务资源扩充方面均取得成效，并且在持续性地提质扩容。从相关数据来看，幼儿园开设托班的增长空间较大。但总体而言，要满足多数群众的送托需求、实现供需资源的有效匹配还存在不少挑战。未来，北京市托育服务的供需结构有待进一步优化，为此需要从多方面着手，共同发力。

# 三　完善北京市托育服务体系建设的对策建议

## （一）坚持普惠性公共服务发展路径

普惠性公共服务是在基本公共服务保障之外，为满足公民更高层次服务需求，政府支持市场主体或社会组织提供的公共服务，政府承担增加服务供给、提升服务质量、调节服务价格等责任，主要特征是服务更优质、价格可承受。在普惠托育服务的供给中，公共服务是基本定位，普惠是供给标准。目前，北京市普惠托育服务资源供给相对有限，家长最倾向选择的公立、普惠幼儿园开设的托班较少。北京市未来的托育政策设计需要在借鉴既有经验的基础上落实普惠性要求。一方面，通过优化政策增加托育服务的有效供给，鼓励社会力量参与托育服务事业。北京市可以发挥既有的政策优势，动员多主体参与。依托社区建设普惠托育公共服务机构，鼓励幼儿园开设托班、有条件的企事业单位开设托育机构，形成以公办托育机构为样板、社区托育机构为依托、幼儿园托班为主体、用人单位及民办普惠托育机构为补充的多元普惠托育服务网络。此外，在土地、资金、税收等方面给予托育机构政策支持，拓宽融资渠道，引入社会资本，给予其税收优惠和相关的财政补贴，降低机构运营成本。通过多主体引入和成本控制，将托育服务价格控制在合理范围，实现价格的"普惠"。另一方面，完善托育服务行业的制度规范。制定各类托育服务的设置标准和管理规范，编制婴幼儿托育服务地方性规范，发挥行业协会的规制作用，逐步建立和完善行业自律和社会监督机制，保证托育服务的质量。在普惠托育服务资源的供给达到一定水平后，将托育服务逐步纳入基本公共服务范围。

## （二）提升普惠托育服务资源的配置效率

目前，虽然北京市普惠托育服务资源的供给在持续增加，但已有托位使用率较低，普惠托育服务的占比有限，存在托位总量不足与存量过剩、入托需求大而送托行为少、对托育质量的高期待与托育实际水平参差不齐等结构性矛盾，"送不起"与"招不满"的问题并存，区域之间普惠托育服务资源不均衡。未来，亟须进一步推动托育服务提质增效。一是精准识别需求人群，推动托育服务事业发展从供给侧向需求侧转变。相关部门要及时监测新生儿规模、了解家庭送托意愿，及时调研总结家长的需求偏好，并结合区域的实际状况做好需求评估。在明确区域内托育服务需求特征的基础上有效链接资源，分类做好个性化的需求管理，开展计时托、临时托、半日托等灵活多样的托育服务，满足家庭多样化的托育服务需求。二是加强政策宣传，打破信息壁垒。提高信息透明度，加强政策宣传与解读，减少供需主体间的信息不对称以及家长不知道、不了解造成的送托不足的现象，加强部门间的协同，发挥部门优势，联合开展专项宣传活动，保持信息的持续性和时效性，形成长期有效的宣传机制。此外，善于运用大数据、人工智能等技术，强化数字驱动，借助数据平台进行人口动态追踪及信息整合与反馈，为托育服务提供科学数据支持。

### （三）统筹推进托幼一体化建设

随着脑科学、心理学及教育学等多学科研究的推进，0~6岁儿童托育的重要性愈加凸显，为0~6岁儿童提供一体化的保教服务已成为国际学前教育向纵深发展的必然趋势。根据经济合作与发展组织（OECD）《2020年教育概览》（*Education at a Glance 2023*）提供的数据，超过半数的成员国进行了幼儿教育系统的整合，由单个政府部门统筹负责0~6岁婴幼儿的保教工作。回顾北京市既有的托育服务政策，在相关政策中多次出现的"0~6岁学前教育体系""托幼一体化""学前教育网络"等概念表述，强调0~6岁儿童教育的一体化。未来，应进一步贯彻"托幼一体化"的政策理念，切实推进"托"与"幼"的双向衔接，尊重儿童身心发展规律，保证学前教育的连续性与完整性。除了进一步明确学前教育立法的适用对象范围为0~6岁儿童，为"托幼一体化"的统筹规划提供法律保障外，还应加强顶层设计，完善组织架构，在促进管理体制和保障机制的一体化方面发力。加快推进部门间的协调合作，将教育与保育有效衔接，强化政策和部门间的协同。切实发挥托育服务工作联席会议制度的作用，通过制度设计，消除资源、信息、人员等方面的壁垒，统筹负责0~6岁儿童的照护与学前教育工作。加强人口变动趋势监测，科学配置学前教育资源，逐步均衡0~3岁婴幼儿与4~6岁儿童的教育经费投入，并鼓励专业师资队伍的发展，做好适龄幼儿与资源的动态匹配与调整。

## （四）逐步构建家庭支持政策体系

儿童的社会化始于家庭，家庭无疑是婴幼儿照护最为重要的主体。在完善托育服务政策体系的过程中，需要纳入"家庭视角"，通过构建科学完备的家庭支持政策体系，促进家庭功能的发挥，以缓解托育压力。家庭支持政策是指增进育有孩子的家庭整体性福祉的政策（如带薪休假、儿童保育）。回顾既有的托育服务政策，无论是在国家层面还是在北京市层面，相关政策皆有对家庭照护责任的强调，但除了部分政策提及为家庭提供早期教育指导外，与托育服务相对应的家庭支持政策还较为有限。《北京市人口与计划生育条例》（2021 年修正）规定"在子女满三周岁前，每人每年享受五个工作日的育儿假""夫妻双方享受的育儿假合计不超过十个工作日"，这显然与"家庭为主"的照料责任不相匹配。目前，家庭普遍承担着比较高的育儿成本和压力。应考虑建立健全系统性的家庭支持政策体系，通过带薪休假（产假、陪护假、育儿假）安排、弹性工时、经济补偿、税收减免、生活服务配套等多种组合型政策设计减轻家庭育儿负担，如：适当延长育儿假期，给予父母更多照料和陪伴婴幼儿的时间；发放育儿补贴；在住房、医疗、教育等方面给予婴幼儿家庭一定的政策优惠；等等。此外，应积极倡导男女共担家庭责任，减轻女性所面对的工作、家庭双重压力。

**参考文献**

王卉、许红：《新中国成立初期北京市托儿所、幼儿园的改革与发展》，《北京党史》2011 年第 2 期。

李放、马洪旭：《中国共产党百年托幼服务供给研究：变迁历程、演进逻辑与未来展望》，《社会保障研究》2021 年第 5 期。

刘中一：《普惠托育服务的内涵、实现路径与保障机制》，《中州学刊》2022 年第1 期。

但菲、索长清：《"保教一体化"国际趋势与我国学前师资培育改革》，《教育研究》

2017 年第 8 期。

史毅、韩润霖:《送托一定会提高女性再生育意愿吗? ——来自第七次全国生育状况抽样调查的发现》《浙江社会科学》2023 年第 11 期。

孙艳艳:《0—3 岁儿童早期发展家庭政策与公共服务探索》,《社会科学》2015 年第 10 期。

但菲、索长清:《"保教一体化"国际趋势与我国学前师资培育改革》,《教育研究》2017 年第 8 期。

E. Ng, et al. "Family Support Policies and Child Outcomes: A Realist-scoping Review," *Community, Work & Family* 3 (2017).

# B.10
# 北京市儿童友好社区建设研究[*]

## ——基于对东城区东直门街道的调研

张 越 杨嘉莹[**]

**摘 要：** 建设儿童友好社区是增进儿童和家庭福祉、提升城市治理现代化水平、建设国际一流和谐宜居之都的重要举措。本报告通过对东城区东直门街道及其两个典型社区进行调研分析，从街道和社区两个层面总结儿童友好社区建设的机制与经验，并指出社区儿童志愿服务的持续性问题、儿童文体服务供给的均衡性问题、儿童友好空间的家庭友好性问题等是东直门街道在积极推进儿童友好社区建设工作中面临的重要挑战。因此，可以通过强化政策激励和保障、加强资源整合和链接、提升儿童友好空间的家庭复合功能等方式，不断激发儿童志愿服务的动力，促进儿童公共服务的均衡配置，以儿童友好带动全龄友好。

**关键词：** 儿童友好社区 儿童友好城市 基层治理 全龄友好 北京

　　儿童是祖国的希望、民族的未来，促进儿童健康成长是实现人的全面发展、构建幸福家庭与和谐社会的必然要求。推进儿童友好城市建设，是保障儿童权利、满足美好生活需要、提升城市治理现代化水平和开启全面建设社

---

* 本报告为国家社科基金青年项目"教育'双减'背景下城市家长参与子女教育的群体差异研究"（22CSH089）的阶段性研究成果。
** 张越，法学博士，中共北京市委党校（北京行政学院）社会学教研部（北京市人口研究所）讲师，主要研究方向为教育社会学、家庭社会学；杨嘉莹，法学博士，中共北京市委党校（北京行政学院）社会学教研部（北京市人口研究所）副教授，主要研究方向为基层治理、社区研究、中国社会学史。

会主义现代化国家新征程的重要举措。社区是儿童日常生活最主要的社会环境之一，是各项公共服务与城市治理的"最后一公里"，建设儿童友好社区是建设儿童友好城市的重要抓手。结合当前北京市的人口、家庭以及教育等社会发展需要和城市建设实际，深入研究北京市儿童友好社区建设的典型做法和经验，进一步思考北京市儿童友好社区建设的发展方向，对于打造中国儿童友好城市建设的"首都样板"、推进国际一流和谐宜居之都建设具有重要意义。本报告通过对东城区东直门街道及其两个典型社区开展儿童友好相关工作的调查，探讨总结北京市儿童友好社区建设的经验并提出未来可能的发展方向。

## 一 儿童友好社区建设背景

### （一）建设儿童友好城市成为全球城市发展的主流趋势

儿童友好城市建设是一项全球运动，由联合国儿童基金会（UNICEF）和联合国人类住区规划署（UN-Habitat）于 1996 年共同发起，旨在强调儿童的福祉是衡量健康住区、民主社会、良好治理的终极指标，鼓励各国共同创建安全、包容、充分响应儿童需求的城市和社区。[①] 随着儿童友好城市理念的广泛传播，世界范围内已有 38 个国家的 3000 多个城市和社区积极响应，[②] 从公共政策、公共服务、公共权利、公共空间、公共环境等多个维度营造儿童友好成长生态，形成了基于自身特色的儿童友好城市和社区实践。

2006 年，联合国儿童基金会开始在中国推广儿童友好城市建设，"儿童友好"这一概念在国内开始逐渐得到重视。[③] 近年来，以习近平同志为核心的党中央高度重视儿童发展。2021 年，儿童友好城市建设以重大工程形式

---

① 《构建儿童友好型城市手册》，联合国儿童基金会网站，https://www.unicef.cn/reports/cfci-handbook。
② 《关于儿童友好城市建设的几点思考与建议》，上海社会科学院网站，2023 年 4 月 3 日，https://www.sass.org.cn/2023/0403/c1201a537321/page.htm。
③ 刘磊等：《儿童友好城市的中国实践》，中国建筑工业出版社，2022，第 39 页。

被列入《中华人民共和国国民经济和社会发展第十四个五年规划和 2035 年远景目标纲要》，这为推进儿童友好城市建设擘画了蓝图，儿童友好城市建设正式成为国家重大战略部署，儿童优先原则融入经济社会发展全局。同年 9 月，国家发展改革委等 22 部门联合印发《关于推进儿童友好城市建设的指导意见》（以下简称《指导意见》），明确提出到 2025 年，通过在全国范围内开展 100 个儿童友好城市建设试点，推动儿童友好理念深入人心，儿童友好要求在社会政策、公共服务、权利保障、成长空间、发展环境等方面充分体现；到 2035 年，预计全国百万以上人口城市开展儿童友好城市建设的超过 50%，100 个左右城市被命名为国家儿童友好城市，儿童友好成为城市高质量发展的重要标识，儿童友好理念成为全社会共识和全民自觉，广大儿童享有更加美好的生活。①《指导意见》是国家层面出台的首个专门针对儿童友好城市建设的文件，标志着儿童友好城市顶层设计初步形成。② 当前，以北京、上海、深圳、长沙等为代表的一批城市将儿童友好城市建设纳入重点工作统筹推进，先行先试积极探索经验。

## （二）新时代首都发展呼唤儿童友好城市

习近平总书记指出："当代中国少年儿童既是实现第一个百年奋斗目标的经历者、见证者，更是实现第二个百年奋斗目标、建设社会主义现代化强国的生力军。"③ 新时代首都发展需要德智体美劳全面发展的社会主义建设者和接班人，为率先基本实现社会主义现代化贡献力量。

2012~2022 年，北京市 0~14 岁常住儿童数量从 200.7 万人增至 264.0 万人，占全市常住人口的比重从 9.7% 增至 12.1%。④ 与此同时，北京市 60

---

① 《关于推进儿童友好城市建设的指导意见》，国家发展改革委网站，2021 年 10 月 21 日，https://www.gov.cn/zhengce/zhengceku/2021-10/21/content_5643976.htm。

② 国家发展和改革委员会社会发展司、国务院妇女儿童工作委员会办公室编著《中国儿童友好城市发展报告 2023》，中国计划出版社，2023，第 8~9 页。

③ 《少年强则国强，习近平深情关怀少年儿童成长》，"央视新闻"百家号，2020 年 6 月 1 日，https://baijiahao.baidu.com/s? id=1668299962661328087&wfr=spider&for=pc。

④ 《北京统计年鉴 2023》，北京市统计局网站，2024 年 8 月 21 日，https://nj.tjj.beijing.gov.cn/nj/main/2023-tjnj/zk/e/indexch.htm。

岁及以上人口比重持续上升，常住人口出生率不断下降，老龄化少子化趋势加剧。为促进首都人口均衡发展，创建生育友好型社会是关键，其中儿童友好是生育友好的题中应有之义。同时，儿童友好社区建设是首都基层治理创新的助推器。儿童是城市的"小主人"，推动儿童参与融入社区生活、嵌入基层治理体系，有助于儿童形成社区归属感、主人翁意识和参与公共事务的意识，逐渐成为基层治理的参与者和行动者，成为赋能首都基层治理的新力量。此外，儿童友好是构建城市宜居环境的内在要求。儿童友好是人民美好生活需要的重要方面，健全优质均衡的儿童公共服务，完善公益普惠的儿童福利体系，关乎北京数百万儿童和家庭的福祉，是提升市民获得感、幸福感和安全感的重要途径，是实现国际一流和谐宜居之都的必要支撑。①

在国家战略方针的指引下，北京市坚持首都特色、首善标准，依托首都经济社会发展良好基础，不断优化顶层设计，统筹推进儿童友好城市建设。2021年开始，北京相继将"建设儿童友好城市"目标纳入《北京市国民经济和社会发展第十四个五年规划和二〇三五年远景目标纲要》和《北京市"十四五"时期妇女儿童发展规划》。2023年，北京市发展改革委等23个部门联合印发《北京市儿童友好城市建设实施方案》，细化了儿童友好社会政策、公共服务、权利保障、成长空间、发展环境等方面的目标任务和责任单位，为全市开展儿童友好社区建设工作指明了方向。② 同时，北京市推动试点先行，发挥文体、教育、医疗等资源优势，为儿童友好城市建设立标杆、树旗帜。北京市东城区、西城区和海淀区先后成功入选建设国家儿童友好城市试点名单。其中，东城区作为北京市第一批入选的城区，立足区域资源优势，创新提出"结合老城保护与更新、结合基层社会治理、结合特色阵地建设"的"三结合"工作思路，构建"两轴一廊六片区、一街一品一网络"系统格局，发布东城区儿童友好地图，体现了富有东城区特色的儿童友好城

---

① 石晓冬、邱红、甘霖：《北京市儿童友好城市建设的系统路径与规划实践》，《城乡建设》2023年第7期，第31~37页。

② 《137项年度工作目标发布，北京儿童友好城市建设有新动作》，新京报网站，2023年9月18日，https://fgw.beijing.gov.cn/gzdt/fgzs/mtbdx/bzwlxw/202309/t20230918_3260993.htm。

市建设的生动实践。①

在此背景下，本报告选择东城区东直门街道及其下辖的两个典型社区作为调研点，以此为基础总结北京市儿童友好社区建设的经验并提出未来可能的发展方向，主要基于以下考虑：作为东城区的下辖街道之一，东直门街道地理位置优越，辖区资源丰富，儿童友好氛围浓烈，企业、学校、社会组织、家庭与社区等多元主体积极参与，各类资源联动共享，围绕儿童文化、体育、科技等服务形成特色品牌活动；同时，街道既有老旧小区，又有高档公寓小区，居民构成多元，家长和儿童需求多样。建设儿童友好社区具有较强的典型性和复杂性，相关调研有助于本报告聚焦服务资源有效整合、志愿者服务可持续发展、儿童友好与基层治理有机融合等重要方面进行总结并反思，为北京市进一步推动儿童友好社区建设提供参考借鉴。

## 二 儿童友好社区建设的多维探索

儿童友好社区的建设可以由点到面实现"儿童友好"在社区与城市之间的有机联结。② 东直门街道积极探索儿童友好社区建设路径，从政策友好、空间友好、服务友好和环境友好等维度统筹推进儿童友好社区建设工作，为儿童营造了丰富多元、健康宜居的成长生态。

### （一）聚焦政策友好，强化儿童友好的政策制度建设

政策友好即让儿童友好理念贯穿城市发展重大规划、政策和项目决策，积极落实"从 1 米高度看城市"，优先考虑儿童需求，推动儿童全方位参与融入城市社会生活的各个方面。

东城区不断健全儿童优先发展工作机制，加强儿童优先发展顶层设计，

---

① 国家发展和改革委员会社会发展司、国务院妇女儿童工作委员会办公室编著《中国儿童友好城市发展报告 2023》，中国计划出版社，2023，第 101 页。

② 刘志军、朱妍：《社工机构介入儿童友好型社区营造的行动逻辑与可持续发展策略——以安徽省 X 项目为例》，《社会建设》2024 年第 1 期，第 90 页。

强化儿童友好的政策制度建设。在区委、区政府的高度重视下，成立东城区儿童友好城市建设领导小组，高位统筹儿童友好城市建设工作。由东城区妇儿工委办公室、区发展改革委牵头，依托 54 家妇儿工委会员单位，组建儿童友好城市创建工作联席会，完善儿童友好城市议事协调机制，聚焦政策协调、资源统筹、协同共建、项目实施等方面，形成合力。同时，将"开展儿童友好城市和社区创建"目标纳入《北京市东城区国民经济和社会发展第十四个五年规划和二〇三五年远景目标纲要》及妇女儿童发展、社会治理、全民科学素质行动等领域的专项规划，出台《关于东城区进一步加强家庭家教家风建设的实施意见》及东城区《关于指导推进家庭教育的五年规划（2021—2025 年）》等文件，从政策源头推进公共资源配置优先满足儿童需要。东直门街道积极落实属地政府责任，结合街道实际，推动儿童优先发展，鼓励和协调多方力量参与儿童友好社区建设。

### （二）聚焦空间友好，拓展开放共享的儿童成长空间

空间友好即结合城市更新、老旧小区改造等现实背景，重点围绕服务设施、活动场地、通学路径等方面不断提升适儿化水平，让儿童在社区能够更安全畅快地"玩起来""跑起来"。

不断完善儿童公共服务设施。东直门街道充分依托爱国主义教育基地、儿童之家、家长学校、公共文化空间等服务阵地，以"从 1 米高度看社区"的视角打造儿童活动空间。例如，东直门街道儿童之家以儿童需求和儿童活动特点为依据，重点打造了包含舞蹈室、乒乓球室、书画手工室、儿童科普活动室、亲子活动室等在内的多功能活动场所，并在图书馆中专门设置了儿童读书角，便于儿童学习、阅读和交流。

精心打造亲近自然的户外休闲空间。例如，东直门街道胡家园社区利用综合服务楼平台的小微空间，专门开辟了一片屋顶小花园，让社区内的"阳光护家园"绿色小卫士志愿服务队进行维护管理，儿童在家长的协助下有序进行翻地、播种、浇水工作。这片小花园成为社区内儿童亲近自然的生活体验空间，以及功能融合、全龄友好的交流休闲空间，儿童成长环境更加

富有趣味性和教育性。

积极构建安全连续的儿童出行路径。东直门街道持续营造儿童安心出行环境，例如：在东外大街明确规划机动车停放区；开展交通枢纽周边"T"字形区域环境品质提升项目，重点打造西中街小学安心通学路，科学合理建设慢行交通系统，保障儿童出行安全。

### （三）聚焦服务友好，增加精准多元的儿童服务供给

服务友好即围绕托育服务、健康保障、文体服务等儿童及其家庭最迫切的需求，促进普惠共享，不断扩大优质公共服务供给，推动更多儿童公共服务向社区延伸，让儿童在家门口就能享受到公平、安全、便利的服务。

量身定制特色服务，实现儿童群体"全覆盖"。东直门街道依托辖区资源，最大限度地精准满足不同群体的需求。针对3岁以下的学龄前儿童，街道联合新中街幼儿园于每周四上午在街道综合文化服务中心开展"小太阳"早教服务，2023年以来已举办30余场活动；同时，通过定期开展儿童健康大讲堂、幼儿运动会等活动营造辖区科学育儿氛围，普及健康育儿知识，受众达5000人次。针对学龄儿童，街道图书馆周一至周六全天免费向附近小学生开放，为有需求的家庭提供课后托管服务。针对困境儿童，启动全方位关爱模式，对排查出的事实无人抚养儿童及其家庭定期探访慰问，提供物质帮助、心理辅导、精神关怀等服务。

积极开展主题活动，激发儿童参与积极性。东直门街道践行"重视儿童、尊重儿童"理念，制度化保障儿童参与平台建设。围绕儿童关心的"社区垃圾分类""我喜欢的小区环境"等社区议题开展调研实践，以"我是小小社区主任"为主题引导儿童参与社区治理；围绕"打开生命通道，消除安全隐患"议题，针对楼道堆放杂物、电动车电池入户充电等消防安全隐患问题，让儿童大声说出自己的想法，并在各个社区开展宣传动员。一系列主题活动有效激发了儿童参与社区治理的活力，进一步增强了儿童的"小主人翁"意识，为建设"幸福东直门"贡献了儿童力量。

## （四）聚焦环境友好，营造温暖包容的社会发展环境

环境友好即为儿童日常学习和生活营造健康和谐的家庭环境，营造积极向上的社会风尚，让儿童友好成为全社会的共同理念、行动和事业。

加强家庭教育，让良好家风"吹进"千家万户，是带动全社会构建儿童友好发展环境的基础。[①] 东直门街道重点加强家庭教育指导服务阵地建设，开展多样化的家庭教育指导服务。街道和社区两级儿童之家、家长学校建设率已达到100%，常态化开展社会主义核心价值观教育、家庭教育、亲子阅读、儿童安全教育等活动。同时，打造了"地区家长夜校"这一特色品牌。"地区家长夜校"旨在为家长提供一个相互交流、学习和支持的空间，定期邀请辖区内教育工作者分享创新性的家庭教育理念和方法，帮助家长更好应对子女教育中的挑战。"地区家长夜校"成立以来，共举行家长夜校活动8场，覆盖街道及其他地区居民300余人，影响在校中小学生100余人。

## 三 儿童友好社区建设的机制与经验

社区是儿童成长环境的重要组成部分，是践行儿童友好理念的重要平台载体。打造儿童友好社区，需要充分发挥社区的优势，吸纳社区多方力量、集聚社区多样资源，融入多元参与理念，以"社区共同体"推动儿童友好社区建设。东直门街道始终坚持"治理"理念，通过党建引领促进社区多元主体的广泛参与，协同共建儿童友好社区。胡家园社区和香河园北里社区（以下简称"香北社区"）作为东直门街道儿童友好社区建设的典范，在实践过程中，探索出了契合社区实际、体现社区民情的各具特色的工作机制与经验做法。

---

① 国家发展和改革委员会社会发展司、国务院妇女儿童工作委员会办公室编著《中国儿童友好城市发展报告2023》，中国计划出版社，2023，第61页。

### （一）胡家园社区："自上而下"的统筹协调机制

胡家园社区位于北京市东城区东直门街道东北部，东与朝阳区接壤，西临东湖别墅，南起东外大街，社区面积为0.78平方公里，常住人口有2819户7863人，下设6个网格党支部16个党小组。在各级妇联的支持下，"全国文明实践巾帼志愿阳光站"（以下简称"阳光站"）在胡家园社区落地建成。依托阳光站空间载体，充分发挥社会组织的专业优势，积极动员社区儿童志愿者参与社区治理和社区服务，胡家园社区走出了一条"自上而下"探索儿童友好社区建设的实践路径。

1.五级妇联组织联动，打造儿童友好空间阵地

2023年5月20日，胡家园社区阳光站挂牌成立。这是继东城区建国门街道西总布社区阳光站之后，由全国、市、区、街道、社区五级妇联组织共同试点打造的东城区第二个阳光站。阳光站依托东城区妇联社会组织之家开展服务项目。东城区妇联社会组织之家是以东城区妇联为业务主管单位、由北京市协作者社会工作发展中心提供专业支持的支持性服务平台，旨在为服务东城区妇女儿童及家庭的社会组织搭建平台、汇聚资源，打造"信息联通、工作联动、服务联办"的组团服务机制。[①] 近年来，东城区妇联社会组织之家不断发展壮大，截至2023年5月已有30多家成员单位。[②] 阳光站汇聚了各级妇联组织的资源，充分发挥了东城区妇联社会组织之家的团队力量，为促进儿童参与社区治理、开展社区儿童服务提供了实体空间和前沿阵地。

2.发挥社会组织专业优势，赋能社区"小志愿者"

社会组织具有公益属性，其在资源整合、志愿者培育、社区社会资本建设等方面具有独特优势，成为社区服务和社区治理的重要主体之一。自

---

[①] 《东城区妇联社会组织之家成立一周年》，北京市协作者社会工作发展中心网站，2019年5月1日，http://www.facilitator.org.cn/news/aboutus01/news-id/642/。

[②] 《胡家园社区全国文明实践巾帼志愿阳光站成立》，首都文明网，2023年5月23日，https://www.bjwmb.gov.cn/wmdt/dcq/10031195.html。

2018年开始，东城区妇联依托社会组织之家陆续打造了一批优秀志愿服务项目品牌。2023年阳光站落地胡家园社区，东城区妇联继续发挥社会组织之家的平台优势，通过一系列精品服务项目，积极培育社区志愿服务队伍，赋能儿童群体参与社区建设。

从儿童发展角度看，主动参与社区公共事务能够有效促进儿童社会情感发展，并在塑造儿童的自我身份认同中发挥重要作用。比如，"青苗计划"青苗安全互助志愿服务项目成立了一支以青少年儿童为核心，家长、隔代家长为辅助力量的"青苗安全志愿服务队"，使地区青少年通过安全宣传服务，在增强自我安全意识的同时，帮助更多儿童及家长重视安全教育，实现自我成长。再如，"家园小喇叭"文化传承巾帼志愿服务项目组建"家园小喇叭"志愿团队，为社区的青少年赋能，通过研讨、选举，推选出领头人，制定团队的服务公约，作为"媒体人"为社区发声，搭建社区正能量媒体平台。儿童在参与社区公共事务过程中增强了自尊、自信，锻炼了主动沟通、解决问题的能力，培养了热心公益的良好品行。

3.以志愿服务为抓手，推动"一老一小"共同发展

"一老一小"是国家和社会重点关注群体，在人口老龄化背景下，解决好"一老一小"问题不仅关乎千万家庭的幸福生活，更关乎社会和谐稳定与国家长治久安。"一老一小"是一项系统民生工程，需要运用系统思维整体谋篇布局。在东城区妇联的指导下，胡家园社区以志愿服务为抓手，通过开展"一个观众的剧场""五星小公民"等儿童助老志愿服务项目，创新"一老一小"融合发展模式。其中，"一个观众的剧场"项目由社区少年儿童组成志愿服务队，志愿服务队有队长1人、队员10人，在老年餐厅、敬老院或是空巢独居老人家中开展慰问演出。在志愿服务过程中，孩子们展现了自身的才艺，建立了自信，培养了助老意识、志愿意识、同理心、责任心。与此同时，老年人建立起了与社区的联结，提高了社区认同感和归属感。

## （二）香北社区："自下而上"的社区自治机制

香北社区位于东城区东直门街道西北部，东临朝阳区左家庄西街，西临

朝阳区西坝河南路，北与朝阳区柳芳南里接壤，南至香河园街，面积为0.15平方公里，是融老旧小区和新建高档住宅小区为一体的混合型社区，由万国城南区、北区高档小区和造纸厂宿舍老旧小区组成。社区内有居民住宅楼25栋，常住居民3705人，其中青年2582人、外籍人口402人。香北社区坚持党建引领，充分发挥社区能人的带动作用，以文化活动为载体，搭建了由社区工作者、家长志愿者、物业、社会爱心人士组成的儿童社会支持网络，激发了社区自治的内生动力，营造了儿童友好社区环境，走出了一条"自下而上"探索儿童友好社区建设的实践路径。

**1. 发挥社区能人带动作用，为儿童友好社区建设贡献"家力量"**

家庭既是儿童友好社区建设的受益者，也是儿童友好社区建设的重要参与力量。在高楼林立的大都市，让自己的孩子在良好的社区环境中成长、与同龄伙伴建立亲密的社会交往关系是当下家长群体的迫切需求。香北社区幸福笃行巾帼志愿者团队就是一支由家长群体自发组成的志愿服务队，团队发起者是社区里的一位全职妈妈。团队于2014年成立，最初是家长间的互助合作，把孩子年龄相仿，有共同需求、共同兴趣的家长们组织起来，在社区中开展一些儿童课外活动。发展至今，团队组织化程度逐渐提高，由最初的兴趣小组逐渐发展为服务社区的专业志愿组织，旗下队伍有幸福万邦家庭志愿者团队、幸福追光少年儿童志愿者团队、幸福笃行儿童合唱团。2014年以来，香北社区幸福笃行巾帼志愿者团队累计服务25600人次，年均活动50次，每年组织300人以上的大型活动5次，配合社区活动10次，充分发挥了社区能人的带动作用，彰显了社区自治的活力。

**2. 以社区活动为载体，搭建多方联动的儿童社会支持网络**

儿童友好社区建设需要激发社区的内生发展动力，推动形成以儿童友好为切入点的共建共治共享的社会治理格局。[1] 不同于一些社区出现的物业与居民间关系紧张的现象，在香北社区万国城小区的每次活动中，物业都会给

---

① 国家发展和改革委员会社会发展司、国务院妇女儿童工作委员会办公室编著《中国儿童友好城市发展报告2023》，中国计划出版社，2023，第80页。

予场地和人力支持。家长们会以志愿者的身份参与其中或积极链接社会资源。社区每年的党组织服务群众经费、社区公益金主要用于活动经费支持。

"小小主任志愿者"系列活动是香北社区的特色活动，通过敬老小使者、消防小卫士、环保小当家、公益小帮手等角色设置，让辖区青少年积极参与社区实践活动。"小小主任志愿者"系列活动不仅是助力青少年自我成长的有效方式，也是社区以小主人翁为支点，通过"小手拉大手"的方式，不断强化家庭与社区良性互动的新模式，更是增强社区居民主人翁意识的新手段。

香北社区以社区活动为载体，搭建了由社区工作者、家长志愿者、物业、社会爱心人士组成的社会关系网络，构建了正向支持、紧密合作的儿童社会支持生态圈。通过开展社区活动，不断增强社区自治能力，构建社区共同体。

# 四　儿童友好社区建设的反思与展望

## （一）挑战与反思

当前，全国各地儿童友好城市建设如火如荼，建设儿童友好社区成为促进儿童全面发展、提升城市治理水平的重要抓手。东直门街道在积极推进儿童友好社区建设工作中积累了丰富的经验，但也面临与其他街道相似的挑战，这也是当前北京市儿童友好社区建设需要重点反思之处。

### 1. 社区儿童志愿服务的持续性问题

作为社区治理体系中的一支重要力量，社区志愿服务在满足社区服务需求、引领社区文明实践等方面发挥着积极作用。儿童志愿服务队伍在丰富儿童友好服务、营造儿童友好环境、提升儿童参与意愿等方面扮演着重要角色。然而，组织能力不足、经费匮乏、保障激励机制不健全等因素往往制约着儿童志愿服务队伍的生存和发展，这是社区志愿服务面临的共性难题。因此，如何为社区志愿服务的可持续发展注入源源不断的活力与动力，充分激发其在社区服务和社区治理中的巨大潜力，成为未来推进儿童友好社区建设工作亟待解决的一个重要问题。

**2. 儿童文体服务供给的均衡性问题**

公共服务友好体现了儿童友好社区建设的内在温度，让儿童享有多彩的文体生活是公共服务友好的重要内容。但是，不同社区拥有的公共文体空间及提供的儿童文体服务存在很大差异，资源相对匮乏社区的儿童文体服务供给还面临"有没有"的问题。因此，高效统筹各类资源，增加儿童普惠公共服务的有效供给，对增进儿童福祉、提升市民的获得感和幸福感至关重要。

**3. 儿童友好空间的家庭友好性问题**

混合共享是在有限的空间条件下实现场地资源利用最大化的一种重要方式。① 这意味着公共服务设施和空间的改造更新不仅需要考虑儿童的需求，还需考虑年轻父母、祖父母等家庭成员的需求。从现实情况来看，儿童尤其是低龄儿童参与公共活动往往需要家庭照护者同时在场，然而当前大多数儿童服务资源难以充分兼顾不同年龄段儿童的家庭成员需求，未合理设置家长看护区和交流区，不利于家长持续有效参与活动。因此，将家庭成员需求有效嵌入儿童成长空间的改造更新对提升家庭及儿童的社会参与度有重要意义。

## （二）未来展望

基于上述分析，本报告从以下 3 个方面展望北京市儿童友好社区建设的未来方向。

**1. 强化政策激励和保障，激发儿童志愿服务的持续动力**

多项研究表明，影响社区志愿服务持续性的因素是多方面的。从志愿者个体层面来看，物质激励、关怀激励、政策优待、商业优惠等激励因素和团体融合等情境因素会显著影响志愿者投入的时间和积极性；② 从志愿者组织

---

① 张璐、叶竹：《基于老幼复合共享特征的既有住区全龄化改造策略》，《城市发展研究》2020 年第 10 期，第 113~114 页。
② 齐从鹏、张强：《居民持续参与社区志愿服务的影响因素研究》，《中国志愿服务研究》2022 年第 4 期，第 128 页。

层面来看，活动经费、内部管理及运行机制、服务供给能力与专业性等因素会显著影响志愿者队伍的持续性。① 因此，要加强社区志愿服务政策法规建设，优化志愿服务队伍的组织管理和工作流程，提高自治组织的服务能力和水平；要加大对社区志愿组织的支持力度，可通过政府购买服务的方式直接或间接为社区志愿服务组织提供资金、技术、管理等支持，提升志愿服务组织进行儿童服务的专业性和持续性；要健全志愿服务回馈激励机制，构建精神激励和物质激励有机融合的志愿荣誉体系，同时要主动引导志愿服务组织加强组织内部关系建设，增强志愿者的组织黏性和归属感，进而激发儿童志愿服务的内生动力。

2. 加强资源整合和链接，促进儿童公共服务的均衡配置

在儿童友好社区建设过程中，街道要进一步扮演好支持者、管理者和资源链接者的角色，不断提升社会资源整合能力，缓解儿童公共服务不平衡不充分的问题。加强顶层设计，积极探索在街道层面建立儿童友好社区创建工作联席会制度，有效引导多部门协同、社会力量合作参与儿童服务供给，提升内外资源动员及整合能力。依托街道儿童之家、家长学校、未成年人工作站等儿童服务阵地，充分整合利用妇联、关工委、教委等部门提供的各类儿童服务资源，精准供给针对不同年龄段的儿童友好服务。摸清辖区内各社区的社会资源特点和实际需求，掌握各社区在儿童友好社区建设中的优势及短板，促进街道内跨社区的资源服务共享、调配和联动，实现街道内儿童的利益最大化。

3. 提升儿童友好空间的家庭复合功能，以儿童友好带动全龄友好

儿童友好空间需要满足儿童的生理、安全、归属、尊重和自我实现的需求。② 结合隔代抚育以及多孩生育政策叠加的现实背景，儿童友好空间需充分考虑不同年龄段服务功能和全龄复合设置，其基本出发点在于全面保障儿

---

① 党秀云：《迈向高质量的社区志愿服务：发展机遇、现实困境与未来趋势》，《中国行政管理》2024年第2期，第67~69页。

② 国家发展和改革委员会社会发展司、国务院妇女儿童工作委员会办公室编著《中国儿童友好城市发展报告2023》，中国计划出版社，2023，第45页。

童和家庭成员"在一起"的基本权利，尽可能减少或避免城市规划疏漏造成的任何形式上的儿童与家庭成员的分离。① 因此，要优化家庭友好的无障碍环境，鼓励家庭集体参与城市公共活动。例如，在街道和社区内鼓励老年、儿童日间照料和托管服务功能混合布局，在儿童主要活动场地周边增加或优化家长陪护空间，在公园、图书馆、商场等公共场所倡导建立能同时为多代人提供学习、休闲、社交等功能的空间，让儿童、青少年、成年人、老年人共享高品质的人居环境。

## 参考文献

刘磊等：《儿童友好城市的中国实践》，中国建筑工业出版社，2022。

国家发展和改革委员会社会发展司、国务院妇女儿童工作委员会办公室编著《中国儿童友好城市发展报告 2023》，中国计划出版社，2023。

石晓冬、邱红、甘霖：《北京市儿童友好城市建设的系统路径与规划实践》，《城乡建设》2023 年第 7 期。

刘志军、朱妍：《社工机构介入儿童友好型社区营造的行动逻辑与可持续发展策略——以安徽省 X 项目为例》，《社会建设》2024 年第 1 期。

张璐、叶竹：《基于老幼复合共享特征的既有住区全龄化改造策略》，《城市发展研究》2020 年第 10 期。

齐从鹏、张强：《居民持续参与社区志愿服务的影响因素研究》，《中国志愿服务研究》2022 年第 4 期。

党秀云：《迈向高质量的社区志愿服务：发展机遇、现实困境与未来趋势》，《中国行政管理》2024 年第 2 期。

甘霖、邱红、加雨灵：《北京"新三代家庭"育儿模式下的儿童友好型城市规划策略》，《规划师》2024 年第 1 期。

---

① 甘霖、邱红、加雨灵：《北京"新三代家庭"育儿模式下的儿童友好型城市规划策略》，《规划师》2024 年第 1 期，第 16 页。

# B.11
# 北京职业女性工作-家庭平衡的影响因素与促进机制

## ——基于CGSS2021的实证研究

营立成　王淳*

**摘　要：** 促进工作与家庭之间的平衡有利于女性自身健康发展，是构建女性友好型社会的重要举措。本报告基于2021年中国综合社会调查数据对北京职业女性的工作-家庭平衡情况进行考察，从工作负担情况、工作干扰家庭情况、家庭干扰工作情况3个方面概括基本特点，并建立回归模型分析个人观念、工作因素与家庭因素对北京职业女性工作-家庭平衡的影响，发现工作生涯、工作时间安排、配偶支持、未成年子女数等变量对工作-家庭平衡具有显著影响。这一结果启示北京市应着力构建家庭友好型工作场所、完善"一老一小"服务支持体系、营造和谐互助的家庭文化氛围，使女性更加平等地从事经济生产、更加顺畅无忧地进行社会再生产，应对我国人口转型带来的现实挑战。

**关键词：** 职业女性　工作-家庭平衡　配偶支持　北京

　　自工业革命以来，为适应社会化大生产的需要，企业往往倾向于将劳动者集中到特定场所工作，通过将家庭和工作分离提高生产效率。工作与家庭

---

* 营立成，社会学博士，中共北京市委党校（北京行政学院）社会学教研部（北京市人口研究所）副教授、硕士研究生导师，主要研究方向为城市社会学、社会理论等；王淳，中共北京市委党校（北京行政学院）社会学教研部（北京市人口研究所）硕士研究生，主要研究方向为城市社会学。

的分离意味着人们在两个领域之间不断跨越转换，一个领域中的情绪、价值观、行为可能"溢出"到另一领域，对一个领域的不满意会致使个体加大在另一领域的投入力度以寻求"补偿"，[1] 加上两个领域总是存在相互冲突的角色要求，工作-家庭冲突成为现代社会人们不得不面对的重要问题。根据 Frone 等人的观点，工作-家庭冲突包括两种情况：一是工作干扰家庭（Work Interfering Family，WIF），即工作方面的任务、压力等对家庭责任义务产生负面影响；二是家庭干扰工作（Family Interfering Work，FIW），即家庭的需求妨碍工作。[2] 当然，这两种情况并不是完全分开的，工作与家庭的压力常常相互影响，这进一步增强了这一问题的复杂性。[3]

从相关文献来看，尽管男性和女性都可能面临工作-家庭冲突，但学术界更加关注女性劳动者在这方面面临的困境与挑战。[4] 社会学家霍克希尔德发现，如果把有偿劳动、家务劳动和照料孩子的时间放在一起估算，美国女性每周的劳动时间要比男性多出 15 个小时；同时，职场女性与她们的丈夫相比更容易疲惫、生病。[5] Fiona 和 Hagan 指出，加拿大男性律师如果表现出合乎传统的家庭形象更容易得到晋升，而女性律师要获得像男性一样的晋升则不得不放弃家庭而优先考虑工作。[6] 在我国，2023 年数据显示，女性劳动参与率达到61%，超过了美国（57%）、英国（58%）、德国（56%）、日本（55%）等发达国家，[7] 女性家庭照料负担重、公共服务支持不足的问题

① R. E. Jeffrey, P. R. Nancy, "Mechanisms Linking Work and Family: Clarifying the Relationship between Work and Family Constructs," *Academy of Management Review* 25 (2000): 178-199.

② M. Frone, M. Russell, M. L. Cooper, "Antecedents and Outcomes of Work-family Conflict: Testing a Model of the Work-family Interface", *Journal of Applied Psychology* 1 (1992): 65-78.

③ Z. Sheldon, L. M. Kathleen, "Work in the Family and Employing Organization," *American Psychologist* 2 (1990): 240-251.

④ 〔英〕马立克·科尔钦斯基、〔美〕兰迪·霍德森、〔英〕保罗·爱德华兹主编《工作社会学》，姚伟、马永清译，中国人民大学出版社，2012，第160页。

⑤ 〔美〕阿莉·克塞尔·霍克希尔德：《职场妈妈不下班：第二轮班与未完成的家庭革命》，肖索未、刘令堃、夏天译，生活·读书·新知三联书店，2021，第15页。

⑥ M. K. Fiona, H. J. Hagan, "Raising the Bar: The Gender Stratification of Law-firm Capital," *American Sociological Review* 5 (1998): 728-743.

⑦ 参见世界银行网站：https://data.worldbank.org.cn/indicator/SL.TLF.CACT.FE.ZS? end = 2023&most_recent_value_desc = true&start = 1991&view = chart。

仍需要破解，女性平均每天用于照料/辅导/接送孩子和照料老人/病人等的时间为136分钟，已婚女性平均每天的家务劳动时间为120分钟。① 对于女性面临的工作-家庭冲突，霍克希尔德提出："女性大量进入经济生产是一个巨大的社会变迁，但一种能够对这一过程起润滑作用的、对婚姻和工作增进的文化理解并没有应运而生。女性在变化，但大多数工作场所并不考虑员工的家庭需求。"② 如此说来，破解女性在工作-家庭中面临的困境不仅对于其个人发展有重要意义，也是促进社会进步、构建更具温度的社会-家庭结构的重要抓手。

北京作为我国的首都，经济发达，生活节奏快，职业女性面临来自多方面的压力，如较长的通勤时间（2022年北京单程通勤时耗为47分钟，在全国主要城市中通勤时耗最长）③、日益增加的工作时间（2018年北京居民日均工作时长为8小时34分钟，与2008年相比增加56分钟）④，因此其面临的工作-家庭冲突会更为明显。2022年，北京市人口出生率为5.67‰，⑤ 低于全国平均出生率6.77‰，⑥ 侧面反映了这一问题。另外，北京是各项政策落实的前沿阵地与示范区域，公共服务和社会保障水平相对较高。根据北京市"十四五"中期妇女发展统计监测报告与儿童发展统计监测报告，北京市妇女的劳动保障水平与社会保障水平进一步提高，⑦ 妇幼保健机构等儿童

---

① 《第四期中国妇女社会地位调查主要数据情况发布》，"全国妇联女性之声"百家号，2021年12月28日，https://baijiahao.baidu.com/s? id=1720364474098182308&wfr=spider&for=pc。

② 〔美〕阿莉·克塞尔·霍克希尔德：《职场妈妈不下班：第二轮班与未完成的家庭革命》，肖索未、刘令堃、夏天译，生活·读书·新知三联书店，2021，第15页。

③ 《2023年度中国主要城市通勤监测报告》，中规智库，2023年8月，https://bj.bcebos.com/v1/mapopen/cms/report/2023tongqin/index.html。

④ 《北京人的一天——2018年北京市居民时间利用调查报告》，北京市统计局网站，2019年3月15日，https://tjj.beijing.gov.cn/tjsj_31433/sjjd_31444/202002/t20200216_1639787.html。

⑤ 资料来源：《北京统计年鉴2023》。

⑥ 资料来源：《中国统计年鉴2023》。

⑦ 《首都妇女事业发展迈出新步伐 八大重点监测领域保持良好发展态势——北京市"十四五"中期妇女发展统计监测报告》，北京市统计局网站，2023年8月1日，https://tjj.beijing.gov.cn/tjsj_31433/sjjd_31444/202308/t20230801_3212018.html。

医疗服务体系日趋完善，积极推进托育服务支持的体系化发展。<sup>①</sup>在此背景下，北京职业女性的工作与家庭生活关系将呈现何种图景？受到哪些因素的影响以及如何消除冲突、达到平衡？本报告将对上述问题做出讨论，并以此为着眼点进一步讨论促进女性工作-家庭平衡、建设女性友好型社会的做法。具体而言，本报告运用2021年中国综合社会调查（以下简称"CGSS 2021"）<sup>②</sup>的数据作为主要分析资料，从三个方面展开：第一，概括北京职业女性工作-家庭冲突的主要特征；第二，基于数据建立北京职业女性工作-家庭冲突的回归模型并对结果进行分析；第三，针对研究发现提出促进北京职业女性工作-家庭平衡的相关措施与对策建议。

## 一　北京职业女性工作-家庭平衡的现状特点

尽管女性工作-家庭冲突在社会学、心理学、管理学及女性研究中广受关注，但针对北京职业女性工作-家庭冲突与平衡的研究尚不多见。如果不能通过实证数据对北京职业女性工作-家庭冲突情况做出把握，在相关政策设计上可能会有所失焦。李洪坚等人对北京已生育二孩女性职工的工作生活平衡状况的调查是为数不多的相关研究之一。该研究发现，北京已生育二孩女性职工对工作生活平衡状况的自我评价并不高，存在工作压力较大并且对家庭满意度不高等问题，亟须在政策上予以必要支持。<sup>③</sup>不过，该研究主要面向已生育二孩在职女性，调查群体具有一定的局限性。值得注意的是，与以往相比，CGSS 2021在问卷上增设了专门模块考察被访者"工作妨碍家庭

---

① 《全面坚持儿童优先　持续推进儿童友好　首都儿童事业高质量发展开启新篇章——北京市"十四五"中期儿童发展统计监测报告》，北京市统计局网站，2023年8月1日，https：//tjj. beijing. gov. cn/tjsj_31433/sjjd_31444/202308/t20230801_3212047. html。

② CGSS 2021面向全国19个省区（安徽、北京、福建、甘肃、广西、江苏、浙江、河南、河北、湖南、湖北、内蒙古、江西、辽宁、宁夏、山东、山西、陕西、重庆）开展调查，共获取样本8148个，其中北京地区样本673个，包括北京地区女性样本366个、从事非农工作的样本121个。

③ 李洪坚等：《北京已生育二孩女性职工的工作生活平衡状况调研分析》，载施昌奎主编《北京公共服务发展报告（2018~2019）》，社会科学文献出版社，2019，第114~131页。

生活的程度"与"家庭生活妨碍工作的程度",同时设置了考察被访者工作情况与家庭情况的相关问题。基于 CGSS 2021 的测量结果,本报告将对北京职业女性的工作负担情况、工作干扰家庭情况及家庭干扰工作情况做出考察,揭示北京职业女性工作-家庭平衡的基本特点。

### (一)北京职业女性工作负担情况

较重的工作负担会迫使职业女性花费更多的时间在工作上,从而导致家庭-工作冲突感上升。通过对 CGSS 2021 数据的分析,发现北京在职女性与全国其他地区在职女性相比,花费在工作(或通勤)上的时间明显更长,工作压力更大,反映了北京职业女性工作负担相对较重。

从通勤时间来看,北京职业女性平均单程通勤时间达到 38.13 分钟,略多于北京职业男性(34.85 分钟),比全国其他地区职业女性(23.30 分钟)多出了 14.83 分钟。如果考虑在住处和工作地点往返的情况,北京职业女性每天花在通勤上的时间要比全国其他地区的职业女性多出半个小时左右,通勤是不少北京职业女性在工作中要解决的难题(见图1)。

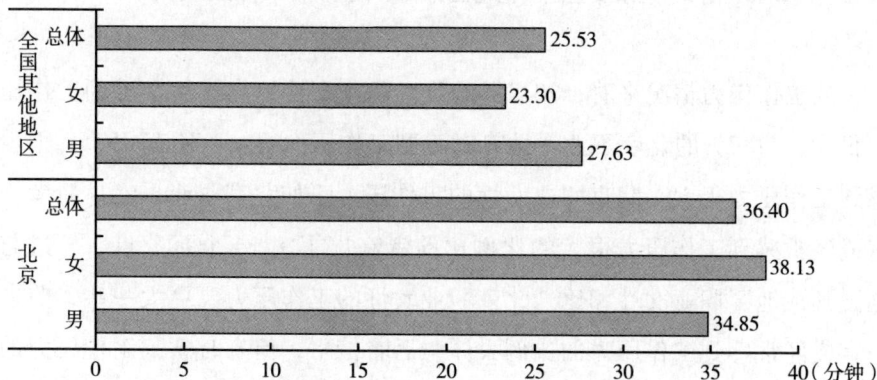

**图1 北京及全国其他地区男女在职人员单程通勤时间比较**

从加班情况来看,有 34.7% 的北京职业女性存在加班的情况,其中加班后没有调休或加班时间超过了调休时间的有 28.9%,每周加班总时长达到 10.53 小时(见图2)。与北京职业男性相比,北京职业女性的加班情况并不突出,但与全国其他地区职业女性相比，北京职业女性需要花更多时间在工作上。从数据看，北京职业女性加班的比例比全国其他地区职业女性高出 3.1 个百分点，加班且没有调休的比例高出 7.8 个百分点，加班时长多出 1.6 小时。

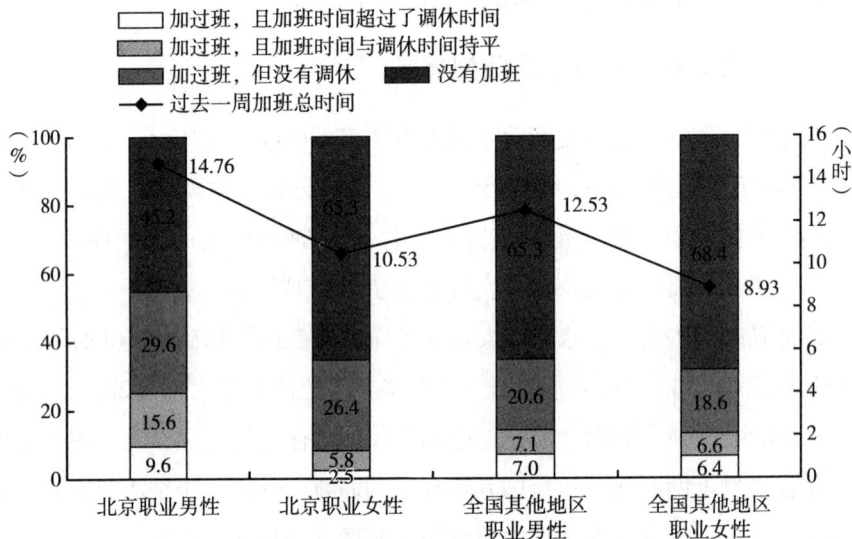

图例：
- □ 加过班，且加班时间超过了调休时间
- 加过班，且加班时间与调休时间持平
- 加过班，但没有调休　　■ 没有加班
- ◆ 过去一周加班总时间

图 2　北京及全国其他地区男女在职人员加班情况比较

从工作压力情况来看，23.1%的北京职业女性一直或经常感到工作压力很大，41.3%的北京职业女性有时感到工作压力很大，还有 35.5%很少感到工作压力很大。北京职业女性的工作压力不如北京职业男性，后者一直或经常感到工作压力很大的比例比前者高出了 12.4 个百分点。不过与全国其他地区职业女性相比，北京职业女性的工作压力要更大一些，前者一直或经常感到工作压力的比例大体与后者持平，但有时感到工作压力的比例比后者低了 7.4 个百分点，很少有工作压力的比例比后者高出 6.9 个百分点。可以说，北京职业女性的工作压力在全国职业女性群体中是比较大的（见图 3）。

总之，从数据分析上看，北京职业女性工作负担总体上不如北京职业男性重（但通勤时间比男性稍长），但与全国其他地区职业女性相比，北京职

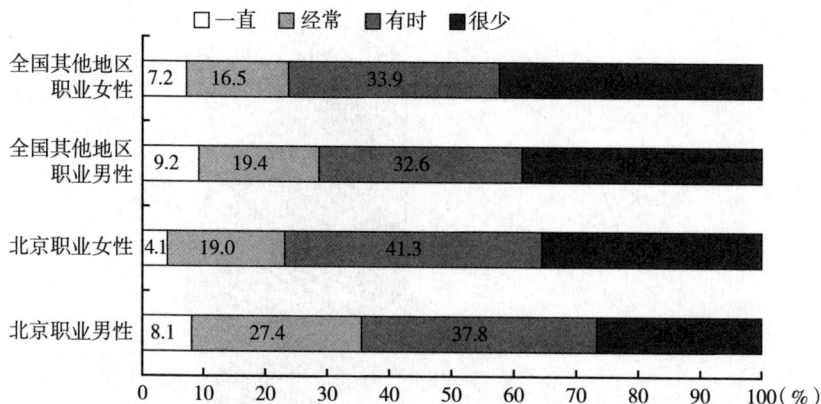

□一直　▨经常　▤有时　■很少

| | | | | |
|---|---|---|---|---|
| 全国其他地区职业女性 | 7.2 | 16.5 | 33.9 | |
| 全国其他地区职业男性 | 9.2 | 19.4 | 32.6 | |
| 北京职业女性 | 4.1 | 19.0 | 41.3 | |
| 北京职业男性 | 8.1 | 27.4 | 37.8 | |

图3　北京及全国其他地区男女在职人员感到工作压力很大的频率比较

业女性通勤时间更长、加班比例更高、加班时间更长、工作压力更大，这些都是北京职业女性在工作中需要面临的现实问题。

## （二）北京职业女性工作干扰家庭情况

从工作干扰家庭的维度来看，北京职业女性中有7.4%感到一直或经常面临工作影响家庭的困扰，有27.3%表示有时会面临这一问题，有31.4%表示很少遇到工作对家庭的干扰，还有33.9%从未遇到这一问题（见图4）。

值得注意的是，与北京职业男性相比，北京职业女性感到工作干扰家庭的情况相对较少。数据显示，北京职业男性一直感到工作干扰家庭的比例为3.0%，经常感到工作干扰家庭的比例为15.6%，有时感到工作干扰家庭的比例为27.4%，三者之和达到46.0%，比北京职业女性高出11.3个百分点，只有28.1%的北京职业男性从未感觉到工作干扰家庭（见图5）。实际上，一些学者在相关研究中已经注意到相较于女性，男性更容易感觉到工作对家庭的干扰。[1] 这主要是因为受到传统性别观念的影响，对于男女两性来说，工作与家庭角色的边界渗透是不对等的，女性被要求承担更多的家

---

[1]　N. P. Gary, H. G. Jeffrey, "Sex, Gender, and Decisions at the Family-work Interface," *Journal of Management* 4 (2010): 1011-1039.

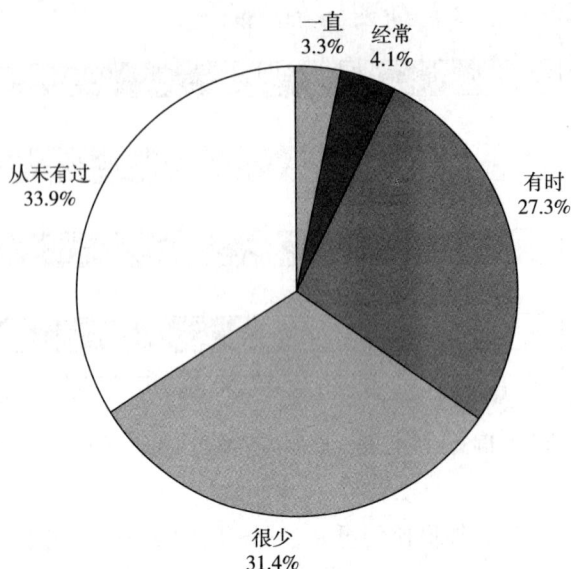

一直 3.3%
经常 4.1%
有时 27.3%
从未有过 33.9%
很少 31.4%

**图4 北京职业女性感到工作干扰家庭的频率分布**

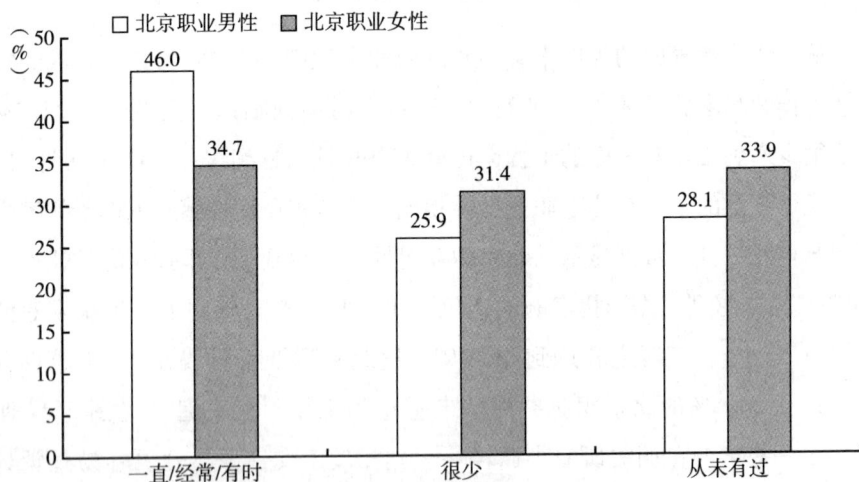

□ 北京职业男性　■ 北京职业女性

46.0
34.7
25.9
31.4
28.1
33.9

一直/经常/有时　　　　很少　　　　从未有过

**图5 北京职业女性与男性感到工作干扰家庭的频率比较**

庭角色，工作任务需加以协调以适应家庭需要，而男性则被要求在工作上全力投入，家庭事务居于次要地位。由此，男性更可能因为将更多精力投入工作而忽略家庭生活，造成工作干扰家庭的情况，女性在这方面的体验则会相对弱一些。

与全国其他地区职业女性相比，北京职业女性感到工作干扰家庭的情况还是比较突出的。从图6可以看出，全国其他地区职业女性中，只有23.7%感到一直/经常/有时面临工作干扰家庭的情况，比北京职业女性低了11.0个百分点；有46.8%从未感受到这一问题，比北京职业女性高12.9个百分点。

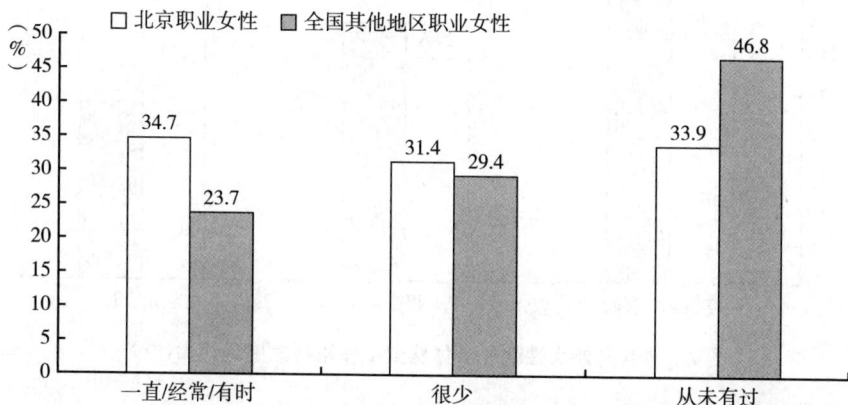

**图6　北京职业女性与全国其他地区职业女性感到工作干扰家庭的频率比较**

就北京职业女性群体内部而言，不同职业群体感到工作干扰家庭的程度有所不同。CGSS 2021详细询问了劳动者"工作的单位或公司的类型"与"工作的单位或公司的所有制性质"，按照既有研究的做法，[①] 将那些在党政机关、国有（控股）企业、国有或集体事业单位、社会团体以及居（村）委会就业的群体归为体制内就业群体，其他则归为体制外就业群体。对两类女性群体面临的工作干扰家庭的情况进行比较分析可以发现，体制外就业女性中有40.7%认为自己一直/经常/有时面临工作干扰家庭的情况，而体制内就业女性中这一比例仅为33.3%；从未有过这一感受的体制内就业女性占比为37.0%，比体制外就业女性高出12.0个百分

---

① 吴愈晓、王鹏、黄超：《家庭庇护、体制庇护与工作家庭冲突——中国城镇女性的就业状态与主观幸福感》，《社会学研究》2015年第6期，第132页。

点（见图7）。由此可见，城市劳动力市场中体制内外的差别深刻影响着女性工作-家庭平衡，在体制内就业的劳动者在就业稳定性、福利保障、工资待遇、雇佣规范性等方面具有一定优势，[①] 体制内工作对家庭的影响相较于体制外工作要小一些。

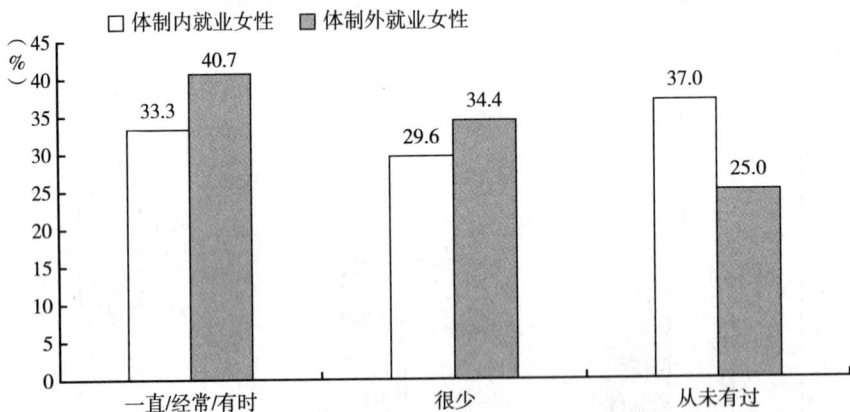

図7 体制内外女性就业群体感到工作干扰家庭的频率比较

## （三）北京职业女性家庭干扰工作情况

家庭干扰工作也是工作-家庭冲突的一种常见情况。从统计数据看，1.7%的北京职业女性一直感到家庭干扰工作，0.8%的北京职业女性经常感到，10.7%的北京职业女性有时感到，三者合计比例为13.2%。此外，还有41.3%的北京职业女性偶尔感到，45.5%的北京职业女性从未感到（见图8）。

利用Spearman等级相关分析对家庭干扰工作和工作干扰家庭的关系进行考察，可以发现两者之间存在相当显著的正相关关系（$Spearman = 0.558$，$P = 0.000$），说明感到家庭干扰工作的职业女性很可能也感到工作干扰家庭，在讨论上述两个问题时不能将它们割裂开来。另外，与工作干扰家庭相

---

① 蔡昉：《二元劳动力市场条件下的就业体制转换》，《中国社会科学》1998年第2期，第10页。

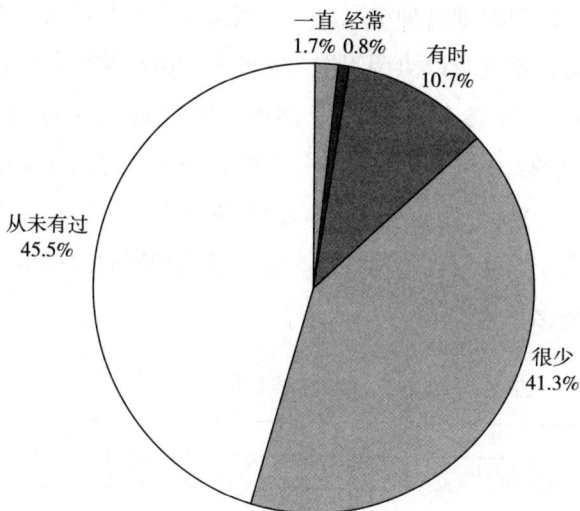

**图8 北京职业女性感到家庭干扰工作的频率分布**

比，女性面临的家庭干扰工作情况要少一些。具体而言，近七成（66.1%）北京职业女性认为存在工作干扰家庭的情况，过半数（54.5%）北京职业女性认为存在家庭干扰工作的情况，两者相差11.6个百分点。此外，只有13.2%的北京职业女性明显感受到家庭对工作的干扰，但明显感受到工作对家庭干扰的北京职业女性比例达到34.7%。出现这一情况的原因有两方面。一方面，工作是大多数人维持生计、供养家庭的主要手段，并且劳动参与方面的性别差距逐渐缩小，面对就业压力增大、岗位竞争激烈的现实，人们倾向于以工作优先，尽量避免家庭事务干扰工作。另一方面，随着女性日益强调自我价值与自主空间，家庭事务不再是女性事业发展的阻碍，加之北京的社会保障体系相对健全，公共托幼机构与家中老人的代际支持能帮助女性分担一部分家庭压力。

从北京职业女性与男性的比较来看，如图9所示，就很少感到家庭干扰工作的情况而言，北京职业女性的比例（41.3%）要比职业男性（34.8%）高出6.5个百分点，从未有过家庭干扰工作感受的北京职业男性比例比职业女性要高。这些数据表明，北京职业女性面临家庭干扰工作的情况比职业男性更加突出。之所以出现这种情况，一个重要原因是繁重的家务劳动占据了女性的大量时间，使其难以协调工作与家庭。《2018 年北京市居民时间利用调查报告》显示，在参与工作的人群中，男性进行家务劳动的比例为56. 29%，女性为 82. 08%；男性平均每天的家务劳动时间为 1 小时 50 分钟，女性为 3 小时 48 分钟，比男性多出 1 小时 58 分钟。[①] 学界对于我国城镇从业者的研究也表明，在女性与男性在事业上付出相同时间的情况下，女性家务劳动时间依然多于男性。[②]

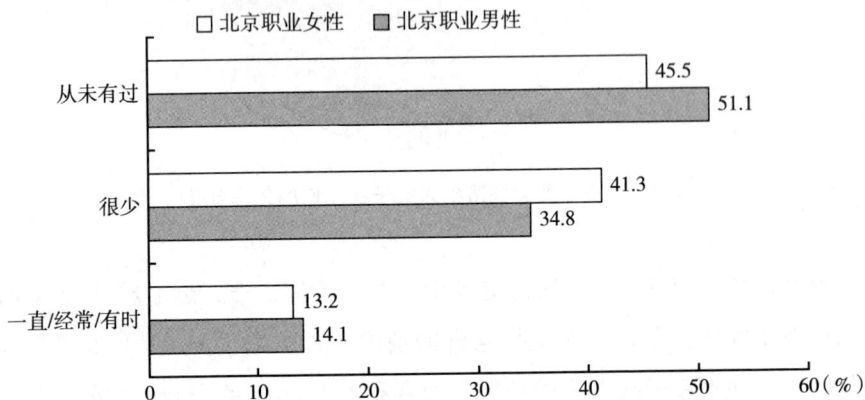

图 9　北京职业女性与男性感到家庭干扰工作的频率比较

从北京与全国其他地区职业女性的比较来看，一直/经常/有时感到家庭干扰工作的北京职业女性与全国其他地区职业女性比例接近，但是很少感到家庭干扰工作的北京职业女性比例（41. 3%）比全国其他地区职业女性比例（30. 0%）高出 11. 3 个百分点，感到家庭从未对工作产生干扰的北京职业女性比例（45. 5%）比全国其他地区职业女性（55. 2%）低了 9. 7 个百分点（见图 10）。可以看出，北京职业女性在全国范围内面临的家庭对工作的干扰是比较显著的。

---

① 《2018 年北京市居民时间利用调查报告》，北京市统计局网站，2019 年 3 月 15 日，https: // tjj. beijing. gov. cn/tjsj_31433/sjjd_31444/202002/t20200216_1639787. html。

② 佟新、周旅军：《就业与家庭照顾间的平衡：基于性别与职业位置的比较》，《学海》2013 年第 2 期，第 74 页。

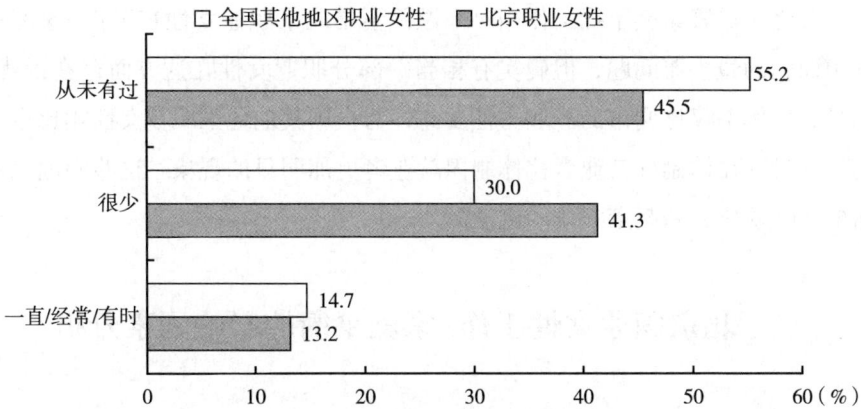

图 10　北京职业女性与全国其他地区职业女性感到家庭干扰工作的频率比较

　　从北京职业女性内部来看，体制内就业女性感到家庭干扰工作的情况要更加突出，其家庭对工作的干扰程度更深。具体来说，在感到家庭干扰工作的频率上，超过三成（35.2%）的体制内就业女性选择"很少"，体制外就业女性的比例为48.4%。选择"有时"的体制内就业女性占13.0%，体制外就业女性的比例为7.8%。有3.1%的体制外就业女性认为家庭一直干扰工作，体制内就业女性无人选择"一直"，仅有1.9%的人认为家庭经常干扰工作（见图11）。

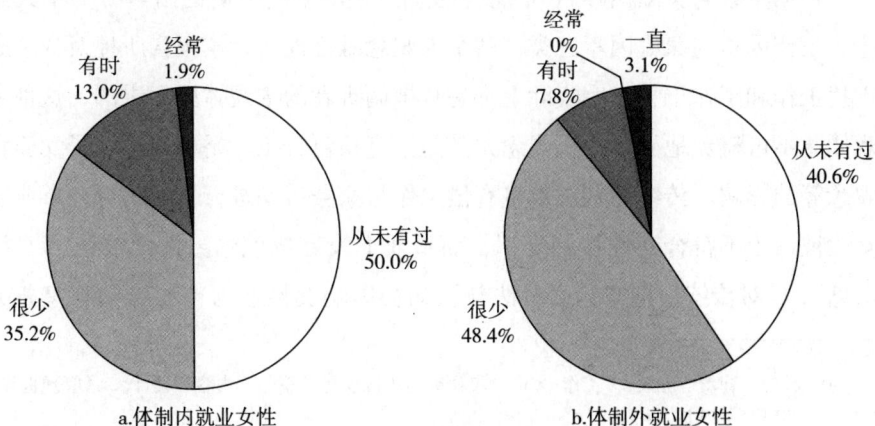

图 11　北京体制内外就业女性感到家庭干扰工作的频率分布

总之，尽管家庭干扰工作相对来说并不是北京职业女性在工作-家庭平衡中面临的最主要问题，但确实有相当一部分职业女性在这方面存在困扰，而且其比例不仅比同市的职业男性要高，与全国其他地区职业女性相比也更高，同时存在体制外就业者比体制内就业者更加明显的现象。这些问题也是需要在经验研究和政策安排中注意的。

## 二 北京职业女性工作-家庭平衡的影响因素分析

前文已经对北京职业女性家庭-工作平衡的基本情况做了讨论，从讨论中可以发现，北京职业女性面临工作负担和家庭压力，其工作-家庭冲突程度在全国职业女性群体中相对较高。因此，找到影响北京职业女性工作-家庭平衡的因素，并在此基础上做出相应的政策设计显得十分重要。考虑到在CGSS 2021中家庭干扰工作和工作干扰家庭均为定序变量，本报告将运用有序逻辑回归（Ordered Logistic Regression），聚焦个人观念、工作因素与家庭因素三个方面，探索影响北京职业女性工作-家庭平衡的因素。

### （一）研究假设

根据考察与文献回顾，[①] 将影响女性工作-家庭平衡的因素分为个人观念、工作因素与家庭因素三类。就个人观念维度而言，本报告所提及的家庭干扰工作和工作干扰家庭实际上都是从被调查者的主观体验上讲的，这种主观体验不可避免地受到个人观念尤其是家庭角色分工、婚姻观念及子女养育观念等的影响。传统性别规范将有偿工作与家务劳动进行二元划分，事业型女性被认为不符合女性性别意识，而事业上没有成就的男性则被认为"没出息"，[②] 对传统性别规范的看法与认知会影响女性参与市场劳动与家务劳

---

① 林忠、鞠蕾、陈丽：《工作-家庭冲突研究与中国议题：视角、内容和设计》，《管理世界》2013年第9期，第158页。

② 刘爱玉：《制度、机会结构与性别观念：城镇已婚女性的劳动参与何以可能》，《妇女研究论丛》2018年第6期，第20页。

动，进而影响其工作-家庭平衡。另外，养老观念是个人观念的重要组成部分。随着城镇化与工业化的推进，家庭结构与居住模式发生变化，父母与子女同住的比例下降，且居住距离拉远，[①] 赡养功能不再局限于家庭内部，出现了一些由政府、社会组织等主导的养老模式，这在客观上有助于减轻个体的家庭负担，更好实现家庭与事业之间的平衡。本报告提出以下个人观念层面的假设。

假设1a：性别角色态度越传统的女性，受工作-家庭冲突的影响越大。

假设1b：养老观念越保守的女性，受工作-家庭冲突的影响越大。

工作领域的影响因素主要分为实际的工作环境与条件、心理上的工作体验与感受两个层面。在实际的工作环境与条件层面，本报告关注工作生涯、工作时间安排的作用。个体在工作的过程中不断遭遇工作与家庭的冲突问题，会逐渐形成一套解决策略，随着工作生涯的发展，这套策略会愈加自然、自动施行，使个体知道如何更好地实现工作-家庭平衡。工作时间安排则更为直观地反映了工作投入及其对家庭领域的挤压。时间约束理论认为，由于现代社会的时间具有不可替代性，人们在某一时间段内完成的事项会产生时间成本，即以放弃完成其他事项为代价。不论是通勤时间、工作时间还是加班时间，都构成了工作领域对家庭责任义务的时间侵占，会引发工作与家庭之间的冲突。在心理上的工作体验与感受层面，个体的工作体验与感受会影响其对冲突水平的感知与评估，良好的工作体验与感受如自我成就感、轻松和谐的工作氛围有助于在主观上降低工作对家庭的干扰程度，更好地实现工作-家庭平衡。本报告提出以下工作因素假设。

假设2a：工作生涯越短的女性受工作-家庭冲突的影响越大。

假设2b：工作时间越长的女性受工作-家庭冲突的影响越大。

假设2c：工作体验感越差的女性受工作-家庭冲突的影响越大。

---

① 杨舸：《社会转型视角下的代际居住模式及影响因素》，《社会科学文摘》2017年第7期，第63页。

家庭因素对工作-家庭平衡的影响可从婚姻、配偶与子女 3 个层面来衡量。尽管婚姻为女性提供了家庭庇护，帮助她们抵御劳动力市场的风险,[1] 但仅限于选择放弃工作、回归家庭的部分女性。对于已婚的职业女性来说,"家庭工作两奔波"的处境在所难免，尤其是育有子女且子女未成年的女性。大量研究表明，母亲身份与女性劳动力市场地位之间存在负向关系，一方面，在文化语境中，女性历来被建构为家庭中的主要照顾者,"家庭是女性的重要领域"具有话语上的合法性；另一方面，现阶段公共托幼服务机制的不健全使得照料责任家庭化，而愈加"内卷化"的教育对母亲提出了更高的要求，不仅限于对孩子道德和行为的教化，精细化、科学化的教育在母亲职责中的权重也不断提升。[2] 在此情况下，配偶的支持与分担尤为重要，考虑现代社会大多数家庭为双职工家庭，因此将配偶的支持简化为工作时间，以此衡量其在工作与家庭领域中的投入占比。本报告提出以下家庭因素假设。

假设 3a：已婚女性比未婚女性面临更强的工作-家庭冲突。

假设 3b：配偶平均工作时间越长，女性所感受到的工作-家庭冲突越强。

假设 3c：育有未成年子女越多的女性越有可能感受到工作-家庭冲突。

## （二）数据与变量

本报告验证上述假设的数据来自 CGSS 2021。经过筛选，剔除在核心变量上存在缺失值的样本，并对问卷填答设计造成的系统缺失值进行适当填补，得到有效样本 121 个，其中进入回归模型的样本有 113 个。

本报告的因变量为工作干扰家庭、家庭干扰工作。核心解释变量分为个人观念、工作因素与家庭因素。在个人观念方面，关于性别角色态度，问卷

---

[1] 吴愈晓、王鹏、黄超:《家庭庇护、体制庇护与工作家庭冲突——中国城镇女性的就业状态与主观幸福感》,《社会学研究》2015 年第 6 期，第 129 页。

[2] 金一虹、杨笛:《教育"拼妈":"家长主义"的盛行与母职再造》,《南京社会科学》2015 年第 2 期，第 65 页。

中涉及7个问题:"男人以事业为重,女人以家庭为重""男性能力天生比女性强""干得好不如嫁得好""在经济不景气时应该先解雇女性员工""夫妻应该均等分摊家务""相比母亲,父亲不应当因为照顾孩子而放缓事业上的进取""为人母是对女性来说最有成就感的事情之一",取值分为"完全/非常不同意""比较不同意""无所谓同意不同意/不同意也不反对""比较同意""完全/非常同意",分别赋值1~5。由于第5题体现的态度与其他题相反,因此改变第5题的计分方式,将"完全不同意"赋值为5,"完全同意"赋值为1。将7个问题得分加总取均值,得到性别角色态度变量,其取值范围为1~5,取值越高意味着受访者的性别角色态度越传统。样本均值为2.28。关于养老观念,CGSS问卷中有一题与此相关,即"您认为有子女的老人的养老主要应该由谁负责",将选项重新编码,分为"主要由子女负责"、"政府/子女/老人责任均摊"与"其他,主要由政府或老人自己负责"三类,以"主要由子女负责"为参照。超过半数(59%)的样本选择了"政府/子女/老人责任均摊"。

在工作因素方面,工作生涯采用问卷中"从第一份非农工作到目前的工作,您一共工作了多少年"这一题来衡量。时间安排采用以下四个因素来测度:一是以"过去一个月内工作时间最长的一周所工作的小时数"与"工作时间最短的一周所工作的小时数"求得平均每周工作时间;二是问卷中直接询问的通勤时间,即"您平时从家(或住的地方)到工作单位的通勤时间(单程)是多少";三是根据"您过去一个周是否有加过班"一题生成一个二分变量(加班=1);四是根据"过去一个月您的工作是不是存在通过微信或电话随时安排任务的情况"一题生成一个二分变量(随时安排工作=1)。工作体验转化为工作压力与工作满意度两个变量,二者在问卷中均有直接的问题,分别对其进行重新编码,取值越高代表所感受到的工作压力越大、工作满意度越高。

在家庭因素方面,CGSS询问了被访者的婚姻状况,将其重新编码为二分变量(已婚=1),将初婚有配偶、再婚有配偶、分居未离婚归为已婚,其余归为未婚。配偶平均每周工作时间在问卷中有直接体现,可作为变量使用。对于未成年子女数，分为"无孩""一孩""两孩及以上"三类，以无孩为参照。

本报告还控制了一些可能影响女性工作-家庭冲突的个人变量，包括年龄、户籍状况（非农业户籍＝1）、政治面貌（党员＝1）、受教育程度（小学及以下为参照组）。样本平均年龄为 38 岁，非农业户籍占比为 73%，党员占比为 24%，超过一半（64%）的受访者的受教育程度为本科及以上。基本变量描述统计见表 1。

### 表 1　基本变量描述统计

单位：个

| 变量 | | | 样本数 | 均值 | 标准差 |
|---|---|---|---|---|---|
| 因变量 | 工作干扰家庭 | | 121 | 2.12 | 1.034 |
| | 家庭干扰工作 | | 121 | 1.72 | 0.819 |
| 个人观念 | 性别角色态度 | | 121 | 2.28 | 0.573 |
| | 养老观念 | 子女承担 | 39 | 0.32 | 0.469 |
| | | 共同参与 | 71 | 0.59 | 0.494 |
| | | 其他 | 11 | 0.09 | 0.289 |
| 工作因素 | 工作生涯 | | 121 | 16.25 | 12.751 |
| | 平均每周工作时间 | | 118 | 42.55 | 17.880 |
| | 通勤时间 | | 121 | 53.98 | 125.407 |
| | 加班状况 | | 121 | 0.35 | 0.478 |
| | 工作安排的即时性 | | 121 | 0.74 | 0.438 |
| | 工作压力 | | 121 | 1.92 | 0.842 |
| | 工作满意度 | | 121 | 3.66 | 0.725 |
| 家庭因素 | 婚姻状况 | | 121 | 0.69 | 0.466 |
| | 配偶平均每周工作时间 | | 121 | 30.31 | 26.417 |
| | 未成年子女数 | 无孩 | 68 | 0.56 | 0.498 |
| | | 一孩 | 38 | 0.31 | 0.466 |
| | | 两孩及以上 | 15 | 0.12 | 0.331 |
| 控制变量 | 年龄 | | 121 | 37.67 | 9.757 |
| | 户籍状况 | | 121 | 0.73 | 0.444 |
| | 政治面貌 | | 121 | 0.24 | 0.429 |

续表

| 变量 | | | 样本数 | 均值 | 标准差 |
|---|---|---|---|---|---|
| 控制变量 | 受教育程度 | 小学及以下 | 3 | 0.02 | 0.156 |
| | | 初中 | 4 | 0.03 | 0.180 |
| | | 高中 | 17 | 0.14 | 0.349 |
| | | 大专 | 20 | 0.17 | 0.373 |
| | | 本科及以上 | 77 | 0.64 | 0.483 |

### （三）北京职业女性工作干扰家庭影响因素的回归分析

由于工作-家庭冲突的两个维度"工作干扰家庭"与"家庭干扰工作"均是包含五个程度的定序变量，因此在满足平行线假定的前提下采用有序回归模型进行分析。首先对北京职业女性工作干扰家庭的影响因素进行考察（见表2）。除了纳入上述核心解释变量外，模型还纳入了年龄、户籍、受教育程度、政治面貌等控制变量。对控制变量进行分析可以发现，在其他因素不变的情况下，北京职业女性年龄越大，所感受到的工作对于家庭的影响越小；非农业户籍的北京职业女性与农业户籍的北京职业女性相比，受工作对家庭的负面影响更大。这一方面表明了制度支持对缓解女性工作困境的重要性，另一方面表明了女性只有在成长中（这在一定程度上体现在年龄变量中）不断摸索适合自己的方法，才能逐渐克服工作与家庭领域的种种挑战，找到维系工作-家庭平衡的最优解。

**表2  北京职业女性工作干扰家庭影响因素的 Logit 回归模型**

| 变量 | | | 模型 1 | Exp(B) |
|---|---|---|---|---|
| 个人观念 | 性别角色态度 | | 0.839 ** (0.411) | 2.314 |
| | 养老观念[a] | 共同参与 | 1.074 ** (0.500) | 2.927 |
| | | 其他 | 2.183 ** (0.992) | 8.873 |

续表

| 变量 | | | 模型1 | Exp（B） |
|---|---|---|---|---|
| 工作因素 | 工作生涯 | | 0.040<br>（0.027） | 1.041 |
| | 平均每周工作时间 | | 0.014<br>（0.013） | 1.014 |
| | 通勤时间 | | 0.012**<br>（0.005） | 1.012 |
| | 加班状况（加班=1） | | 1.626**<br>（0.480） | 5.083 |
| | 工作安排的即时性（随时安排工作=1） | | 0.775<br>（0.530） | 2.171 |
| | 工作压力 | | 0.964**<br>（0.278） | 2.622 |
| | 工作满意度 | | −0.370<br>（0.348） | 0.691 |
| 家庭因素 | 婚姻状况（已婚=1） | | 0.151<br>（0.801） | 1.163 |
| | 配偶平均每周工作时间 | | 0.021*<br>（0.011） | 1.021 |
| | 未成年子女数[b] | 一孩 | −0.318<br>（0.568） | 0.728 |
| | | 两孩及以上 | 1.172*<br>（0.713） | 3.228 |
| 控制变量 | 年龄 | | −0.112**<br>（0.045） | 0.894 |
| | 户籍状况（非农业户籍=1） | | 1.170**<br>（0.536） | 3.222 |
| | 政治面貌（党员=1） | | −0.235<br>（0.499） | 0.791 |
| | 受教育程度 | 初中 | −2.008<br>（2.040） | 0.134 |
| | | 高中 | −3.700**<br>（1.834） | 0.025 |
| | | 大专 | −1.356<br>（1.779） | 0.258 |
| | | 本科及以上 | −1.832<br>（1.770） | 0.160 |

| 变量 | 模型 1 | Exp(B) |
|---|---|---|
| -2Log-likelihood | 217.893 | — |
| N | 113 | — |
| Pseudo R$^2$(Cox-Snell) | 0.531 | — |
| 平行线检验 | 0.647 | — |

注：（1）括号内为标准误；（2）参考类别为 a. "子女承担"，b. "无孩"，c. "小学及以下"；（3）***p≤0.01，**p≤0.05，*p≤0.1。

对于核心解释变量，个人观念中性别角色态度越传统，受到工作-家庭冲突的影响越大，假设 1a 得到验证。与养老观念较为保守、认为老人养老应由子女承担的北京职业女性相比，认可共同参与式养老或其他养老模式的北京职业女性感知到的工作-家庭冲突更强烈。具体来看，主张共同参与式养老的北京职业女性认为工作干扰家庭程度提高的发生比是赞同子女负责式养老女性的 2.927 倍，认可由政府或老人自己承担养老责任等其他模式的北京职业女性认为工作干扰家庭程度提高的发生比是赞同子女负责式养老女性的 8.873倍。一个可能的原因是 2021 年北京市养老服务体系尚不健全，养老责任仍主要由家庭内部承担。数据显示，有近 60% 的 80 岁及以上老人由子女本人承担照护责任，工作日平均每天用于照护的时间约为 105 分钟。[①] 新型养老观念与现实产生偏差，加重了照护者的心理负担，进而引发冲突。这一结果与假设1b 恰恰相反。

工作因素中，工作生涯与北京职业女性受工作-家庭冲突的影响无显著关联，假设 2a 未得到验证。除平均每周工作时间、工作安排外，其他工作时间方面的因素通过检验，假设 2b 部分得到支持。北京职业女性通勤时间每增加 1 分钟，认为工作对家庭干扰程度提高的发生比提高 1.2 个百分点；加班对于北京职业女性的影响尤为突出，加班女性认为工作干扰家庭程度提高的发生比是正常上下班女性的 5.083 倍。工作体验方面的因素只有工作压

---

[①] 高华等：《北京市职工工作和家庭责任平衡状况调查报告》，载李伟东主编《北京社会发展报告（2020~2021）》，社会科学文献出版社，2021，第 75 页。

力在统计上具有显著性，北京职业女性工作压力每增加一个单位，认为工作干扰家庭程度提高的发生比增加 1. 622 倍，假设 2c 部分得到验证。

家庭因素中婚姻状况不具有显著影响，假设 3a 未得到验证。在其他因素保持不变的情况下，配偶平均每周工作时间每增加 1 小时，北京职业女性认为工作干扰家庭程度提高的发生比提高 2. 1 个百分点，这一结果验证了假设 3b。与没有孩子的女性相比，育有两孩及以上的北京职业女性感受到的工作对于家庭的负面影响更大，但育有一孩女性受到的影响则不显著，假设 3c 部分通过检验。

### （四）北京职业女性家庭干扰工作影响因素的回归分析

在北京职业女性家庭干扰工作影响因素的 Logit 回归模型中（见表 3），大部分变量未能通过显著性检验。控制变量中年龄与户口性质仍发挥作用，随着年龄的增长，北京职业女性认为家庭干扰工作的程度逐渐降低；非农业户籍的北京职业女性受到家庭干扰工作的影响更大。解释变量方面，工作因素中工作生涯具有显著性，在其他因素不变的情况下，工作生涯每增加 1 年，北京职业女性认为家庭干扰工作程度提高的发生比降低 4. 8 个百分点，表明工作生涯所积累的丰富经验对于缓和家庭对工作的冲突大有帮助，假设 2a 得到验证。工作安排的即时性也通过检验，通过微信或电话随时被安排工作任务的北京职业女性面临更高水平的家庭对于工作的干扰，其认为家庭干扰工作程度提高的发生比是其他女性的 2. 770 倍，假设 2b 部分得到验证。家庭因素中，配偶平均每周工作时间与未成年子女数量仍然具有显著影响。配偶平均每周工作时间每增加 1 小时，北京职业女性认为家庭干扰工作程度提高的发生比提升 2. 1 个百分点，这一结果验证了假设 3b。育有两孩及以上的北京职业女性比无孩女性面临更高的冲突水平，这在一定程度上说明未成年子女数与北京职业女性工作-家庭冲突密切相关，较多的孩子数量可能带来较高的冲突程度，假设 3c 部分得到验证。个人因素、其余工作因素和家庭因素假设未得到支持。Logit 回归模型解释力有限，部分原因可能在于北京职业女性面临的冲突水平整体偏低，且程度区分不明显，集中于中等及偏下水平。

**表 3　北京职业女性家庭干扰工作影响因素的 Logit 回归模型**

| 变量 | | 模型 2 | Exp（B） |
|---|---|---|---|
| 个人观念 | 性别角色态度 | 0.358<br>(0.400) | 1.430 |
| | 养老观念[a]　共同参与 | 0.744<br>(0.495) | 2.104 |
| | 其他 | 0.801<br>(1.005) | 2.228 |
| 工作因素 | 工作生涯 | 0.047*<br>(0.027) | 1.048 |
| | 平均每周工作时间 | -0.005<br>(0.015) | 0.995 |
| | 通勤时间 | 0.003<br>(0.002) | 1.003 |
| | 加班状况（加班=1） | 0.306<br>(0.472) | 1.358 |
| | 工作安排的即时性（随时安排工作=1） | 1.019*<br>(0.554) | 2.770 |
| | 工作压力 | 0.121<br>(0.270) | 1.129 |
| | 工作满意度 | 0.177<br>(0.339) | 1.194 |
| 家庭因素 | 婚姻状况（已婚=1） | 0.316<br>(0.860) | 1.372 |
| | 配偶平均每周工作时间 | 0.021*<br>(0.012) | 1.021 |
| | 未成年子女数[b]　一孩 | -0.196<br>(0.581) | 0.822 |
| | 两孩及以上 | 1.290*<br>(0.723) | 3.633 |
| 控制变量 | 年龄 | -0.138***<br>(0.047) | 0.871 |
| | 户籍状况<br>（非农户口=1） | 1.147**<br>(0.536) | 3.149 |
| | 政治面貌（党员=1） | 0.190<br>(0.497) | 1.209 |
| | 受教育程度　初中 | -3.210<br>(2.132) | 0.040 |

续表

| 变量 | | | 模型2 | Exp(B) |
|---|---|---|---|---|
| 控制变量 | 受教育程度 | 高中 | −2.907<br>(1.870) | 0.055 |
| | | 大专 | −1.566<br>(1.851) | 0.209 |
| | | 本科及以上 | −2.538<br>(1.855) | 0.079 |
| −2Log−likehood | | | 205.654 | — |
| N | | | 113 | — |
| Pseudo $R^2$(Cox−Snell) | | | 0.282 | — |
| 平行线检验 | | | 1.000 | — |

注：（1）括号内为标准误；（2）参考类别为 a. "子女承担"，b. "无孩"，c. "小学及以下"；（3）*** $p \leqslant 0.01$，** $p \leqslant 0.05$，* $p \leqslant 0.1$。

## 三 促进北京职业女性工作-家庭平衡的对策建议

对 CGSS 2021 数据进行分析发现，北京职业女性中超过半数感受到工作与家庭之间存在冲突，有一系列因素影响着工作-家庭冲突状况，这在 Logit 回归模型中得到了较好的说明。个人的观念对工作-家庭冲突有显著影响，拥有传统性别角色态度、新型养老观念的北京职业女性所受工作对于家庭的负面影响更大。工作领域与家庭领域的因素与工作-家庭冲突密切相关，工作对家庭的时间侵占、无边界的工作安排、过大的工作压力会加重北京职业女性的工作负担，较多的未成年子女会加重北京职业女性的家庭负担，这都使北京职业女性难以平衡工作与家庭。但仍有一些积极因素发挥着抵御风险的作用，如在工作生涯中逐渐增长的经验有助于缓解工作与家庭之间的矛盾，配偶的支持能够帮助北京职业女性更好地应对来自工作与家庭的双重挑战。此外，年龄、户籍状况、受教育程度作为控制变量也对北京职业女性面临的工作-家庭冲突具有显著影响。对此，本报告分别从工作、家庭与个体三方面提出对策建议，以期进一步缓解北京职业女性面临的工作-家庭冲突。

### （一）构建家庭友好型工作场所

工作与家庭平衡的关键就在于将工作角色与家庭角色、工作场域与家庭场域建构得更加包容，而不是非此即彼的对立关系。尽管工作与家庭常常需要个体做出取舍，如女性因生育无奈中断工作或正处于职业晋升期而不得不牺牲照料家庭的时间，但有研究表明，在宏观制度层面，劳动参与与生育率是可以正向促进的，能否实现正相关关系取决于国家的家庭政策是旨在建立"家庭国家"（nations of families），即把家庭作为一个单位予以支持，还是"个人国家"（nations of individuals），即倡导个人权利与社会平等，保护妇女就业权。[①] 从这个角度看，我国的政策取向无疑是"个人国家"，女性劳动参与较为充分，但在工作场所中仍存在不利于女性发展的制度，应着力构建家庭友好型工作场所。

"家庭友好"不仅有益于家庭，还可以通过工作场所的改变更好地支持家庭发展，家庭发展的正向结果又反向影响企业，整个社会在良性循环中发展。建立家庭友好型工作场所，需要从时间、服务两个方面共同发力。在时间方面，要严格控制花费在工作上及与此相关的时间，上述研究也发现，通勤时间、加班时间等对女性工作−家庭冲突的影响较为突出，因此要为处于生育期与照顾低龄儿童的女性创造灵活弹性的工作条件，如兼职工作、弹性工作与自由休假。兼职工作为因生育而中断工作的女性重返职场提供了可能，但兼职员工所享受的津贴与福利往往与正式员工有所区别，并且缺乏劳动保障。应适当将灵活就业人员纳入保险范畴，规范兼职用工条件，拓宽女性的就业渠道，探索平衡工作与家庭的新方式。除了居家办公和远程办公，可以根据员工的家庭情况采取多种弹性工作方式，如调整上下班时间以便接送孩子上下学、灵活休假以应对家庭突发事件等，但具体操作还应视企业类型与岗位职责而定。2021 年新修订的《北京市人口与计划生育条例》指出，女方除享受国家规定的 98 天产假外，

---

① L. B. Karin, R. R. Ronald and R. Rindfuss, "Fertility and Women's Employment in Industrialized Nations," *Annual Review of Sociology* 26 (2000): 271−96.

还享受 60 天延长生育假。生育假期的延长在一定程度上减轻了女性的时间压力，但延长期间生育津贴的支付主体尚不明确，政府对此应予以明确，避免企业生产成本过高、生育保障水平下降。在服务方面，目前我国用人单位母婴设施普遍匮乏。《2022 中国女性职场现状调查报告》指出，仅有 10.1% 的女性职工所在企业提供母婴室、哺乳室等设施。[①] 在 2021 年北京市 6 个月内婴儿母乳喂养率达 92.23%[②]的情况下，进一步完善标准统一、管理规范、清洁友好的母婴设施是必然举措。

### （二）完善"一老一小"服务支持体系

女性的大部分家庭负担来源于照料老人和子女，应将减轻女性负担放入我国人口老龄化、低生育率的现实国情中考量，完善"一老一小"即养老与抚育服务支持体系，为广大女性提供切实支持。

目前，我国养老体系还存在一些短板亟待补齐。一是老年人就医难。面对挂号、看诊、交费、拿药等一系列就医环节，老年人没有足够的体力在各窗口之间辗转，加之数字化、智能化的医疗服务所要求的复杂技术操作对老年人并不友好，老年人就医困难成为一大痛点。对此，各医疗机构应开设老年人便利服务绿色通道，结合本地就医情况为老年人提供一定比例的现场号源。同时，全面推进家庭医生签约服务，帮助老年人预约转诊，为行动不便等特殊困难老年人提供诊疗与送药上门等服务。二是居家养老市场发展不充分。国家卫生健康委公布的调查结果显示，我国养老模式已经形成"9073"格局，90% 左右的老年人居家养老，[③] 北京市这一比例更高，达 99% 以上。[④] 居家意味着熟悉的生活与社交圈，能使老年人以更有尊严、充满友爱的方式

---

[①] 《2022 中国女性职场现状调查报告》，智联招聘网，2022 年 3 月 7 日，https：//cdn. zhituquan. com/2022/05/1652661653-f4f33dd8ab944e4. pdf。

[②] 《北京市：6 个月内婴儿母乳喂养率为 92.23%》，《中国家庭报》2022 年 8 月 2 日。

[③] 《国家卫健委：我国养老呈"9073"格局　约 90% 老年人居家养老》，央视新闻网，2021 年 4 月 8 日，http：//m. news. cctv. com/2021/04/08/ARTIwcwUroEXDM4NPKGnmOuu210408. shtml。

[④] 王琪鹏：《北京最新养老格局：99% 老年人在家养老，机构养老不到 1%》，《北京日报》2023 年 5 月 22 日。

安享晚年，但居家并不是说政府与市场无所作为，现有观念与实践仍倾向于将居家养老等同于仅由子女供养的"家庭养老"。北京市要加快完善以家庭为核心、以社区为依托、以专业化服务为手段的居家养老市场机制，总结创新居家养老方式试点经验并逐步推广，形成满足老年人多样化需求的养老新模式。

上述研究发现，育有多孩的北京职业女性平衡工作与家庭时面临较大挑战。2018 年，针对北京市全职主妇与职业女性的调查报告显示，84.8%的职业女性将未入园孩子交由父母或公婆照看，但 50%的职业女性希望将未入园孩子送往托儿所，职业女性急需质优价廉的托育服务。① 截至 2022 年 7 月，北京市提供托育服务的机构已有 627 家，但使用率仅为 35.4%，② 其中最大的原因在于托育机构费用较高。根据《2022 年北京市托育行业发展报告》，在家庭未送托原因中，"托育费用高"这一选项占比最高，未送托家庭的理想月托育费用集中在 2000 元以内，75%的已送托家庭也希望月托育费用不超过 4000 元，③ 但 2020 年北京市托育机构月平均收费已超过 7000 元。④ 制约托育机构价格下调的最大因素在于场地租金与人力成本，尤其是在人才方面。与托育对口的专业与学科建设不足，留给托育需求快速膨胀的当下难以填补的人才缺口。针对这一现实情况，北京市各大院校应加快开设如婴幼儿托育服务与管理等与托育相关的专业，促进校企合作培养，满足托育企业对高质量人才的需求，同时推进社区办托与单位办托，使托育进一步成为有托育意愿的家庭均能触手可及的公共事业。

---

① 《北京市全职主妇与职业女性现状与需求对比调研报告》，北京市妇联办公室网站，2018 年 10 月 12 日，http://www.bjwomen.gov.cn/fnw_2nd_web/static/articles/catalog_182/articl e_0000000065fb6be7016667038cd00542/0000000065fb6be7016667038cd00542.html。
② 《关于本市托育服务体系建设情况的报告》，北京市人民代表大会常务委员会网站，2022 年 9 月 22 日，http://www.bjrd.gov.cn/rdzl/rdcwhgb/sswjrdcwhgb202205/202211/t20221116_2860105.html。
③ 《〈北京市托育行业发展报告〉解读：洞察托育现状与趋势》，网易，2022 年 9 月 9 日，https://www.163.com/dy/article/HGS1D6U70552X7YA.html。
④ 《关于本市托育服务体系建设情况的报告》，网易，2022 年 9 月 9 日，http://www.bjrd.gov.cn/rdzl/rdcwhgb/sswjrdcwhgb202205/202211/t20221116_2860105.html。

### （三）营造和谐互助的家庭文化氛围

工作-家庭冲突既是一个客观存在的现实问题，又可以在主观感知上予以强化或削弱，一个和谐互助的家庭文化氛围的意义不仅在于切实帮助女性减轻家庭负担，更在于提供情感慰藉与身份认同，使家庭进一步起到避风港的作用。

营造和谐互助的家庭文化氛围有赖于两点。第一，性别平等。我国不同制度领域的性别平等水平存在差别，在强调个人身份的领域如教育和劳动力市场中，性别平等水平较高；但在以家庭为整体、个体被作为家庭成员对待时，性别平等水平则较低。女性被要求承担更多的家庭责任，这就致使女性一方面要在职场上面对激烈竞争，另一方面要回家扮演"好妻子""好母亲"的角色，也就造成了工作-家庭冲突。养老、托育等家务劳动固然可以交由市场或公共机构完成，但仍有很大一部分照料活动是高度私人化的，其运作遵照完全不同于市场的家的逻辑——爱、无私奉献与感恩，借此家获得了深沉持久的情感意义。[1] 对于这部分照料活动，精确计算、平均分配或许都违背了以价值、情感为中心的家的宗旨，幸福、理想的家庭应是夫妻双方沟通协调，共同分担家庭责任，并对对方的各种照料行为保持感激之心，使被遮蔽的隐形劳动在话语与心理层面重现其价值。第二，良好的家庭关系。对北京市已生育二孩女性职工进行调查发现，41.6%的女性职工与家人缺乏交流，当工作遇到困难时家人给予的支持较为不足，这降低了女性职工对家庭的满意度，并对其平衡工作与家庭产生影响。[2] 因此，要在家庭成员相互尊重的基础上，弘扬中华优秀传统文化，营造尊老爱幼、夫妻和睦、邻里团结的优良家风，畅通家庭沟通渠道，促进家庭成员互助友爱，使职业女性可以更好地处理工作与家庭之间的关系。

---

[1] 肖索未、简逸伦：《照料劳动与社会不平等：女性主义研究及其启示》，《妇女研究论丛》2020年第5期，第16页。

[2] 李洪坚等：《北京已生育二孩女性职工的工作生活平衡状况调研分析》，载施昌奎主编《北京公共服务发展报告（2018~2019）》，社会科学文献出版社，2019，第122页。

## 参考文献

〔英〕马立克·科尔钦斯基、〔美〕兰迪·霍德森、〔英〕保罗·爱德华兹主编《工作社会学》，姚伟、马永清译，中国人民大学出版社，2012。

〔美〕阿莉·克塞尔·霍克希尔德：《职场妈妈不下班：第二轮班与未完成的家庭革命》，肖索未、刘令堃、夏天译，生活·读书·新知三联书店，2021。

李洪坚等：《北京已生育二孩女性职工的工作生活平衡状况调研分析》，载施昌奎主编《北京公共服务发展报告（2018~2019）》，社会科学文献出版社，2019。

吴愈晓、王鹏、黄超：《家庭庇护、体制庇护与工作家庭冲突——中国城镇女性的就业状态与主观幸福感》，《社会学研究》2015年第6期。

蔡昉：《二元劳动力市场条件下的就业体制转换》，《中国社会科学》1998年第2期。

佟新、周旅军：《就业与家庭照顾间的平衡：基于性别与职业位置的比较》，《学海》2013年第2期。

林忠、鞠蕾、陈丽：《工作-家庭冲突研究与中国议题：视角、内容和设计》，《管理世界》2013年第9期。

刘爱玉：《制度、机会结构与性别观念：城镇已婚女性的劳动参与何以可能》，《妇女研究论丛》2018年第6期。

杨舸：《社会转型视角下的代际居住模式及影响因素》，《社会科学文摘》2017年第7期。

金一虹、杨笛：《教育"拼妈"："家长主义"的盛行与母职再造》，《南京社会科学》2015年第2期。

高华等：《北京市职工工作和家庭责任平衡状况调查报告》，载李伟东主编《北京社会发展报告（2020~2021）》，社会科学文献出版社，2021。

肖索未、简逸伦：《照料劳动与社会不平等：女性主义研究及其启示》，《妇女研究论丛》2020年第5期。

R. E. Jeffrey, P. R. Nancy, "Mechanisms Linking Work and Family: Clarifying the Relationship between Work and Family Constructs," *Academy of Management Review* 25 (2000).

M. Frone, M. Russell, M. L. Cooper, "Antecedents and Outcomes of Work-family Conflict: Testing a Model of the Work-family Interface," *Journal of Applied Psychology* 1 (1992).

Z. Sheldon, L. M. Kathleen, "Work in the Family and Employing Organization,"

*American Psychologist* 2 （1990）.

M. K. Fiona, H. J. Hagan, "Raising the Bar: The Gender Stratification of Law-firm Capital," *American Sociological Review* 5 （1998）.

N. P. Gary, H. G. Jeffrey, "Sex, Gender, and Decisions at the Family-work Interface," *Journal of Management* 4 （2010）.

L. B. Karin, R. R. Ronald and R. Rindfuss, "Fertility and Women's Employment in Industrialized Nations," *Annual Review of Sociology* 26 （2000）.

# B.12
# 北京市老年人的隔代照料现状
# 及参与意愿分析

董亭月　胡明琰*

**摘　要：** 受传统家庭文化、女性劳动参与率提升、家庭育儿压力增大等社会家庭因素影响，隔代照料成为当代家庭抚幼的重要方式。本报告利用 2014~2020 年中国老年社会追踪调查和 2021 年北京市中老年人生活状况抽样调查数据，系统分析北京市老年人参与隔代照料的现状与意愿。2014~2020 年，北京市老年人参与隔代照料的比例出现波动性下降，2020 年北京市参与照料的老年人口占 28.2%，比 2018 年提升 7.3 个百分点，比 2014 年下降 11.4 个百分点。参与隔代照料的老年人呈现女性、低龄、健康且社会参与度高的特征，接受隔代照料的子女则以中年已婚男性为主。绝大多数参与隔代照料的老年人和子女保持着互惠型的照料关系。超过六成的老年人认为参与隔代照料是客观现实需要而非主动选择。本报告根据研究结论，提出强化老年人的价值认同和情感支持、完善全生命周期的养老与健康服务供给、积极构建家庭福利制度体系等建议。

**关键词：** 隔代照料　代际互动　家庭支持　北京

　　隔代照料是指老年人帮助子女照料孙辈，实现部分或者全部家庭抚幼

---

* 董亭月，博士，中共北京市委党校（北京行政学院）社会学教研部（北京市人口研究所）讲师，主要研究方向为老龄社会学、老龄社会政策；胡明琰，中共北京市委党校（北京行政学院）社会学教研部（北京市人口研究所）硕士研究生，主要研究方向为城市社会学。

功能的家庭照料形式。受传统家庭文化、女性劳动参与率提升、家庭育儿压力增大、社会化托育服务可及性较弱等社会家庭因素影响,隔代照料是当代家庭抚幼的重要方式。在人口老龄化程度逐渐加深的时代背景下,对隔代照料的发展现状进行研究是建设生育友好型社会、促进人口高质量发展的重要内容。一方面,从家庭视角下更好地理解老年人在家庭抚幼中发挥的重要价值,积极延伸家庭内部的代际互助和支持纽带,有助于夯实生育友好型社会建设的重要社会基础。另一方面,从老年人个体视角下全面认识和分析老年人参与隔代照料的形式与强度,理解新时代老年人家庭参与的角色转变、情感投入与物质支持,是充分发挥"长寿时代"老年人人力资本红利和健康红利、积极应对人口老龄化的重要内容。本报告在分析北京市老年人隔代照料的现状及发展趋势的基础之上,探讨参与隔代照料的老年人及其子女的基础特征,并分析老年人对隔代照料的参与意愿,为更好地理解老年人在现代家庭中扮演的重要角色、完善社会支持政策提供实证依据。

# 一　文献回顾

## (一)基于城乡、性别等人口学特征的隔代照料影响差异

已有研究从城乡、性别等人口学视角,分析了隔代照料对不同人口特征老年人及其子女的差异化影响。有研究者发现,相比城市老年人,隔代照料对农村老年人的正面影响更为显著,[①] 对心理健康、生活满意度的促进作用更大。[②] 可能的原因在于农村地区儿童托育服务相对欠缺,隔代照料填补了这一空白。此外,隔代照料活动通常导致农村中老年人的农业劳

---

① 吴培材:《照料孙子女对城乡中老年人身心健康的影响——基于 CHARLS 数据的实证研究》,《中国农村观察》2018 年第 4 期。
② 靳小怡、刘妍珺:《照料孙子女对老年人生活满意度的影响——基于流动老人和非流动老人的研究》,《东南大学学报》(哲学社会科学版)2017 年第 2 期。

动参与率大幅降低，但对非农业劳动参与状况的影响则不显著。[1]

从性别角度来看，隔代照料活动对女性中老年人的劳动参与率和劳动时间的负面影响更显著。[3] 这可能是因为传统性别分工使女性承担了更多家庭劳动和照料责任。在隔代照料对于子女劳动供给的影响方面，同样存在性别差异，老年父母的隔代照料会显著提高女性子女的劳动供给水平。[2] 也有研究关注了隔代照料对女性劳动供给的影响，[3] 发现祖辈的隔代照料会显著提升中青年已婚女性的劳动参与率。但隔代照料对女性劳动供给的促进作用会随着儿童数量的增加而减弱，这可能是因为多个孩子的照料负担增加，削弱了隔代照料的效用。

### （二）隔代照料强度的影响差异

已有研究从隔代照料强度的角度，探讨了不同强度隔代照料对家庭代际关系、老年人心理健康和生活满意度的差异化影响。总体来看，低强度隔代照料有利于代际和谐和老年人心理健康，但高强度隔代照料可能产生负面影响。

隔代照料的强度对家庭代际关系的影响存在明显差异。研究发现，相对于高强度隔代照料，低强度隔照料更有利于促进代际关系的和谐。[4] 当隔代照料强度较高时，可能会加剧代际矛盾。而低强度隔代照料则能促进代际和解、增进亲情。

隔代照料的强度还会影响老年人的心理健康状况。中低强度隔代照料有助于缓解中老年人的孤独感，对心理健康产生积极影响。[5] 但若老年人需要全

---

① 龙莹、袁嫚：《隔代照料对中老年人劳动参与的影响——基于中国健康与养老追踪调查的实证分析》，《南京财经大学学报》2019 年第 4 期。

② 卢洪友、余锦亮、杜亦譞：《老年父母照料家庭与成年子女劳动供给——基于 CFPS 微观数据的分析》，《财经研究》2017 年第 12 期。

③ 邹红、彭争呈、栾炳江：《隔代照料与女性劳动供给——兼析照料视角下全面二孩与延迟退休悖论》，《经济学动态》2018 年第 7 期。

④ 纪竞垚：《隔代照料对家庭代际关系的影响——基于中国老年社会追踪调查数据的分析》，《人口与社会》2022 年第 5 期。

⑤ 黄国桂、杜鹏、陈功：《隔代照料对于中国老年人健康的影响探析》，《人口与发展》2016 年第 6 期。

职工作或与孙辈同住，那么高强度隔代照料可能成为一种压力源，反而会损害老年人的心理健康。[1] 一些研究发现，在控制其他相关变量后，隔代照料对老年人的生理和心理健康状况都产生了负面影响。[2] 合理强度的隔代照料能够显著降低流动老年人的抑郁风险，但当照料强度过高（每周超过 5 天）时，积极影响会减弱、消失甚至转为消极影响。[3]

此外，隔代照料强度也会显著影响老年人的生活满意度。[2]但这一影响因人口特征而存在差异，对于流动老年人而言，女性隔代照料强度的加大会降低生活满意度，而男性则会获得更高的生活满意度。相关研究说明，隔代照料对老年人健康影响的长期效应还有待进一步探讨。

## （三）隔代照料对于老年人影响的路径和机制研究

部分研究着眼于隔代照料影响老年人身心健康的作用路径和内在机制。综合来看，隔代照料影响老年人身心健康的作用路径包括增加社会交往、获得子女经济支持、延伸代际情感纽带、促进社会参与等。

一些研究探讨了隔代照料影响老年人身心健康的内在机制。研究发现，隔代照料对老年人健康的正面影响主要是通过增加中老年人的社会交际、锻炼次数以及从子女处获得的经济支持实现的。[4] 这些中介因素对缓解老年人的孤独感、提高生活质量起到了关键作用。

同时，隔代照料会通过增加流动老年人与孙辈的情感互动、加强子女的情感支持以及促进老人社会活动参与等方式形成良性机制。其中，与孙辈的情感互动在所有中介效应中贡献最大。这说明隔代照料行为本身为老年人提

① 程昭雯、马璐岩：《隔代照料对中老年人心理健康影响的实证研究：工作强度、居住安排的机制作用》，《宁夏大学学报》（人文社会科学版）2023 年第 4 期。
② 肖雅勤：《隔代照料对老年人健康状况的影响——基于 CHARLS 的实证研究》，《社会保障研究》2017 年第 1 期。
③ 李卓等：《隔代照料对超大城市流动老人抑郁症状风险的影响研究》，《西北人口》2024 年第 3 期。
④ 黄国桂、杜鹏、陈功：《隔代照料对于中国老年人健康的影响探析》，《人口与发展》2016 年第 6 期。

供了与孙辈亲密接触的机会，延伸了代际情感纽带，因而可以促进老年人的心理健康，降低老年人的孤独感和抑郁风险。

## 二 数据来源和研究变量

### （一）数据来源

本报告利用 2014 年、2018 年及 2020 年的中国老年社会追踪调查（CLASS）数据，对老年人隔代照料的现状开展了历时性的分析。该调查由中国人民大学组织实施，调查对象为 60 岁及以上的老年人，采用分层多阶段概率抽样法在全国 28 个省份（不包括香港、台湾、澳门、海南、新疆和西藏）进行调查。其中，2014 年北京市的样本量为 515 人，2018 年北京市的样本量为 531 人，2020 年北京市的样本量为 519 人。问卷调查内容包括老年人家庭代际关系、健康状况、生活来源、养老规划等，以及老年人子女的婚姻、生育、就业等情况。

老年人隔代照料参与意愿的研究资料来源于 2021 年北京市中老年人生活状况抽样调查。该调查由首都经济贸易大学和北京市社会科学院课题组联合设计与实施，针对北京市 6 个区的中老年人进行随机抽样调查，有效样本量为 807 人。该调查收集了北京市中老年人对隔代照料的主观态度、对孙辈的照料意愿等相关资料。

### （二）研究变量

研究核心变量见表 1。首先考察老人是否参与了隔代照料，根据参与隔代照料的时间将照料类型分为持续照料和临时照料。在描述分析过程中，由于 CLASS 2014 的调查问卷与 2018 年、2020 年的问题设置有所不同，做出如下处理：依据 CLASS 2014 中的"过去 12 个月，您照看这些（外）孙子女所花的时间是"这一问题，将"很少或者没有"界定为不参与隔代照料，将"大约每月一次""每月几次""每周至少一次"界定为临时照料，将"每天从早到晚""每天有段时间（但不是全天）"界定为持续照料。针对 2018 年和 2020 年的数据，依据问卷中"过去 12 个月，您照看这些子女的孩子所花的时间是"这一问题，将"完全没有"界定为不参与隔代照料，将"照料时间为平均每天 2 小时及以上"界定为持续照料，将"照料时间低于每天 2 小时"界定为临时照料。由此对北京市老年人参与隔代照料情况进行全面的考察。

表 1　研究核心变量

| 核心变量 | 定义与测量 |
| --- | --- |
| 是否参与隔代照料及照料强度 | 0＝不参与照料；1＝临时照料；2＝持续照料 |
| 性别 | 1＝男；2＝女 |
| 文化程度 | 1＝小学及以下；2＝初中；3＝高中/中专；4＝大专及以上 |
| 婚姻状况 | 1＝已婚；2＝未婚 |
| 健康状况自评 | 1＝很健康；2＝比较健康；3＝一般；4＝比较不健康；5＝很不健康 |
| 慢性病情况 | 0＝没有；1＝有 |
| 过去 12 个月的个人总收入 | 1＝1～10000 元；2＝10001～20000 元；3＝20001～30000 元；4＝30000 元以上 |
| 是否退休 | 1＝是；2＝否 |
| 社保待遇类型 | 1＝无保险；2＝企业职工基本养老保险；3＝机关事业单位养老保险；4＝城乡居民基本养老保险 |
| 社会活动参与情况 | 0＝没有参加；1＝参加过 |
| 上网频率 | 1＝高（每天都上）；2＝中（每周/月至少一次）；3＝低（每年几次/从不上网） |
| 生活满意度 | 1＝很满意；2＝比较满意；3＝一般；4＝比较不满意；5＝很不满意；6＝无法回答 |
| 家庭居住类型 | 1＝和孙辈同住；2＝不和孙辈同住 |
| 养老地点选择 | 1＝自己家/子女家；2＝社区的日托站或托老所/养老院；3＝还没想好/无法回答 |
| 子女性别 | 1＝男；2＝女 |
| 子女年龄 | 1＝20～29 岁；2＝30～39 岁；4＝40～49 岁；5＝50～59 岁；6＝60 岁及以上 |
| 子女婚姻状况 | 1＝已婚；2＝未婚 |
| 子女是否有未成年孩子 | 1＝是；2＝否 |
| 子女文化程度 | 1＝小学及以下；2＝初中；3＝高中/中专；4＝大专及以上 |
| 子女工作状况 | 1＝有工作；2＝没有工作 |

| 核心变量 | 定义与测量 |
|---|---|
| 子女是否和父母一起居住 | 1=是;2=否 |
| 子女经济状况 | 1=非常宽裕;2=比较宽裕;3=基本够用;4=比较困难 |
| 过去12个月,子女为父母提供的经济支持 | 1=没有给过;2=1~999元;2=1000~3999元;4=4000元及以上 |
| 过去12个月,父母为子女提供的经济支持 | 1=没有给过;2=1~999元;2=1000~3999元;4=4000元及以上 |
| 过去12个月,父母有没有觉得子女向自己要求了过多的帮助和支持 | 1=从未;2=偶尔;3=有时候;4=经常;5=无法回答 |
| 过去12个月,父母与子女的关系是否因为照看子女的孩子而发生变化 | 1=关系变差了;2=没什么变化;3=关系变得更好了 |
| 如何看待老年人帮忙照料孙辈 | 1=子女忙/社会服务不足,只能靠老人;2=带孙辈能共享天伦之乐;3=照顾孙辈能让老人得到子女更多的照顾 |
| 如果子女想要生育3个孩子,老年人是否愿意帮忙照看 | 1=愿意;2=不愿意;3=不好说/不适用 |

针对老年人,将人口学因素、社会经济因素及家庭因素纳入考量。人口学因素包括老年人的性别、年龄、文化程度、婚姻状况、健康状况等;社会经济因素包括老年人的个人收入、退休状况、社保待遇、社会参与情况、上网频率、生活满意度等;家庭因素包括老年人的家庭居住类型、健在子女数量、养老地点选择等。

针对接受隔代照料的子女,将人口学因素、生活情况因素及代际互动因素纳入考量。人口学因素包括性别、年龄、婚姻状况、是否有未成年孩子、文化程度、工作状况等;生活情况因素包括是否与父母一起居住、经济状况等;代际互动因素包括是否给过老年人经济支持、是否获得老年人给的经济支持等。

在老年人对隔代照料的认知态度及看法方面,主要对问卷中"您怎么看待老年人帮忙照料孙辈"以及"如果子女想要生育3个孩子,您愿意帮忙照看吗"两个问题的回答情况进行分析。

## 三 隔代照料的基本情况与变化趋势

### （一）参与比例

总体来看，2014～2020 年，全国参与隔代照料的老年人占比持续下降，北京市则呈现"先降后升"态势（见图 1）。2014 年，全国有 39.4% 的老年人参与隔代照料，北京的参与比例略高于全国平均水平，达到 39.6%。2018 年，全国参与隔代照料的老年人占比略降至 25.5%。同一时期，北京市老年人参与隔代照料的比例降幅更大，下降了 18.7 个百分点，为 20.9%。2020 年，全国参与隔代照料的老年人比例较 2018 年更低，为 24.3%。同一时期，北京市的参与比例较 2018 年上升 7.3 个百分点，为 28.2%，略高于全国平均水平。

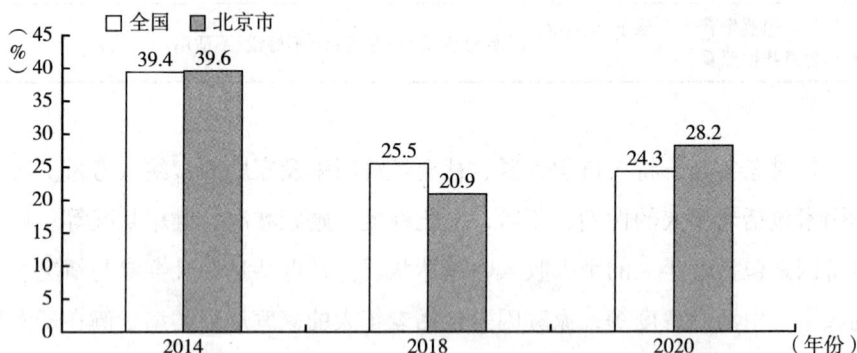

**图 1　2014～2020 年 CLASS 数据中参与隔代照料的老年人占比**

资料来源：CLASS 2014～2020 数据。

### （二）照料强度

总体来看，全国老年人隔代照料强度的变化幅度较大。2014～2020 年，全国老年人隔代照料强度总体下降，临时照料的比例大幅上升，持续照料的比例下降，但仍保持在 47.0% 以上（见图 2）。北京市参与持续照料的老年人比例变化幅度较大（见图 3），在 2014～2018 年大幅下降，2020 年又有所回升。2020 年北京市参与持续照料的老年人占比为 45.7%，略低于全国平均水平。

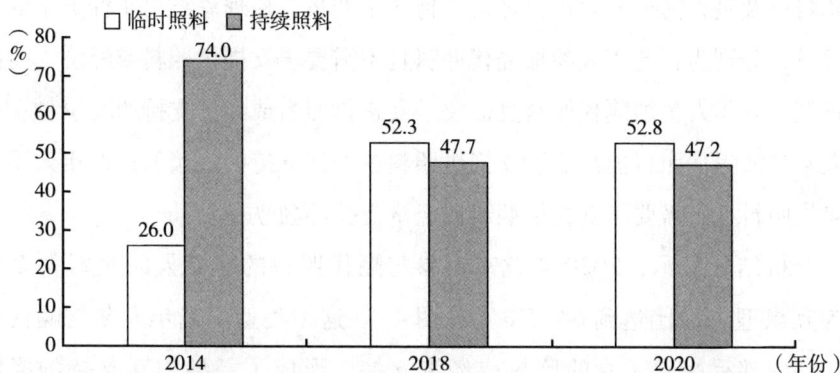

**图2 2014~2020年全国参与隔代照料的老年人的照料强度**

资料来源：CLASS 2014~2020 全国数据。

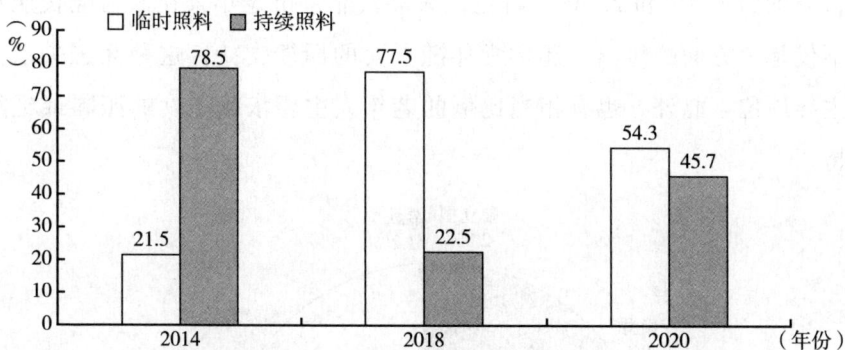

**图3 2014~2020年北京市参与隔代照料的老年人的照料强度**

资料来源：CLASS 2014~2020 北京市数据。

## （三）照料关系

隔代照料是家庭保障中"育幼"功能的重要体现，其过程中内含的代际关系也反映出老年人、年轻父母和孙辈三代主体在家庭中的互动。① 为了分析北京市参与隔代照料的老年人的家庭互动关系，本报告利用 CLASS 2020 北京市的老年人样本数据，根据是否参加隔代照料、是否需要子女提

① 王海漪：《被照料的照料者：隔代照料与子代行孝互动研究》，《人口学刊》2021年第4期。

供照料以及是否需要子女提供经济支持3个变量,梳理总结出4种类型的照料关系,分别为:老年人参加隔代照料且不需要子女提供照料或经济支持的奉献型;老年人参加隔代照料且需要子女提供照料或经济支持的互惠型;老年人不参加隔代照料但需要子女提供照料或经济支持的依赖型;老年人不参与隔代照料且不需要子女提供照料或经济支持的独立型。

分析结果显示,2020年北京市参与隔代照料的老年人的照料关系主要为互惠型,占比达到64.7%(见图4)。这一类型的老年人参与隔代照料,同时接受来自子女的照料或经济支持,形成了一种相互支持的家庭关系。依赖型的老年人不参与隔代照料,但接受来自子女的照料或经济支持,在北京市占比达到32.0%。奉献型和独立型的照料关系占比都很低,分别为1.2%和2.0%。可见,大多数北京市老年人在参与隔代照料时不仅是单方面的付出,还常常伴随子女的回馈支持,这种互惠关系占据主导地位。此外,也有相当比例的老年人主要依赖子女的照料或经济支持。

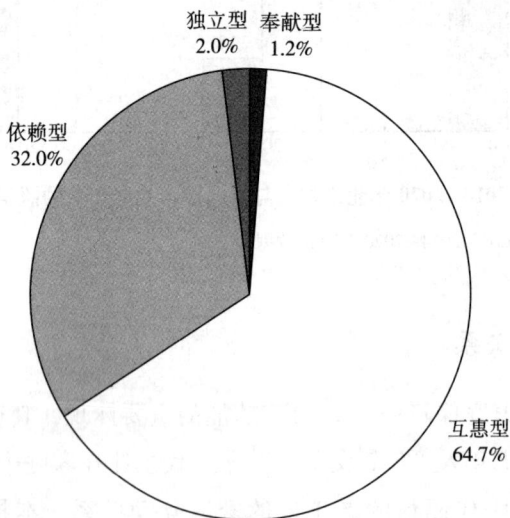

**图4 2020年北京市老年人照料关系的主要类型 (N=11007)**

资料来源:CLASS 2020北京市数据。

## 四 北京市参与隔代照料的老年人特征

### （一）参与隔代照料的老年人的人口学特征

总体来看，参与隔代照料的老年人以低龄、女性、已婚且健康的老年人为主。2020 年北京市参与隔代照料的老年人平均年龄为 65.7 岁，低于不参与隔代照料的老年人。参与临时隔代照料的老年人主要集中在 60～69 岁，占 86.6%；而在参与持续隔代照料的老年人中，该年龄段的比例更高，达到 92.8%；参与临时和持续隔代照料的老年人的平均年龄分别为 66.5 岁和 64.8 岁，可见更年轻的老年人会承担更高强度的隔代照料。70～79 岁的老年人参与临时隔代照料的比例为 13.4%，参与持续隔代照料的比例为 7.2%。80 岁及以上的老年人没有参与隔代照料。

分性别来看，在参与临时隔代照料的老年人中，女性占比达到 65.9%；在参与持续隔代照料的老年人中，女性占比达到 56.5%。尽管女性在两种照料类型中的占比都较高，但卡方检验的结果表明男性和女性老年人在隔代照料参与上不存在显著差异。

在文化程度方面，参与临时隔代照料的老年人以初中文化程度为主，占比达到 56.1%；其次是高中/中专文化程度，占 29.3%。而参与持续隔代照料的老年人以高中/中专文化程度为主，占比达到 44.9%；其次是初中文化程度，占 39.1%。文化程度为小学及以下和大专及以上的老年人参与隔代照料的比例均较低。

在婚姻状况方面，大多数参与隔代照料的老人处于已婚有配偶的状态。在参与临时隔代照料的老年人中，已婚有配偶的比例达到 89.0%；而在参与持续隔代照料的老年人中，这一比例为 79.7%（见表 2）。

表2　2020年北京市参与和不参与隔代照料老年人的人口学特征

单位：%

| 人口学特征 | 变量 | 参与临时隔代照料占比 | 参与持续隔代照料占比 | 不参与隔代照料占比 | Pearson卡方检验 |
|---|---|---|---|---|---|
| 性别 | 男性 | 34.1 | 43.5 | 36.1 | 1.652 |
| | 女性 | 65.9 | 56.5 | 63.9 | |
| 年龄 | 60~69岁 | 86.6 | 92.8 | 44.7 | 75.786*** |
| | 70~79岁 | 13.4 | 7.2 | 37.1 | |
| | 80~89岁 | 0.0 | 0.0 | 16.9 | |
| | 90岁及以上 | 0.0 | 0.0 | 1.3 | |
| 文化程度 | 小学及以下 | 7.3 | 2.9 | 26.2 | 39.707*** |
| | 初中 | 56.1 | 39.1 | 42.1 | |
| | 高中/中专 | 29.3 | 44.9 | 26.0 | |
| | 大专及以上 | 7.3 | 13.0 | 5.7 | |
| 婚姻状况 | 已婚有配偶 | 89.0 | 79.7 | 79.0 | 12.931* |
| | 丧偶/未婚 | 11.0 | 14.5 | 19.7 | |
| | 离婚 | 0.0 | 5.8 | 1.3 | |

注：***P<0.001，**P<0.01，*P<0.05，下同。
资料来源：CLASS 2020北京市数据。

参与隔代照料的老年人自评健康状况显著优于不参与隔代照料的老年人。参与临时隔代照料的老年人自评为很健康或比较健康的比例显著高于参与持续隔代照料的老年人，前者为43.9%，后者仅为33.4%。这在一定程度上反映了持续隔代照料给老年人健康状况带来的潜在负担。

进一步分析老年人自评健康状况变化发现，90.2%的参与临时隔代照料的老年人认为自己的健康状况相比上年差不多没变化，这一比例在参与持续隔代照料的老年人中为88.4%，在不参与隔代照料的老年人中为66.8%。这一结果与前文分析一致，未参与隔代照料的老年人的健康状况相对较差，这可能也是他们没有参与隔代照料的原因之一。

此外，不参与隔代照料的老年人患有慢性病的比例为94.5%，明显高于参与隔代照料的老年人。参与临时隔代照料的老年人患有慢性病的比例为92.7%，显著高于参与持续隔代照料的老年人（见表3）。

表3　2020 年北京市参与和不参与隔代照料老年人的健康特征

单位：%

| 健康特征 | 变量 | 参与临时隔代照料占比 | 参与持续隔代照料占比 | 不参与隔代照料占比 | Pearson 卡方检验 |
|---|---|---|---|---|---|
| 健康状况自评 | 很健康 | 2.4 | 1.5 | 5.2 | 27.766 ** |
| | 比较健康 | 41.5 | 31.9 | 27.8 | |
| | 一般 | 45.1 | 47.8 | 34.3 | |
| | 比较不健康 | 11.0 | 18.8 | 27.3 | |
| | 很不健康 | 0.0 | 0.0 | 5.4 | |
| 相比上年的健康状况 | 变好了 | 3.7 | 2.9 | 3.9 | 30.720 *** |
| | 差不多没变化 | 90.2 | 88.4 | 66.8 | |
| | 变差了 | 6.1 | 8.7 | 29.3 | |
| 患慢性病情况 | 有 | 92.7 | 79.7 | 94.5 | 18.245 *** |
| | 无 | 7.3 | 20.3 | 5.5 | |

资料来源：CLASS 2020 北京市数据。

### （二）参与隔代照料的老年人的社会经济特征

几乎所有参与隔代照料的老年人都已经退休，社保待遇类型以企业职工基本养老保险为主，享有机关事业单位养老保险和城乡居民基本养老保险的老人占比较低。在参与临时隔代照料的老年人中，有 71.9% 享有企业职工基本养老保险，过去 12 个月的个人总收入在 1~10000 元的占比达到 47.4%；在参与持续隔代照料的老年人中，有 75.4% 享有企业职工基本养老保险，过去 12 个月的个人总收入在 10000 元以上的占比达到 79.7%。然而卡方检验的统计结果并不显著，表明这三类群体在个人收入、退休状况和社保待遇类型等方面并不存在显著差异（见表4）。

表 4  2020 年北京市参与和不参与隔代照料老年人的经济特征

单位：%

| 经济特征 | 变量 | 参与临时隔代照料占比 | 参与持续隔代照料占比 | 不参与隔代照料占比 | Pearson卡方检验 |
|---|---|---|---|---|---|
| 过去 12 个月的个人总收入 | 1~10000 元 | 47.4 | 20.3 | 41.4 | 161.881 |
| | 10001~20000 元 | 34.6 | 37.7 | 34.3 | |
| | 20001~30000 元 | 12.8 | 29.0 | 17.0 | |
| | 30000 元以上 | 5.2 | 13.0 | 7.3 | |
| 是否退休 | 是 | 95.1 | 100.0 | 96.1 | 3.101 |
| | 否 | 4.9 | 0.0 | 3.9 | |
| 社保待遇类型 | 无保险 | 0.0 | 0.0 | 2.6 | 10.703 |
| | 企业职工基本养老保险 | 71.9 | 75.4 | 76.6 | |
| | 机关事业单位养老保险 | 11.0 | 13.0 | 5.7 | |
| | 城乡居民基本养老保险 | 17.1 | 11.6 | 15.1 | |

资料来源：CLASS 2020 北京市数据。

参与隔代照料的老年人会更积极地参加社会活动，有较高的上网频率，生活满意度总体较高。老年人的社会活动参与情况、上网频率及生活满意度均与隔代照料存在显著的正相关性。在社会活动参与方面，参与隔代照料的老年人和不参与隔代照料的老年人之间有显著差异。在不参与隔代照料的老年人中，参加过社会活动的比例仅为 33.5%，这一比例在参加临时隔代照料和持续隔代照料的老年人中分别达到 68.3% 和 71.0%。这在一定程度上反映出参与隔代照料的老年人拥有更好的社交网络和支持系统，在抚育孙辈的过程中，老年人也获得了更多参与社会活动的机会。此外，社会活动参与可能与积极的生活态度和健康状况相关，这些因素也会影响老年人参与隔代照料的意愿和能力。

在上网频率方面，参与持续隔代照料的老年人里有 79.7% 每天都上网，这一比例在参与临时隔代照料的老年人中为 61.0%，在不参与隔代照料的老年人中为43.4%。上网频率较高的老年人更加活跃，可能拥有更强的信息获取能力和对新技术的适应性，这些特质可能使他们更愿意接受和参与隔代照料。也有研究发现，老年人学习上网的主要支持来源就是子女和孙辈，这也能解释参与隔代照料的老年人有更多机会接触网络、学习上网，进而有更高的上网频率。

是否参与隔代照料和具有不同参与强度的老年人的生活满意度存在显著差异。一方面，不参与隔代照料的老年人中，对生活很满意的占比达到20.8%，很不满意或者比较不满意的比例合计达到19.8%，均显著高于参与隔代照料的老年人。另一方面，参与持续隔代照料的老年人中有65.3%对生活感到很满意或比较满意，参与临时隔代照料的老年人中有65.9%对生活感到很满意或比较满意，研究未发现照料负担的加重对老年人生活满意度具有显著影响（见表5）。

表5　2020年北京市参与和不参与隔代照料老年人的社会特征

单位：%

| 社会特征 | 变量 | 参与临时隔代照料占比 | 参与持续隔代照料占比 | 不参与隔代照料占比 | Pearson卡方检验 |
|---|---|---|---|---|---|
| 社会活动参与情况 | 参加过 | 68.3 | 71.0 | 33.5 | 79.735*** |
| | 不曾参加 | 31.7 | 29.0 | 66.5 | |
| 上网频率 | 高(每天都上) | 61.0 | 79.7 | 43.4 | 44.613*** |
| | 中(每周/月至少一次) | 12.2 | 11.6 | 10.1 | |
| | 低(每年几次/从不上网) | 26.8 | 8.7 | 46.5 | |
| 生活满意度 | 很满意 | 4.9 | 1.5 | 20.8 | 38.278*** |
| | 比较满意 | 61.0 | 63.8 | 41.5 | |
| | 一般 | 20.7 | 20.3 | 17.1 | |
| | 比较不满意 | 13.4 | 13.0 | 15.1 | |
| | 很不满意 | 0.0 | 1.4 | 4.7 | |
| | 无法回答 | 0.0 | 0.0 | 0.8 | |

资料来源：CLASS 2020北京市数据。

## （三）参与隔代照料的老年人的家庭特征

家庭居住类型、健在子女数量和养老地点选择与隔代照料之间存在显著关联。88.4%的参与持续隔代照料的老年人与孙辈同住，远高于参与临时隔代照料的老年人（46.3%）和不参与隔代照料的老年人（41.6%）。参与持续隔代照料的老年人仍健在子女数均值为1.23人，低于参与临时隔代照料的老年人（1.29人）和不参与隔代照料的老年人（1.54人），可见家庭规模较小、健在子女数量较少的老年人更有可能承担隔代照料责任。

在养老地点选择上，68.1%的不参与隔代照料的老年人选择在自己家/子女家养老，远高于参与隔代照料的老年人。同时，参与隔代照料的老年人选择在社区的日托站或托老所/养老院养老的比例远高于不参与隔代照料的老年人，可见老年人在参与隔代照料的同时，对自己未来的养老地点或养老方式也进行了更深入的思考（见表6）。

表6　2020年北京市参与和不参与隔代照料老年人的家庭特征

单位：%

| 家庭特征 | 变量 | 参与临时隔代照料占比 | 参与持续隔代照料占比 | 不参与隔代照料占比 | Pearson卡方检验 |
|---|---|---|---|---|---|
| 家庭居住类型 | 和孙辈同住 | 46.3 | 88.4 | 41.6 | 51.204 *** |
| | 不和孙辈同住 | 53.7 | 11.6 | 58.4 | |
| 养老地点选择 | 自己家/子女家 | 54.9 | 42.0 | 68.1 | 34.428 *** |
| | 社区的日托站或托老所/养老院 | 18.3 | 23.2 | 12.4 | |
| | 还没想好/无法回答 | 26.8 | 34.8 | 19.5 | |

资料来源：CLASS 2020北京市数据。

## 五　北京市接受父母隔代照料支持的子女特征

### （一）接受父母隔代照料支持的子女的人口学特征

大多数接受父母隔代照料支持的子女为已婚男性，年龄在 30~49 岁，文化程度在大专及以上。卡方检验结果表明，子女的人口学特征与他们是否接受父母的隔代照料支持具有显著相关关系。在接受父母隔代照料支持的子女中，男性的占比为 60.7%，女性的占比为 39.3%，与女性相比，男性更多得到了父母的隔代照料支持。在年龄分布上，40~49 岁的子女接受父母隔代照料支持的比例最高，达到 61.8%；紧随其后的是 30~39 岁的子女，占比为 35.6%；接受父母隔代照料支持的子女的平均年龄为 48.5 岁，这与中青年子女在家庭和职业中承担的双重压力有关。在文化程度方面，接受父母隔代照料支持的子女以大专及以上文化程度为主，占比达到 68.1%；此外，有 29.8% 的子女为高中/中专文化程度。在接受父母隔代照料支持的子女中，有 95.8% 的子女为已婚状态（见表7）。

表 7　2020 年北京市接受和不接受父母隔代照料支持的子女的人口学特征

单位：%

| 人口学特征 | 变量 | 不接受父母隔代照料支持占比 | 接受父母隔代照料支持占比 | Pearson 卡方检验 |
|---|---|---|---|---|
| 性别 | 男性 | 49.3 | 60.7 | 7.535 ** |
| | 女性 | 50.7 | 39.3 | |
| 年龄 | 20~29 岁 | 3.0 | 0.0 | 177.556 *** |
| | 30~39 岁 | 12.3 | 35.6 | |
| | 40~49 岁 | 30.8 | 61.8 | |
| | 50~59 岁 | 37.7 | 2.6 | |
| | 60 岁及以上 | 16.2 | 0.0 | |
| 文化程度 | 小学及以下 | 1.0 | 0.0 | 81.623 *** |
| | 初中 | 15.2 | 2.1 | |
| | 高中/中专 | 51.3 | 29.8 | |
| | 大专及以上 | 32.5 | 68.1 | |

| 人口学特征 | 变量 | 不接受父母隔代照料<br>支持占比 | 接受父母隔代照料<br>支持占比 | Pearson<br>卡方检验 |
|---|---|---|---|---|
| 婚姻状况 | 已婚 | 90.4 | 95.8 | 16.676 ** |
| | 未婚 | 9.6 | 4.2 | |

资料来源：CLASS 2020 北京市数据。

## （二）接受父母隔代照料支持的子女的社会经济特征

在接受父母隔代照料支持的子女中，有 46.6% 与父母同住，这一比例高于不接受父母隔代照料支持的子女，后者中仅有 32.5% 与父母同住。通过卡方检验可以发现，居住安排与老年人参与隔代照料之间存在显著关系，同住的子女更可能得到父母的隔代照料支持。

经济状况方面，大多数接受父母隔代照料支持的子女有工作，但经济状况为“基本够用”和“比较困难”的占比较高，“非常宽裕”和“比较宽裕”的占比相对较低，这在一定程度上反映出老年人参与隔代照料时的经济考量（见表 8）。

表 8　2020 年北京市接受和不接受父母隔代照料支持的子女的社会经济特征

单位：%

| 社会经济特征 | 变量 | 不接受父母隔代照料<br>支持占比 | 接受父母隔代照料<br>支持占比 | Pearson<br>卡方检验 |
|---|---|---|---|---|
| 是否和父母<br>一起居住 | 是 | 32.5 | 46.6 | 12.492 *** |
| | 否 | 67.5 | 53.4 | |
| 工作状况 | 有工作 | 63.6 | 91.1 | 52.227 *** |
| | 没有工作 | 36.4 | 8.9 | |
| 经济状况 | 非常宽裕 | 9.3 | 2.6 | |
| | 比较宽裕 | 39.2 | 39.3 | 10.746 * |
| | 基本够用 | 47.6 | 51.8 | |
| | 比较困难 | 3.9 | 6.3 | |

资料来源：CLASS 2020 北京市数据。

### （三）接受隔代照料支持的子女的代际互动特征

参与隔代照料的老年人及其子女在经济和情感方面均存在代际互动。总体而言，老年人与子女的情感交流和参与隔代照料之间的关系较为显著。

在经济互动方面，大多数接受父母隔代照料支持的子女在经济上对父母有所回馈，但总体情况与不接受父母隔代照料支持的子女并没有很大差别。过去 12 个月中，55.0%的接受父母隔代照料支持的子女给过父母经济支持，总价值在 1000~3999 元，有 40.8%在 4000 元及以上。

参与隔代照料对老年人为子女提供经济支持有显著的正向影响。在不接受父母隔代照料支持的子女中，有 33.8%不曾接受来自父母的经济支持；在接受父母隔代照料支持的子女中，这一比例有所下降，达到 20.4%。同时，54.5%的接受父母隔代照料支持的子女曾接受来自父母价值在 1000~3999 元的经济支持，这一比例远高于不接受父母隔代照料支持的子女，后者这一比例为 39.1%。

在情感交流方面，55.2%的不提供隔代照料的老年人表示从未感觉子女要求了过多的帮助和支持，而提供隔代照料的老年人中，这一比例显著下降至 27.2%。相反，感觉子女经常要求过多的帮助和支持的比例在提供隔代照料的老年人中达到 29.8%，远高于不提供隔代照料的老年人。这表明参与隔代照料的老年人更能感知到子女对他们提供的帮助和支持有较高的需求，这可能与照料活动本身需要更多的互动和依赖有关，在一定程度上会给老年人带来心理负担。

在老年人与子女关系的变化方面，有 30.9%的老年人感觉与子女的关系因为照看孩子而变得更好了，有 49.7%的老年人则感觉与子女的关系没有因为照料而发生什么变化。可见参与隔代照料本身并不一定会强化代际关系、增进情感交流（见表9）。

表9　2020年北京市接受和不接受父母隔代照料支持的子女的代际互动特征

单位：%

| 代际互动特征 | 变量 | 不接受父母隔代照料支持占比 | 接受父母隔代照料支持占比 | Pearson卡方检验 |
|---|---|---|---|---|
| 过去12个月，子女为父母提供的经济支持 | 没有给过 | 3.5 | 2.6 | 18.681* |
| | 1~999元 | 8.1 | 1.6 | |
| | 1000~3999元 | 54.7 | 55.0 | |
| | 4000元及以上 | 33.7 | 40.8 | |
| 过去12个月，父母为子女提供的经济支持 | 没有给过 | 33.8 | 20.4 | 27.983** |
| | 1~999元 | 13.8 | 14.7 | |
| | 1000~3999元 | 39.1 | 54.5 | |
| | 4000元及以上 | 13.3 | 10.4 | |
| 过去12个月，父母有没有觉得子女向自己要求了过多的帮助和支持 | 从未 | 55.2 | 27.2 | 166.634*** |
| | 偶尔 | 28.1 | 29.8 | |
| | 有时候 | 11.4 | 12.7 | |
| | 经常 | 1.5 | 29.8 | |
| | 无法回答 | 3.8 | 0.5 | |
| 过去12个月，父母与子女的关系是否因为照看子女的孩子而发生变化 | 关系变差了 | — | 19.4 | 624.975*** |
| | 没什么变化 | — | 49.7 | |
| | 关系变得更好了 | — | 30.9 | |

资料来源：CLASS 2020北京市数据。

# 六　北京市中老年人对隔代照料的态度及看法

超过六成的中老年人认为参与隔代照料是客观现实需要而非主动选择。在2021年北京市中老年人生活状况抽样调查中，对于"您怎么看待老年人帮忙照料孙辈"这一问题，65.2%的受访老年人认为由于子女忙碌或社会服务不足，只能由自己来承担照料孙辈的责任；30.4%的老年人认为照料孙辈是一种享受天伦之乐的机会；仅有4.5%的老年人认为照顾孙辈能使自己得到子女更多的照顾（见图5）。可见，大多数老年人认为自己参与隔代照料是由于当前家庭和社会在抚幼照料方面存在不足，这反映出当代家庭对完善社会照料服务体系的迫切需求。尽管也有相当一部分老年人积极看待隔代照料，但老年人普遍不认为照顾孙辈能使自己得到子女更多的关注和照顾，这反映出老年人对参与隔代照料的角色认知更多是奉献者和支持者，而非期望得到回报的被照顾者。

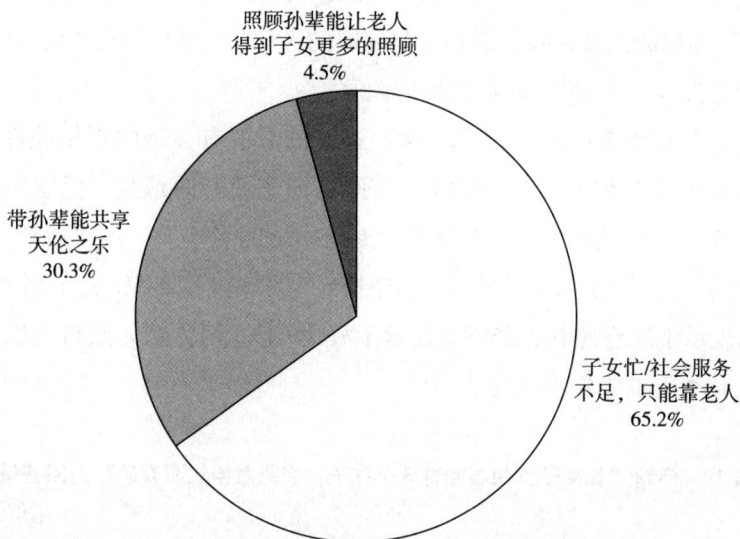

图 5    2021 年北京市中老年人对隔代照料的看法

资料来源：2021 年北京市中老年人生活状况抽样调查。

已有研究发现，在影响年轻人生育意愿的诸多因素中，"孩子没人看"是一个重要原因。是否有父母的隔代照料支持显著影响着年轻人的生育意愿，在"三孩"生育政策出台的背景下，调查结果发现，低龄以及文化程度较高的女性中老年人更愿意照料"三孩"孙辈。在回答"如果子女想要生育 3 个孩子，您愿意帮忙照看吗"这一问题时（见表 10），有 36.7% 的老年人表示愿意，38.4% 的老年人表示"不好说/不适用"。可见，尽管面临较大照料压力，仍有超过 1/3 的老年人愿意提供支持。与此同时，有 24.9% 的中老年人明确表示不愿意照料"三孩"孙辈，这与照料孙辈的生理负担、安全风险等息息相关。

性别、年龄和文化程度与中老年人照料"三孩"孙辈的态度之间存在显著的统计关联。具体而言，55～69 岁、文化程度较高的女性老年人更愿意照料"三孩"孙辈。女性老年人中愿意照料"三孩"孙辈的占比显著高于男性老年人。41.6%的女性老年人表示愿意照料"三孩"孙辈，男性老年人中仅有 30.7%表示愿意照料"三孩"孙辈。55～69 岁的老年人照料"三孩"孙辈的意愿最强，愿意参与照料的占比达到 51.1%。年龄越大的老年人愿意照料"三孩"孙辈的比例越低。

文化程度与老年人照料"三孩"孙辈的意愿有显著的正相关性。文化程度为高中或中专的老年人照料"三孩"孙辈的意愿最强，愿意照料的占比达到 52.7%；其次是文化程度为大专及以上的老年人，占比达到 48.2%。相比之下，小学及以下文化程度的老年人中只有 10.5%表示愿意照料，33.7%表示不愿意照料，55.8%表示不好说/不适用，总体照料意愿远不及其他文化程度的老年人（见表10）。

表 10　问题"如果子女想要生育 3 个孩子，您愿意帮忙照看吗"的回答情况

单位：%

| 人口学特征 | 变量 | 愿意 | 不愿意 | 不好说/不适用 | Pearson 卡方检验 |
|---|---|---|---|---|---|
| 性别 | 男性 | 30.7 | 26.2 | 43.1 | 10.5561 ** |
| | 女性 | 41.6 | 23.8 | 34.6 | |
| 年龄 | 55～69 岁 | 51.1 | 28.5 | 20.4 | 215.1349 *** |
| | 70～79 岁 | 14.0 | 28.0 | 58.0 | |
| | 80 岁及以上 | 2.9 | 25.2 | 71.9 | |
| 文化程度 | 小学及以下 | 10.5 | 33.7 | 55.8 | 82.8898 *** |
| | 初中 | 27.5 | 27.0 | 45.5 | |
| | 高中/中专 | 52.7 | 20.8 | 26.5 | |
| | 大专及以上 | 48.2 | 21.1 | 30.7 | |

资料来源：2021 年北京市中老年人生活状况抽样调查。

# 七 结论与建议

## （一）结论

2014~2020 年，北京市参与隔代照料的老年人比例呈现"先降后升"态势，2020 年北京市参与隔代照料的老年人仅占北京市老年人口的 28.2%。此外，北京市老年人参与隔代照料的强度也在波动中下降，2020 年北京市参与持续照料的老年人占比为 45.7%。北京市参与隔代照料的老年人的照料关系主要为互惠型，老年人在参与隔代照料的同时接受来自子女的照料或经济支持。总体来看，参与隔代照料的老年人以低龄、健康、女性老年人为主。他们在参加社会活动方面更加积极，有较高的上网频率，大多数与孙辈同住且生活满意度较高。

接受隔代照料的子女通常为已婚有工作的男性，年龄在 30~49 岁，有未成年孩子，文化程度在大专及以上。参与隔代照料对老年人为子女提供经济支持有显著的正向影响，同时这些老年人更容易感知子女对他们提供帮助和支持有较高的需求，但参与隔代照料本身并不一定让老人和子女之间的关系变得更好。

在参与隔代照料的意愿方面，大多数老年人认为由于子女忙或社会服务不足，只能依靠自己参与隔代照料。低龄以及文化程度较高的女性老年人参与"三孩"孙辈照料的意愿更强。

## （二）建议

### 1. 强化老年人的价值认同和情感支持

老年人参与隔代照料已成为一种普遍现象，老年人在减轻家庭和社会照料压力方面发挥的重要作用需要得到进一步认可。调查中，超六成老年人认为由于社会服务的缺乏、子女工作繁忙，只能由自己承担照料孙辈的责任，也有一些老年人感受到子女对他们提供的帮助有较高的需求，这都会给他们带来一定的心理负担。调查结果也显示，参与隔代照料并不能完全促进代际情感交流，仅有三成左右的老年人表示与子女的关系因为照看孙辈而变得更加融洽，近半数老年人并未感受到代际关系的变化。为此，有必要在社会和家庭层面增强对老年人提供隔代照料行为的价值认同。通过公共宣传等形式，让老年人在家庭和社会中的重要角色"被看见"，引导社会和家庭给予老年人足够的尊重，认可他们在减轻家庭和社会压力方面所做出的重大贡献。引导家庭成员主动创造更多代际互动机会，增加与老人的沟通交流和情感联系，了解他们的情绪和感受，给予他们更多情感支持，减轻他们在隔代照料中可能承受的心理负担。

### 2. 完善全生命周期的养老与健康服务供给

调查结果显示，年龄、健康状况是影响老年人参与隔代照料的关键因素。具体而言，不参与隔代照料的老年人普遍年纪更大，面临更为严峻的健康挑战：他们更容易感受到自身身体机能的下降，在慢性病的患病率和平均数量等方面也显著高于参与隔代照料的老年人。与此同时，参与隔代照料的老年人在未来的养老意向方面表现出更为积极的思考，更多参与隔代照料的老年人选择将来入住社区的日托站或托老所/养老院。这种变化可能源于老年人的年龄、健康状况与社会参与的差异。基于此，以老年人需求为导向，为老年人提供更加精准的全生命周期健康支持和养老服务显得尤为必要。联合国在其发布的《二十一世纪人口老龄化：成就与挑战》中指出：如果有适当的措施来确保老年人获得医疗保健、固定收入、社会网络和法律保护方面的支持，那么当前和未来的若干代人都会从"长寿红利"中受益；一旦没有及时做出改变，不仅会损失"长寿红利"，老年人健康问题造成的家庭、社会负担也会加重。

### 3. 积极构建家庭福利制度体系

作为社会的基本单元，家庭在应对人口老龄化、减轻代际压力等方面发挥着重要作用。但现有的政策和服务往往侧重于特定年龄段或人群，忽视了家庭整体需求。因此，亟须从家庭整体出发，完善以家庭为中心的支持制度。完善家庭支持制度，需要关注家庭不同发展阶段的需求变化，系统设计覆盖家庭全生命周期的连续支持措施。同时，需要从家庭整体实际状况出发，提供定制化的综合支持方案，而非仅满足某一群体的需求。具体而言，可以通过建设亲子活动场所、完善无障碍设施等方式打造家庭友好型社区环境，为家庭生活提供便利；对于中青年群体，通过合理完善育儿假、弹性工作等劳动制度，减轻他们的育儿压力，促进生活和工作的平衡；对于承担隔代照料责任的老年人群体，提供必要的"一老一小"支持和照护资源，如发展老幼共融的社区服务等，以减轻隔代照料的负担。还应重视并鼓励家庭内部成员之间的互帮互助与责任共担，通过家庭关系咨询、代际沟通引导等综合服务，促进家庭成员之间的相互理解，助力良好家风的培养，形成合力以应对人口老龄化带来的挑战。

## 参考文献

吴培材：《照料孙子女对城乡中老年人身心健康的影响——基于 CHARLS 数据的实证研究》，《中国农村观察》2018 年第 4 期。

靳小怡、刘妍珺：《照料孙子女对老年人生活满意度的影响——基于流动老人和非流动老人的研究》，《东南大学学报》（哲学社会科学版）2017 年第 2 期。

龙莹、袁嫚：《隔代照料对中老年人劳动参与的影响——基于中国健康与养老追踪调查的实证分析》，《南京财经大学学报》2019 年第 4 期。

卢洪友、余锦亮、杜亦谯：《老年父母照料家庭与成年子女劳动供给——基于 CFPS 微观数据的分析》，《财经研究》2017 年第 12 期。

邹红、彭争呈、栾炳江：《隔代照料与女性劳动供给——兼析照料视角下全面二孩与延迟退休悖论》，《经济学动态》2018 年第 7 期。

纪竞垚：《隔代照料对家庭代际关系的影响——基于中国老年社会追踪调查数据的分析》，《人口与社会》2022 年第 5 期。

黄国桂、杜鹏、陈功：《隔代照料对于中国老年人健康的影响探析》，《人口与发展》2016 年第 6 期。

程昭雯、马璐岩：《隔代照料对中老年人心理健康影响的实证研究：工作强度、居住安排的机制作用》，《宁夏大学学报》（人文社会科学版）2023 年第 4 期。

肖雅勤：《隔代照料对老年人健康状况的影响——基于 CHARLS 的实证研究》，《社会保障研究》2017 年第 1 期。

李卓等：《隔代照料对超大城市流动老人抑郁症状风险的影响研究》，《西北人口》2024 年第 3 期。

# B.13
# 托育服务发展的国际经验
# 及对北京的启示

李红娟　陈德云　陈志光*

**摘　要：**　托育服务与女性就业、工作-家庭平衡、性别平等话题紧密相连，是生育支持政策体系的重要组成部分。本报告选取托育服务发展比较成熟的美国、法国、瑞典、日本4国，从制度保障、服务供给、人才支撑、监督评估等方面对4国的托育服务发展经验进行梳理总结。在此基础上，结合北京市普惠托育服务发展的现状及面临的现实问题，参照国外托育服务发展经验，本报告总结出以下启示：强化政府主导，完善工作机制；加强资金支持，分级分类补贴；坚持普惠协同，重视社会力量；鼓励共同育儿，营造良好环境；吸纳相关人才，做好队伍建设；立足家庭需求，提供多元服务；完善行业规范，加强监督评估。

**关键词：**　托育服务　生育支持　国际经验　北京

国家统计局数据显示，2022年，我国出生人口为956万人，出生率为6.77‰；死亡人口为1041万人，死亡率为7.37‰；自然增长率为-0.60‰。这是我国自1960年后人口自然增长率首次出现负数。2023年，我国出生人

---

\* 李红娟，人口学博士，国家卫生健康委妇幼健康中心副研究员，主要研究方向为婴幼儿照护服务、人口社会学；陈德云，中共北京市委党校（北京行政学院）社会学教研部（北京市人口研究所）硕士研究生，主要研究方向为社会政策；陈志光，人口学博士，中共北京市委党校（北京行政学院）社会学教研部（北京市人口研究所）讲师，主要研究方向为人口发展、政策科学。

口进一步下降至 902 万人，出生率为 6.39‰；死亡人口为 1110 万人，死亡率为 7.87‰；自然增长率为-1.48‰。在出生人口持续下降的背景下，建立生育支持政策体系、实现适度生育水平成为促进人口均衡发展的重要保障和手段。发展托育服务，既是积极生育支持措施之一，也是提高人口素质的重要内容，还是适应人口新形势的必然选择。党的二十大将托育列为重点民生问题的"新增项"。

国外一些国家对托育服务的关注比较早，形成了比较成熟的模式。本报告选取美国、法国、瑞典、日本 4 国，从制度保障、服务供给、人才支撑、监督评估等方面进行系统梳理，结合北京市普惠托育服务发展现状，力求为北京市普惠托育服务的发展提供经验借鉴与启示。

# 一 托育服务发展的国际经验

20 世纪中后期以来，随着西方国家人口生育率不断下降和妇女就业率不断提升，托育服务支持政策逐渐由"福利"政策转变为一种兼具"福利"和"投资"性质的政策。各国对托育服务供给与发展的支持各具特色，形成了不同的模式，积累了促进托育服务发展的宝贵经验。

## （一）完善制度保障，提供强大动力

美国的托育服务支持政策以"保证儿童健康和安全""穷人靠政府，富人靠市场"为原则。20 世纪 50 年代以前，美国政府主导建立的儿童保育服务大多针对战后家庭或贫困家庭。20 世纪 50~60 年代，美国将儿童保育与女性就业相结合。1956 年，美国通过社会安全法案修正案，明确提出要专门为就业女性提供儿童托育服务。1962 年和 1965 年，美国分别通过两项福利改革法案，将联邦政府对儿童保育的支持与鼓励贫困妇女参与劳动联系起来。20 世纪 70 年代以来，美国针对贫困家庭的育儿推出了一系列政策措施：1979 年颁布《儿童保育法》，1988 年颁布《平等开端计划》，1990 年颁布《儿童早期教育法》《儿童保育与发展固定拨款法》。其中，《儿童保育与发展固定拨款法》致力于为低收入家庭提供可负担、高质量的托育服务。2014 年，这一法案的部分内容进行了变更，旨在进一步减轻低收入家庭的经济负担，为婴幼儿照护提供保障。① 2020 年，美国通过《儿童保育基本法》《经济复苏托儿法》，帮助家庭获得负担得起的托育服务。在工作机制方面，美国构建了联邦、州、学区三级行政管理体制，保育管理工作由联邦政府和各州政府共同承担。儿童与家庭管理局下设 3 个办公室：启蒙办公室、儿童保育办公室和儿童早期发展办公室，负责制定有关 0～3 岁婴幼儿的政策法规，并监督各州对政策的执行情况。

法国的家庭支持政策聚焦解决儿童托育问题。其中，家庭问题讨论会是推动家庭支持政策与托育服务发展的重要平台之一。1994 年，法国以法律的形式制定了家庭问题讨论会制度。2004 年，法国开始实施"托儿所计划"，增加托位供给。2013 年，法国提出要继续发展面向 3 岁以下婴幼儿的托育公共服务，并要求入托率恢复到 30%。除此之外，法国针对家庭问题进行综合立法，建立家庭照护组织制度及服务专项基金。法国建立了政府政策指引、社会保障机构具体落实的工作机制，整合各方资源，充分发挥社会力量的作用，成立跨部门家庭问题委员会和代表团，协调不同机构在家庭政策领域的行动，参与全国统一的家庭政策制定和执行。

瑞典拥有较为完善的公共托育服务网，② 强调可负担、高质量的育儿服务。③ 1944 年，瑞典制定了公立托育政策。1947 年，瑞典颁布了《社会援助法》。1960 年颁布的《儿童及少年福利法》、1961 年颁布的《儿童照顾法》、1975 年颁布的《学前教育法》等强调了政府在托育服务中的重要责任与作用。1996 年，瑞典教育部门出台了托育服务课程标准，促进托育服务

---

① 钱慧、付玖花：《美国 0—3 岁婴幼儿的连续性照护：理念与行动》，《教育学术月刊》2022年第 12 期，第 40～47 页。

② 陈建梅、刘子荣：《普惠性托育服务的国际比较及中国路径实现选择》，《西安财经大学学报》2022 年第 6 期，第 50～62 页。

③ 房莉杰、陈慧玲：《平衡工作与家庭：家庭生育支持政策的国际比较》，《人口学刊》2021年第 2 期，第 86～97 页。

的规范化发展。瑞典的托育服务由教育署管辖，形成了以国家干预为手段、国会和政府各部门承担各项分管责任的工作机制。

家庭照护是日本抚育儿童的主要形式。[①] 日本于 1947 年制定了《儿童福祉法》，关注育儿支援服务。1980 年以后，日本出台了一系列政策措施，对育儿支援体系进行改革，包括 1994 年发布的《天使计划》、1999 年发布的《新天使计划》、2002 年发布的《少子化对策》、2003 年发布的《少子化对策基本法》《次世代育成支援对策推进法》、2004 年发布的《少子化对策大纲》。[②] 2009 年，日本颁布《关于家庭保育事业的实施》。2015 年 4 月开始实施的《育儿支援法》《认定儿童园法修正案》《育儿支援法以及认定儿童园法修正案实施相关整备法律》是日本对育儿支援制度的重大改革。[③] 2017 年，日本对《保育所保育指南》进行了第 4 次修订。2019 年，日本颁布了《儿童及育儿支援法》。总的来看，日本的保育支持新制度及"育儿安心计划"取得了显著成效。[④]

## （二）增加服务供给，满足多元需求

美国托育服务分为日托中心和家庭日托两种形式。日托中心从属于医院、企业、大学或教会，也有少量独立运作。日托中心招收的孩子最小可到 1.5 个月，最大可到 3 岁。从班型来看，有些日托中心根据婴幼儿的年龄分班，有些则是混龄班。从服务时间来看，可分为半日托、全日托。家庭日托在美国 0~3 岁托育项目中仍然占有很高的比例。在家庭日托接受托育服务项目的婴幼儿主要在 2 岁以下，主要由父母送去照护者的家中接

---

① 刘天子、杨立华、曾晓东：《不同国家托育服务治理模式的效果评价——基于 OECD 家庭数据库的比较分析》，《人口学刊》2022 年第 4 期，第 70~79 页。
② 山﨑高哉、樊秀丽、杨奕：《日本学前教育的新构想》，《学前教育研究》2012 年第 8 期，第 19~29 页。
③ 张建：《日本的育儿支援制度改革及其启示》，《现代日本经济》2019 年第 2 期，第 69~81 页。
④ 张建：《日本发展普惠性托育服务的多维行动路径》，《比较教育研究》2021 年第 1 期，第 93~103 页。

受托育（家庭托育点），但是也有少数是照护者上门提供服务（上门托育）。

从性质来看，美国的托育服务供给机构分为营利性托育机构和非营利性托育机构。营利性托育机构主要招收中产阶级家庭的儿童，非营利性托育机构则主要招收低收入阶层的儿童。美国超过1/3的婴幼儿托育服务都是由营利性托育机构提供的。营利性托育机构分为独立型中心和连锁型中心两种。非营利性托育机构包括以下几种类型：由几个家长共同经营的家长合作式托育机构；由社区机构主办，教会团体、工会、服务机构、社区中的居民、联合性的组织等支持，主要面向中低收入家庭的托育机构；大型工厂、医院、综合公寓区为本单位或公寓区的工作人员和居民的孩子开办的托育机构。非营利性托育机构具体又分为不接收任何补助、可以接收补助两种。补助来自两个方面：一是教堂等私立机构的补助；二是公立学校系统或地方福利部门等政府机构的补助。

法国0~3岁婴幼儿照护主体类型多样，通常可分为以下几类。一是集体照护机构，包括托儿所、微小托儿所、街区临时照护处等。二是母职助理，在自己家里或者母职助理屋照看4岁以下幼儿。三是企业托儿所，部分也向当地社区家庭开放。四是父母托儿所，由父母联合组织开办。法国的托育机构以小型为主，近一半机构的托位数量在20个以下，为周边居民提供服务。

瑞典的托育服务主要包括日间照护中心、学前教育中心、家庭日托三类。日间照护中心是瑞典公共儿童照护服务的主要形式，在中央政府的指导下由地方政府运营。学前教育中心是托育服务机构的重要补充形式，大多由政府设立，一般是一所公寓或一所房子，设施齐全，完全免费。对于全职父母来说，他们可以选择学前教育中心来满足照料需求，中心一般每天会开放10~12小时，并设有夜间护理中心。因此，由于夜间工作无法照护孩子的家长可以选择此类中心。

日本的托育服务包括多种形式，其中最主要的是专业机构，包括以教育为主的"幼儿园"、以保育为主的"保育所"和结合教育和保育的"认定儿童园"。此外，日本还提供规模托育服务、家庭托育服务、上门托育服务以及由专业保育员提供的护理服务等。①

### （三）夯实人才之基，形成有力支撑

美国政府非常重视照护人员的身心健康、理论知识和实践经验，照护人员的任职要求涉及身心健康状况、掌握婴幼儿发展的理论和知识、有婴幼儿照护工作经验和培训经历及儿童发展助理证书。各州健康、福利、社会服务等部门制定照护人员的资格和培训标准，具体要求涉及年龄、健康状况、背景审查情况、就职前的学历和培训、入职培训及其他相关要求。近年来，随着美国民众对 3 岁以下婴幼儿照护服务的重视，各州在从业人员专业能力发展方面做了很多努力，具体体现在以下方面：开发 0~3 岁婴幼儿早期学习指南；构建从业人员核心知识和核心能力标准体系；设立从业资格证书；开发早期照护人员入职培训课程；加强 0~3 岁婴幼儿照护人员专业培训与高等教育的衔接；建设 0~3 岁婴幼儿照护人员专业发展职业网络；开发 0~3 岁婴幼儿照护专业发展专家支持系统；提供财政支持，促进照护人员专业发展。在婴幼儿照护人员专业标准和能力建设方面，20 世纪 80 年代起，全美幼儿教育协会陆续发布了多份指南来规范早期教育师资的培养，其中比较有影响力的是《0~8 岁幼儿教师标准》。在专业发展和培训方面，美国构建了婴幼儿照护专家网络，为婴幼儿照护人员提供充足的资源和机会。2021 年，美国新修订的《发展和加强婴幼儿专家网络：州和地区指南》为婴幼儿照护专家网络的规范化发展提供了指导。②

法国托育机构对员工的受教育程度要求较为严格，如托儿所的幼儿教育工作者和儿科护士至少需要相关的大专学历。但是，法国对育儿保姆的从业资质要求相对较低，主要侧重于培训经历，通常只需接受 120 个小时的业务

① 陈建梅、刘子荣：《普惠性托育服务的国际比较及中国路径实现选择》，《西安财经大学学报》2022 年第 6 期，第 50~62 页。

② 钱慧、付玖花：《美国 0—3 岁婴幼儿的连续性照护：理念与行动》，《教育学术月刊》2022 年第 12 期，第 40~47 页。

培训并注册登记即可。育儿保姆可在自己的家中照顾不超过 4 个孩子。

瑞典与托育服务工作相关的职业主要包括学前教师、日托护理员、家庭日托员、闲暇中心教师等,其中学前教师与闲暇中心教师为专门的教育人员,其他人员的工作内容基本是保育性质的。根据瑞典《学前教育法》的要求,日托服务提供者需要有两年半的相关专业学习经历,或者至少有一年的日托服务援助经验。① 瑞典非常注重对托育服务人才的培养,尤其重视托育服务人才培训。瑞典教育部门负责管理所有类型的托育服务(包含课后照料),并制定系统的课程标准,以保证托育工作与义务教育的有机衔接。学校负责人则负责管理托育、初等、中等教育机构,以保证其专业背景多样化。而在培训方面,瑞典将所有幼儿教师纳入系统的职前培训计划,包含托儿教师、义务教育工作者和自由教育者,目标是提升教师的专业技能,为社会创造更加优质的教育服务。

日本从事托育服务的工作人员被称为保育士。2001 年,日本确立了保育士专业资格制度。保育士既需要参加国家考试,又需要参加在职研修。日本《关于家庭保育事业的实施》规定了保育人员需要具备的相关条件。为了提高资质,不同从业年限的家庭保育人员需要进行不同项目的研修,分为跟踪研修、现职进修、指导者研修等。此外,日本还为家庭托育人员需要接受的基础研修、认证培训、后续培训、现职研修、指导者研修的内容提供了明确的指导。针对日本保育人员面临的薪酬水平低、劳动强度大、职业发展前景不好等问题,日本从提高薪酬待遇、发放"特别职业津贴"、延长从业时间、提高职业技能水平等方面加强专业人才队伍建设。

## (四)强化监督评估,实现提质增效

美国各州政府的健康服务部门通过注册许可要求对日托中心和家庭日托进行管理,以最大限度地保护托育机构内儿童的健康和安全。托育机构注册

---

① 金盈盈、宋娟、项颖倩:《国外公共托育服务发展实践及其对上海的启示》,《科学发展》2021 年第 8 期,第 107~113 页。

标准规定了可以营业的托育机构的基础要求，除非该机构是在法律豁免范围内的，否则不达要求不能营业。美国各州婴幼儿托育服务的质量通常采用质量评级与提升系统进行评估与监测。评估工具包括婴幼儿学习环境评量表（ITERS）、课堂互动评估系统（CLASS）、婴幼儿师幼互动质量评价（QCCIIT）。具体来讲，不同州的质量评估实施方式和内容侧重各有不同，如纽约州从学习环境、家庭参与、资格和经验、管理和领导力等维度对托育机构进行评估和监测。同时，针对以照护中心、家庭、公立学校等为基础的项目，建立不同的评价标准，反映和监测不同环境下的服务质量。在对托育机构的评估中，将评估等级分为 1~5 星，星级水平越高，代表着托育服务质量越高。

瑞典学校监察局作为监督机构，独立监管政府所管辖的所有早期儿童教育和保育机构。在托育质量评估方面，瑞典探索制定了一系列质量评估标准和工具，包括托育总体质量标准、托育课程标准、托育过程标准以及托育人员标准等，基本上涵盖了托育环境、安全与健康、人员资质与能力、师幼互动、家长养育支持等方面，并建立了较为科学完善的指标体系。此外，瑞典国家教育署负责对婴幼儿托育服务质量进行全面检查评估。[①] 瑞典学校监察局是行政管理单位，监督托育服务和人才队伍质量，核查服务费用标准与实际使用情况，建立完整的保健教育监督体系。[②] 瑞典国家教育署的工作重点在于托育服务评估理论指导，以及对市政府拨付资金、人才培训的管理等，具体评估的内容包括核查托育机构人员的资质、托育机构的规模以及相关房屋土地是否符合要求。[③]

日本家庭托育主要由厚生劳动省（负责医疗卫生和社会保障的主要部门）和地方市政局监管。以东京都为例，其对家庭托育人员按照实施标准

① 宁洋洋、秦旭芳：《"子云相如，异曲而同工"——论国外托育服务的管理模式》，第十六届沈阳科学学术年会，沈阳，2019，第 6 页。
② 张宇昕、陆杰华：《减轻家庭育儿压力，健全托幼服务体系——以法国为例》，《人口与健康》2022 年第 4 期，第 18~20 页。
③ 张春艳、蔡迎旗：《瑞典 0~3 岁婴幼儿家庭支持政策及其启示》，《幼儿教育·教育科学》2020 年第 11 期，第 52~55 页。

和指导方针进行指导并提供建议。除了进行指导监督以外，还需要了解托育的实施状况等。

## 二 北京市普惠托育服务发展现状

### （一）出台系列政策，发展基础良好

近年来，北京市为促进普惠托育服务发展，出台了一系列政策，具体如表1所示。

表1 2020~2023年北京市促进普惠托育服务发展的相关政策

| 发布时间 | 文件名称 | 主要内容 |
|---|---|---|
| 2020年<br>1月21日 | 《北京市人民政府办公厅关于促进3岁以下婴幼儿照护服务发展的实施意见》 | 积极引导社会各方力量为确有需要的家庭提供安全规范的托育服务 |
| 2020年<br>12月7日 | 《中共北京市委关于制定北京市国民经济和社会发展第十四个五年规划和二〇三五年远景目标的建议》 | 完善普惠托育服务体系 |
| 2021年<br>11月26日 | 《北京市人口与计划生育条例》 | 将托育服务纳入国民经济和社会发展规划，推动建立普惠托育服务体系 |
| 2021年<br>12月15日 | 《北京市"十四五"时期妇女儿童发展规划》 | 多元化促进3岁以下婴幼儿照护服务发展，持续增加普惠托育服务机构和托位数量 |
| 2021年<br>12月28日 | 《北京市"十四五"时期社会公共服务发展规划》 | 扩大普惠托育服务供给 |
| 2022年<br>2月9日 | 《关于优化生育政策促进人口长期均衡发展的实施方案》 | 不断完善支持政策，大力发展普惠托育服务，鼓励社会提供多样化的普惠托育服务 |
| 2023年<br>3月27日 | 《北京市托育服务体系建设三年行动方案(2023年—2025年)》 | 2025年，每千人口拥有3岁以下婴幼儿托位数达到4.5个，其中普惠托位占比不低于60%;通过幼儿园开设托班、社区办园点转型等方式新增普惠托位不少于3万个;通过建设社区托育点、单位托育点和现有营利性托育机构转普惠机构等方式新增普惠托位不少于3.2万个;普惠托育服务实现中心城区、北京城市副中心和平原新城街道(乡镇)全覆盖,生态涵养发展区街道(乡镇)覆盖率不低于85% |

| 发布时间 | 文件名称 | 主要内容 |
|---|---|---|
| 2023年<br>10月13日 | 《关于开展普惠托育服务试点工作的通知》 | 普惠托育服务的试点范围为公办幼儿园、民办普惠幼儿园、普惠社区办园点、托育机构；其中幼儿园、社区办园点可提供2~3岁托育服务，托育机构可提供0~3岁托育服务 |

资料来源：北京市人民政府网站，https://www.beijing.gov.cn/。

## （二）发挥示范带动作用，工作成效初显

近年来，北京市卫生健康委为引导托育机构规范化发展，组织开展示范性托育机构创建工作，共评选出托育服务示范单位149家。北京市总工会与北京市卫生健康委联合开展爱心托育示范单位创建工作，试点单位涵盖了医疗、教育、公安等机关事业单位，以及工会关系隶属北京市总工会的央企、市属国企和非公企业。各单位挖掘内部潜力，以普惠的价格和与职工工作时间"无缝"对接的托育时间为职工提供托育服务，全市爱心托育示范单位累计达29家。

2023年10月13日，北京市发布了《关于开展普惠托育服务试点工作的通知》，各区积极部署、推进落实。北京市卫生健康委网站、国家卫生健康委托育机构信息公示平台的数据显示，截至2024年1月10日，北京市共有备案托育机构203家。从普惠托育服务试点数量来看，海淀区、通州区、密云区位居前列。从普惠托育服务试点占备案托育机构的比例来看，门头沟区、密云区位居前列（见表2）。各区还公布了普惠/公办托育服务价格，并从全日托、半日托，乳儿班、托小班、托大班以及城区、川区、山区等方面予以考虑与区分，具体见表3。

**表2 北京市各区普惠托育服务试点及备案托育机构分布情况**

| 区域 | 普惠托育服务试点（个） | 备案托育机构（家） | 试点占备案托育机构比例（%） |
|---|---|---|---|
| 东城区 | — | 8 | — |
| 丰台区 | — | 12 | — |
| 大兴区 | 4 | 13 | 30.77 |

续表

| 区域 | 普惠托育服务试点(个) | 备案托育机构(家) | 试点占备案托育机构比例(%) |
|---|---|---|---|
| 密云区 | 6 | 9 | 66.67 |
| 平谷区 | 5 | 21 | 23.81 |
| 延庆区 | — | 2 | — |
| 怀柔区 | 1 | 6 | 16.67 |
| 房山区 | 3 | 8 | 37.50 |
| 昌平区 | 5 | 20 | 25.00 |
| 朝阳区 | 3 | 21 | 14.29 |
| 海淀区 | 8 | 25 | 32.00 |
| 石景山区 | 5 | 8 | 62.50 |
| 西城区 | 1 | 16 | 6.25 |
| 通州区 | 6 | 16 | 37.50 |
| 门头沟区 | 4 | 5 | 80.00 |
| 顺义区 | 1 | 13 | 7.69 |

资料来源：北京市卫生健康委网站、国家卫生健康委托育机构信息公示平台。

### 表3 北京市各区普惠托育服务价格

| 区域 | 普惠/公办托育服务价格 |
|---|---|
| 东城区 | 3500 元/月 |
| 丰台区 | 2800 元/月 |
| 大兴区 | 2100 元/月 |
| 密云区 | 1600 元/月 |
| 平谷区 | 全日托不高于 1700 元/月 |
| 延庆区 | 城区不高于 1500 元/月,川区不高于 1200 元/月,山区不高于 960 元/月 |
| 怀柔区 | 1800 元/月 |
| 房山区 | 0~1 岁乳儿班 1890 元/月、1~2 岁托小班 1850 元/月、2~3 岁托大班 1800 元/月 |
| 昌平区 | 2100 元/月 |
| 朝阳区 | 3130 元/月 |
| 海淀区 | 3500~3700 元/月 |
| 石景山区 | 3300 元/月 |
| 西城区 | 全日托 3600 元/月、半日托 1800 元/月 |

续表

| 区域 | 普惠/公办托育服务价格 |
|------|---------------------|
| 通州区 | 1600~1900 元/月 |
| 门头沟区 | 2150 元/月 |
| 顺义区 | 1800 元/月 |

资料来源：北京市卫生健康委网站，https://wjw.beijing.gov.cn/。

## 三 北京市普惠托育服务发展面临的主要困难及问题

### （一）以营利性托育机构为主体，面临低收费与高成本之间的矛盾

营利性托育机构是北京市托育机构的主体。而在营利性托育机构中，民营托育机构是主力。由于民营托育机构的规模相对较小、投资回报周期较长，同时面临场地租金、人力成本高以及人员流动性强等问题，运营风险较大，可持续运营能力不足。再加上家长对民营托育机构的信任度和认可度不高、偏向公办托育机构，民营托育机构面临生存发展问题，直接关乎整个托育服务市场的发展。

### （二）托育服务资源分布不均衡，难以满足人民群众的实际需求

北京市托育服务资源的分布中，分城乡来看，城区托育资源明显多于郊区。同时，从备案托育机构的可及性与公平性来看，备案托育机构资源存在可及性较强但公平性较弱的问题。托育服务资源的分布不均衡，不利于实现托育服务供给与需求之间的平衡。

### （三）普惠托育服务政策"有名无实"，落地执行困难重重

普惠托育服务相关政策的落地执行难，托育机构较难拿到补贴。再加上普惠托育奖补力度相对较小，社会办托激励作用不足。同时，托育机构备案通过率较低。截至2024年1月10日，北京市备案托育机构有203家，而在天眼查网站查询到的注册且存续的托育机构有1116家，备案通过率仅为

18.19%，未备案机构不能享受政策支持而无法成为"普惠"机构，奖补措施也仅能覆盖少数机构。

## 四 国外经验对北京市普惠托育服务发展的启示

### （一）强化政府主导，完善工作机制

进一步强化托育服务的公共性，加强政策支持与资源投入，明确发展适度普惠型公共托育服务的目标。进一步加强组织机制建设，发挥政府的主导作用，建立普惠托育服务"指挥部"，明确责任和义务，各部门协同配合，推动普惠托育服务落地，将托育补贴（建设补贴、运营补贴、工会补贴）、税收优惠落到实处。

### （二）加强资金支持，分级分类补贴

探索多样化资金支持方式，兼顾供需双方实际需求。供给方在设施建设、服务运营、税收减免、奖励扶持等方面给予投入；需求方在分担育儿成本、工作时间补助等方面给予投入。

### （三）坚持普惠协同，重视社会力量

坚持适度普惠托育服务，鼓励市场、社区、社会组织与家庭形成合力，打造高质量、可及性强的托育服务供给网，将全体婴幼儿家庭覆盖其中，扩大普惠托育服务的供给。同时，重视社会力量的作用，扩大社会化托育服务容量。在保障托育服务公平性和公益性的基础上，通过完善政府与社会组织的合作协调与责任分配机制，采用公私合营、公办民营或政府购买服务等多种形式，加快推进托育服务行业发展。

### （四）鼓励共同育儿，营造良好环境

重塑社会文化，鼓励男性进一步参与家庭婴幼儿照护，承担更多养育责

任。完善相关制度，使母亲可以安心生育、兼顾工作，以解决妇女面临的家庭与工作之间的冲突，消除生养子女的现实困境。

### （五）吸纳相关人才，做好队伍建设

明确托育服务人才的准入标准，吸引婴幼儿托育、护理、学前教育等专业毕业生和有相关工作经验的人员从事托育服务。加强对托育服务从业人员的培训，引导从业人员参加政府组织的婴幼儿托育技能培训并考核合格，定期进行岗位培训。加强托育服务专业人才培养与储备，减轻托育服务人才供给压力。

### （六）立足家庭需求，提供多元服务

根据家庭的多样化需求，在托育服务的供给中要考虑灵活性、多元性，致力于体现托育为家长服务、为妇女就业和发展服务的定位，并明确各类托育服务的形式、对象及要求。

### （七）完善行业规范，加强监督评估

建立智慧托育服务平台，加强对北京市各区域人口状况、托育服务需求、托育服务资源变化的动态监测。充分发挥信息化作用，建立"线上+线下"相配套的服务管理机制和监测评估系统。

**参考文献**

钱慧、付玖花：《美国0—3岁婴幼儿的连续性照护：理念与行动》，《教育学术月刊》2022年第12期。

陈建梅、刘子荣：《普惠性托育服务的国际比较及中国路径实现选择》，《西安财经大学学报》2022年第6期。

房莉杰、陈慧玲：《平衡工作与家庭：家庭生育支持政策的国际比较》，《人口学刊》2021年第2期。

刘天子、杨立华、曾晓东：《不同国家托育服务治理模式的效果评价——基于 OECD 家庭数据库的比较分析》，《人口学刊》2022 年第 4 期。

山﨑高哉、樊秀丽、杨奕：《日本学前教育的新构想》，《学前教育研究》2012 年第 8 期。

张建：《日本的育儿支援制度改革及其启示》，《现代日本经济》2019 年第 2 期。

张建：《日本发展普惠性托育服务的多维行动路径》，《比较教育研究》2021 年第 1 期。

金盈盈、宋娟、项颖倩：《国外公共托育服务发展实践及其对上海的启示》，《科学发展》2021 年第 8 期。

宁洋洋、秦旭芳：《"子云相如，异曲而同工"——论国外托育服务的管理模式》，第十六届沈阳科学学术年会，沈阳，2019。

张宇昕、陆杰华：《减轻家庭育儿压力，健全托幼服务体系——以法国为例》，《人口与健康》2022 年第 4 期。

张春艳、蔡迎旗：《瑞典 0~3 岁婴幼儿家庭支持政策及其启示》，《幼儿教育·教育科学》2020 年第 11 期。

# Abstract

*Resolution of the Central Committee of the Communist Party of China on Further Comprehensively Deepening Reform to Advance Chinese path to Modernization* pointed out, "We must Improve the support and service system for population development. We will improve the population development strategy with focusing on addressing aging and low birth rates, enhance the population service system covering the entire population and life cycle, and promote high-quality development of the population." In recent years, Beijing has been implementing the spirit of Xi Jinping's important speeches on Beijing, focusing on the strategic positioning of the capital city. It has been actively adapting to Beijing's demographic trends, stimulating urban vitality, strengthening development momentum, improving talent support, and enhancing urban quality. Through high-quality population development in the capital, Beijing aims to strengthen the functions of the "four centers", improve the level of the "four services", and support the creation of a pioneer and demonstration area for Chinese path to modernization. Using a combination of quantitative and qualitative methods, this book analyzes and assesses the situation of Beijing's population development and the new challenges and requirements for high-quality development in terms of the size, structure, distribution, quality and vitality. It proposes measures and recommendations to strengthen strategic research on Beijing's population development, promote the construction of a fertility-friendly society, build a high-level talent hub, actively address population aging, and foster a green lifestyle.

After experiencing negative growth since 2017, Beijing's population stopped declining in 2023, with the resident population reaching 21. 858 million at the end of 2023, which is an increase of 15, 000 from the end of 2022. The size of the floating population has been declining since 2016, reaching 8.240 million at the end of 2023, with a decrease of 11,000 from the end of 2022, which was the smallest decrease in recent years. In 2023, the urbanization level of Beijing's population continued to increase, with the urbanization rate reaching 87.8%, and the income gap between urban and rural residents further narrowed. The degree of population aging further increased, with 4.948 million elderly people aged 60 and above at the end of 2023, and the growth rate has been expanding since 2020. The population distribution characteristic of "multi-point support" emerged, and the gradient distribution pattern remained obvious from 2015 to 2023. The proportion of population in the central urban area decreased from 59.28% to 50.10%, while it increased from 31.94% to 40.03% in the new urban development areas, and from 7.28% to 8.07% in the ecological conservation areas. At the same time, the quality of Beijing's population ranks among the highest in China. The education level of its residents leads the country, and the number of high-tech talents retained far exceeds the national average. This quality capital provides important support for the capital's progress towards a higher level of modernization. The economic output per capita in Beijing is among the highest in the country and has been steadily increasing. The development under population reduction has set a model for the capital city to further advance modernization in the context of negative population growth. The green development of the population has laid the ecological foundation for the capital's modernization process. It should not be overlooked that Beijing's high-quality population development is facing new challenges and requirements: stabilizing the scale faces the dual pressures of the national population shift and the ultra-low fertility rate; optimizing the structure faces long-term risks in the scale and composition of labor supply; increasing efficiency puts forward higher demands for further stimulating innovation and vitality among Beijing's population; and the balance between population, resources, and the environment remains delicate.

In the new era of high-quality population development, it is of great significance for the economic and social development of the capital to constantly enhance the vitality of the population economy, strengthen the social service capability of the highly educated population, promote efficient and sustainable development of the silver economy, optimize employment and quality of life for those working in the capital's service industry, and foster talent flow and coordinated population development in the Beijing-Tianjin-Hebei region. Based on the analysis of Beijing's population economic situation, it was found that from 2010 to 2022, Beijing's social labor productivity and per capita GDP increased year by year, population growth was coordinated with the distribution of national income, and the economic vitality of the population was ahead of the national level. Beijing's higher education has made remarkable achievements, the proportion of non-Beijing native students and college students has continued to increase, the scale of graduate students has continued to expand, the proportion of professional degree graduates has increased. The deepening of population aging has propelled the "silver economy" to become a new economic track. Beijing's comprehensive pension and medical insurance system, high-quality business environment and support system, and high-quality supply system of products and services for the elderly have laid a policy foundation for the development of the silver economy. At present, the scale of talent flow within the Beijing-Tianjin-Hebei urban agglomeration is expanding, and the urban cluster has formed a positive situation of two-way talent flow between Beijing, Tianjin and Langfang. However, it still faces the challenges such as the widening income distribution gaps, unbalanced and inadequate market development, and the overall decline in consumer spending and vitality. The quality, structure and layout of higher education cannot fully meet the needs of the capital's economic and social development. These workers in Beijing's living service industry are facing challenges such as poor employment quality, difficulties in social security, heavy burden of family care, prominent housing problems, and difficulties in long-term residence, etc. The urbanization rate varies greatly within the Beijing-Tianjin-Hebei region, and the balanced distribution of the employed population in the three areas is simultaneously affected by industry complementation and competition, leaving significant room for improvement in regional population economic vitality. In hence, this report put forwards targeted recommendations from the dimensions of strengthening top-level design, optimizing resource allocation, enhancing social services, improving social security, and strengthening policy support.

Promoting the construction of a fertility-friendly society is crucial in actively addressing the demographic challenges of aging and low birth rates, improving the system of population services that covers the entire population and life cycle, and fostering high-quality population development. Given Beijing's persistently low fertility rate, which falls below the national average, several key strategies have been identified to build a fertility-friendly society. These include improving fertility support policies, developing childcare services, constructing child-friendly communities, promoting work-family balance for women, strengthening intergenerational care support for the elderly, and learning from international experiences in childcare services. In recent years, Beijing has implemented a series of policies aimed at comprehensively promoting the construction of a fertility-friendly society. These policies focus on enhancing maternity insurance and allowances for women, safeguarding women's rights and interests during maternity and childcare leave, expanding the coverage of mother-and-baby facilities, developing inclusive childcare services, and reducing the costs associated with childbirth, childcare, and education. This initiative has yielded significant results. The quality and capacity of Beijing's childcare services have improved substantially, with notable progress in the provision of childcare resources. The initial exploration of child-friendly community construction has established benchmarks for creating child-friendly cities. Moreover, nearly 30% of Beijing's elderly population participates in intergenerational care, which has effectively alleviated the pressure on both family and social care systems. However, there are also limitations in Beijing's fertility support policies, including the extension of maternity leave, which increases women's career opportunity costs, the difficulty of balancing family-oriented and de-familization policies, the insufficient attention paid to the indirect costs of childbearing in the fertility support measures, institutional differences in the protection of women's reproductive rights and interests, and structural contradictions between insufficient overall supply of childcare services and excessive supply in certain areas. The report proposes to draw on international experience to strengthen the government's main responsibility and top-level design, improve the legal and regulatory system, provide life-course fertility support, shape a marriage and fertility-friendly culture, cultivate the concept of age-appropriate marriage and childbearing, and build a family-friendly policy system.

**Keywords**: High-quality Population Development in Beijing; Population and Economic Vitality; Higher Education; Fertility-friendly Society; Childcare Services

# Contents

## I   General Report

**Abstract**：Since the negative growth of Beijing's population in 2017, it has stabilized and stopped declining in 2023. The level of population urbanization continues to improve, and the aging population in Chengdu continues to deepen. The "multi-point support" population location characteristics are evident, and the gradient distribution characteristics are still obvious. The population quality ranks among the top in the country, and the population output benefits are high. The green development of the population has achieved results. In the new international and domestic situation, anchoring the basic goal of socialist modernization first, Beijing's population still faces some new challenges and requirements in stabilizing scale, optimizing structure, promoting balance, increasing vitality, and adding greenery. It is necessary to continue to focus on strengthening strategic guidance, improving service management, building a production friendly society, constructing a high-level talent highland, actively responding to population aging, optimizing population spatiallayout, and accelerating the formation of a green lifestyle.

**Keywords**：Modernization；Population Situation；Population Policy；Beijing

# II Sub-reports

**B**.2  Research Report on the Economic Vitality of Beijing

Population                    *Xue Weiling*, *Wu Mengxin* / 021

**Abstract**: Under the new demographic situation, continuously enhancing the economic vitality of the population is of great significance for regional economic and social development. This report uses quantitative research methods to analyze the current situation of Beijing's population and economic vitality from four aspects: production, distribution, exchange, and consumption. It is found that Beijing's population and economic vitality are leading the national level, but still face long-term risks in labor supply, there is still room for improvement in technological output efficiency, income distribution gap has widened, market development is unbalanced and insufficient, and consumption vitality needs to be further stimulated. On this basis, this report objectively recognizes the potential behind the risks and challenges, and from the perspective of turning challenges into opportunities, proposes countermeasures and suggestions to improve the economic vitality of Beijing's population, including continuously improving the quality of labor force, continuously improving production efficiency, and narrowing the income gap.

**Keywords**: Population; Economic Vitality; Beijing

**B**.3  Research Report on the Population at the Higher

Education Stage in Beijing

*Hu Yuping*, *Peng Sisi and Chen Deyun* / 048

**Abstract**: The education population is a key factor in analyzing changes in education supply and demand, assessing the education situation, and allocating educational resources. This report is based on relevant statistical data and elaborates on the changing trends and development characteristics of the population size and structure of higher education in the capital. Data shows that from 2012 to 2023, the proportion of non Beijing regular students in the higher education population in Beijing will increase, the scale of graduate students will expand, the proportion of professional degree graduate students will increase, and the population structure of higher education international students will be optimized. This report suggests promoting the high-quality development of higher education in the capital through measures such as optimizing the allocation of higher education resources, optimizing the structure of talent cultivation, enhancing the social service capabilities of higher education, and improving the internationalization level of higher education.

**Keywords**: Higher Education Population; Junior College Students; Undergraduate; Postgraduate; Beijing

## **B**.4 Research Report on Silver Economy in Beijing

*Tan Xiaoyan, Chen Bofan, Fan Weigang and Xue Weiling* / 065

**Abstract**: This report focuses on the policy support, demand, and supply status of the silver economy in Beijing. Research shows that Beijing's supply system for elderly products and services, elderly care and medical security system, as well as business environment and support system, are gradually improving. Elderly people in Beijing exhibit rational consumption concepts, a focus on healthcare, and a desire to improve their quality of life, and have a certain willingness to consume smart products. The diversity and coverage of elderly services have been synchronously improved, but the accuracy of services needs to be enhanced; The construction of an elderly friendly society is further promoted, but the systematicity needs to be enhanced; The level of social participation among the elderly has increased, but the platforms and opportunities for participation need to be taken seriously. We need to further improve the policy support system, stimulate the consumption potential of the elderly, and promote the coordinated development of the aging industry and the aging industry.

**Keywords**: Aging Population; Silver Economy; Silver Industry; Beijing

**B**.5　Research Report on the Working Population of Living

Service Industry in Beijing

*Yan Ping, Wang Juanfen and Chen Zhizhi* / 085

**Abstract**: The life service industry is a fundamental pillar industry of the national economy, as well as a basic livelihood industry that is related to the quality of life and vital interests of the people. The population engaged in the life service industry is an important force in maintaining the order of urban operation and ensuring the quality of life of residents. Their survival and development status should be given full attention. This report analyzes the demographic characteristics, employment status, social security and welfare status, and living and family living conditions of the "six categories" of life service industry employees in Beijing using survey data. It is found that Beijing's life service industry employees face difficulties such as poor employment quality, exposed shortcomings in social security, heavy burden of family care, insufficient housing security, and weak long-term settlement willingness. This report proposes countermeasures and suggestions to improve the living and development status of employees in Beijing's life service industry from the aspects of living and working in peace and contentment, social security, and family friendliness, including the formulation of sound housing security policies and the improvement of "one elderly, one small" family support policies.

**Keywords**: Living Service Industry Employment Population; Employment Status; Social Security; Family Support; Beijing

**B** . 6　Report on Talent Flows in the Beijing-Tianjin-Hebei

　　　　Urban Agglomeration　　　*Yu Qian*, *Yang Ding and Hua Yi* / 113

**Abstract**: Talent mobility is of great significance in promoting regional innovation and balanced development. Based on previous national population census data, national 1 ‰ population sampling survey data, national 1% population sampling survey data, provincial and municipal statistical yearbook data and other relevant data, this report analyzes the characteristics of talent flow and spatial network pattern within the Beijing Tianjin Hebei urban agglomeration, and compares it with the Yangtze River Delta and Pearl River Delta urban agglomeration. The results showed that the scale of talent mobility within the Beijing Tianjin Hebei urban agglomeration is expanding, with strong agglomeration of talent mobility. The "siphon effect" of Beijing and Tianjin on talent in Hebei continues to strengthen; The talents flowing into Beijing, Tianjin and Hebei are younger and unmarried, and the gap between urban and rural registered residence is narrowed; Beijing and Tianjin, as well as Beijing and Langfang, have formed a good situation of two-way talent mobility, but the overall scale and density of talent mobility networks need to be improved, and talent mobility within urban agglomerations is not balanced. In the future, it is recommended to focus on building a new highland for talent aggregation, deepening regional transportation connectivity, and innovating talent mobility systems and mechanisms.

**Keywords**: Talent Flow; Population Structure Characteristics; Spatial Distribution; Network Pattern; Beijing-Tianjin-Hebei

**B** . 7　Research on Strengthening the Development Vitality of

　　　　the Capital by Relying on the Population Synergy of

　　　　Beijing, Tianjin and Hebei　　　*Xue Weiling*, *Liu Lihong* / 133

**Abstract**: The coordinated development of population in the Beijing Tianjin

Hebei region is of great practical significance for preventing and resolving population risks in the capital and enhancing its development vitality. This report analyzes the current situation of coordinated population development in the Beijing Tianjin Hebei region from the aspects of population size, structure, quality, distribution, and economic vitality. The results show that relying on coordinated population development in the Beijing Tianjin Hebei region to enhance the vitality of the capital's development still needs to focus on the following aspects: firstly, further improving the intelligence and integration level of population planning and management in the Beijing Tianjin Hebei region, breaking down administrative barriers, and enhancing the leading and driving forces of population planning and management; Secondly, in response to the risk of population size, it is necessary to work together to stimulate endogenous and exogenous driving forces, maintain the population growth momentum in the Beijing Tianjin Hebei region, and enhance the vitality of the capital's development through moderate adjustment of population size and distribution; Thirdly, adapt to the changing age structure of the population and enhance the vitality of the capital's development while balancing people's productivity and consumption; Fourth, promote the optimization of industrial structure and the improvement of population quality, and enhance the vitality of the capital's development in a coupled and balanced manner.

**Keywords**: Population Synergy; Capital Development Vitality; Beijing-Tianjin-Hebei

# III  Special Reports

**B**.8  Institutional Obstacles and Solutions in the Construction of Fertility-friendly Society in Beijing

*Ma Xiaohong, Chen Zhizhi* / 155

**Abstract**: China has entered the ranks of countries with ultra-low birth rates. As one of China's mega cities, Beijing's fertility rate continues to decline and is lower than the national level. It is urgent to improve fertility support policies and measures and build a fertility friendly society. Against the backdrop of changes in Chinese family structure and attitudes towards marriage and childbirth, it is necessary to gradually improve a comprehensive reproductive support system that involves multiple stakeholders and provides various welfare benefits. This report summarizes the fertility support policies in Beijing and proposes the following shortcomings from an international comparative perspective: extended maternity leave increases the cost of female career opportunities; The balance between family oriented and de family oriented policy-making is difficult; Insufficient attention to the indirect costs of childbirth in support measures; There are institutional differences in the protection of women's reproductive rights and interests; The connection between regulations is not smooth, and there are policy gaps. On this basis, this report proposes the following countermeasures and suggestions: strengthen the government's main responsibility and top-level design, and improve the legal and regulatory system; Provide lifelong reproductive support; Create a culture of marriage and childbearing friendliness, and reshape the concept of appropriate age for marriage and childbearing.

**Keywords**: Fertility-friendly Society; Fertility Support Policy; Beijing

**B**.9  Analysis of Supply and Demand of Childcare Services in
Beijing and Recommendations      *Hu Yuping*, *Chen Deyun* / 170

**Abstract**: Since the founding of the People's Republic of China, Beijing's childcare service policies have roughly gone through three stages of development: initial establishment, transformation, and reconstruction. In recent years, Beijing has introduced a series of policies to promote the quality and expansion of childcare services, and the supply of childcare resources has achieved substantial results. However, there are still structural contradictions such as high demand for childcare services but low delivery behavior, insufficient and surplus childcare spaces, high expectations for childcare quality and uneven actual levels of childcare. It is suggested to effectively meet the childcare needs of the people and promote the sustainable and healthy development of childcare services by adhering to the development path of inclusive public services, improving the efficiency of resource allocation for inclusive childcare services, coordinating the construction of integrated childcare and gradually building a family support policy system, and other measures.

**Keywords**: Childcare Services; Supply and Demand Structure; Inclusiveness; Beijing

**B**. 10    Research on the Construction of Child-friendly Community
in Beijing
—*Based on the investigation of Dongzhimen Street in*
*Dongcheng District*                    *Zhang Yue*, *Yang Jiaying* / 190

**Abstract**: Building child friendly communities is an important measure to enhance the well-being of children and families, improve the modernization level of urban governance, and build a world-class harmonious and livable city. This report conducts research and analysis on Dongzhimen Street and two typical communities in Dongcheng District, summarizes the mechanisms and experiences of child friendly community construction from both street and community levels, and points out that the sustainability of community child volunteer services, the balance of children's cultural and sports service supply, and the family friendliness of child friendly spaces are important challenges faced by Dongzhimen Street in actively promoting the construction of child friendly communities. Therefore, by strengthening policy incentives and guarantees, optimizing resource integration and linking, and enhancing the family composite function of child friendly spaces, we can continuously stimulate the motivation for children's volunteer services, promote the balanced allocation of public services for children, and use child friendliness to drive age friendliness.

**Keywords**: Child-friendly Community; Child-friendly City; Grassroots Governance; All Age Friendly; Beijing

**B**.11 Influencing Factors and Promoting Mechanism of
Work-family Balance of Professional Women in Beijing
—*An Empirical Research Based on CGSS2021*

*Ying Licheng*, *Wang Chun* / 205

**Abstract**: Promoting a balance between work and family is beneficial for women's own healthy development and is an important measure to build a women friendly society. This report examines the work family balance of working women in Beijing based on CGSS2021 data. It summarizes the basic characteristics from three aspects: work burden, work interference with family, and family interference with work. A regression model is established to analyze the impact of personal beliefs, work factors, and family factors on the work family balance of working women in Beijing. It is found that variables such as work career, work schedule, spouse support, and number of underage children have a significant impact on work family balance. This result enlightens Beijing to focus on building a family friendly workplace, improving the "one old and one small" service support system, and creating a harmonious and mutual help family cultural atmosphere, so that women can engage in economic production more equally, carry out social reproduction more smoothly, and deal with the practical challenges brought by China's demographic transition.

**Keywords**: Professional Women; Work-family Balance; Spousal Support; Beijing

**B**. 12　Analysis of the Current State and Willingness to

Participate in Intergenerational Caregiving among

the Elderly in Beijing　　　　*Dong Tingyue*, *Hu Mingyan* / 235

**Abstract**: Due to social and family factors such as traditional family culture, increased female labor participation rate, and increased parenting pressure, intergenerational care has become an important way of caring for children in contemporary families. This report systematically describes and analyzes the current situation and willingness of elderly people in Beijing to participate in intergenerational care, using data from the 2014 − 2020 China Elderly Social Tracking Survey and the 2021 Beijing Middle aged and Elderly Living Conditions Sampling Survey. From 2014 to 2020, there was a fluctuating decline in the proportion of elderly people participating in intergenerational care in Beijing. In 2020, 28. 2% of the elderly population in Beijing participated in care, an increase of 7. 3 percentage points from 2018 and a decrease of 11. 4 percentage points from 2014. The elderly who participate in intergenerational care exhibit characteristics of being female, young, healthy, and having a high level of social participation, while the children who receive intergenerational care are mainly middle-aged married men. The vast majority of elderly people who participate in intergenerational care maintain a reciprocal caregiving relationship with their children. More than 60% of elderly people believe that participating in intergenerational care is based on objective practical needs rather than voluntary choices. Based on the research findings, this report proposes suggestions such as strengthening the value recognition and emotional support of the elderly, improving the supply of elderly care and health services throughout their life cycle, and actively building a family welfare system.

**Keywords**: Intergenerational Caregiving; Intergenerational Interaction; Family Support; Beijing

**B** . 13　International Experiences in the Development of Childcare
　　　　Services and Implications for Beijing

*Li Hongjuan，Chen Deyun and Chen Zhiguang* / 260

**Abstract**：Childcare services are closely related to women's employment，work family balance，and gender equality，and are an important component of the fertility support policy system. This report selects four countries with relatively mature development of childcare services，namely the United States，France，Sweden，and Japan，and summarizes their experience in childcare service development from the aspects of institutional guarantees，service supply，talent support，and supervision and evaluation. On this basis，combined with the current situation and practical problems faced by the development of inclusive childcare services in Beijing，and referring to the development experience of childcare services abroad，this report summarizes the following inspirations：strengthening government leadership and improving work mechanisms；Strengthen financial support and provide graded and classified subsidies；Adhere to inclusive collaboration and value social forces；Encourage joint parenting and create a good environment；Attract relevant talents and do a good job in team building；Based on family needs，provide diversified services；Improve industry standards and strengthen supervision and evaluation.

**Keywords**：Childcare Services；Fertility Support；International Experience；Beijing

# 北京市哲学社会科学研究基地智库报告
# 系列丛书

推动智库成果深度转化

打造首都新型智库拳头产品

为贯彻落实中共中央和北京市委关于繁荣发展哲学社会科学的指示精神，北京市社科规划办和北京市教委自 2004 年以来，依托首都高校、科研机构的优势学科和研究特色，建设了一批北京市哲学社会科学研究基地。研究基地在优化整合社科资源、资政育人、体制创新、服务首都改革发展等方面发挥了重要作用，为首都新型智库建设进行了积极探索，成为首都新型智库的重要力量。

围绕新时期首都改革发展的重点热点难点问题，北京市社科联、北京市社科规划办、北京市教委与社会科学文献出版社联合推出"北京市哲学社会科学研究基地智库报告系列丛书"。

# 北京市哲学社会科学研究基地智库报告系列丛书

（按照丛书名拼音排列）

· 北京产业蓝皮书：北京产业发展报告

· 北京人口蓝皮书：北京人口发展研究报告

· 城市管理蓝皮书：中国城市管理报告

· 法治政府蓝皮书：中国法治政府发展报告

· 健康城市蓝皮书：北京健康城市建设研究报告

· 京津冀蓝皮书：京津冀发展报告

· 平安中国蓝皮书：平安北京建设发展报告

· 企业海外发展蓝皮书：中国企业海外发展报告

· 首都文化贸易蓝皮书：首都文化贸易发展报告

· 中央商务区蓝皮书：中央商务区产业发展报告

# 权威报告·连续出版·独家资源

# 皮书数据库
## ANNUAL REPORT(YEARBOOK)
## DATABASE

## 分析解读当下中国发展变迁的高端智库平台

### 所获荣誉

- 2022年，入选技术赋能"新闻+"推荐案例
- 2020年，入选全国新闻出版深度融合发展创新案例
- 2019年，入选国家新闻出版署数字出版精品遴选推荐计划
- 2016年，入选"十三五"国家重点电子出版物出版规划骨干工程
- 2013年，荣获"中国出版政府奖·网络出版物奖"提名奖

皮书数据库　　"社科数托邦"
　　　　　　　　微信公众号

### 成为用户

登录网址www.pishu.com.cn访问皮书数据库网站或下载皮书数据库APP，通过手机号码验证或邮箱验证即可成为皮书数据库用户。

### 用户福利

- 已注册用户购书后可免费获赠100元皮书数据库充值卡。刮开充值卡涂层获取充值密码，登录并进入"会员中心"—"在线充值"—"充值卡充值"，充值成功即可购买和查看数据库内容。
- 用户福利最终解释权归社会科学文献出版社所有。

数据库服务热线：010-59367265
数据库服务QQ：2475522410
数据库服务邮箱：database@ssap.cn
图书销售热线：010-59367070/7028
图书服务QQ：1265056568
图书服务邮箱：duzhe@ssap.cn

社会科学文献出版社　皮书系列
SOCIAL SCIENCES ACADEMIC PRESS (CHINA)

卡号：862569292727
密码：

# S 基本子库
## SUB DATABASE

## 中国社会发展数据库（下设 12 个专题子库）

紧扣人口、政治、外交、法律、教育、医疗卫生、资源环境等 12 个社会发展领域的前沿和热点，全面整合专业著作、智库报告、学术资讯、调研数据等类型资源，帮助用户追踪中国社会发展动态、研究社会发展战略与政策、了解社会热点问题、分析社会发展趋势。

## 中国经济发展数据库（下设 12 专题子库）

内容涵盖宏观经济、产业经济、工业经济、农业经济、财政金融、房地产经济、城市经济、商业贸易等 12 个重点经济领域，为把握经济运行态势、洞察经济发展规律、研判经济发展趋势、进行经济调控决策提供参考和依据。

## 中国行业发展数据库（下设 17 个专题子库）

以中国国民经济行业分类为依据，覆盖金融业、旅游业、交通运输业、能源矿产业、制造业等 100 多个行业，跟踪分析国民经济相关行业市场运行状况和政策导向，汇集行业发展前沿资讯，为投资、从业及各种经济决策提供理论支撑和实践指导。

## 中国区域发展数据库（下设 4 个专题子库）

对中国特定区域内的经济、社会、文化等领域现状与发展情况进行深度分析和预测，涉及省级行政区、城市群、城市、农村等不同维度，研究层级至县及县以下行政区，为学者研究地方经济社会宏观态势、经验模式、发展案例提供支撑，为地方政府决策提供参考。

## 中国文化传媒数据库（下设 18 个专题子库）

内容覆盖文化产业、新闻传播、电影娱乐、文学艺术、群众文化、图书情报等 18 个重点研究领域，聚焦文化传媒领域发展前沿、热点话题、行业实践，服务用户的教学科研、文化投资、企业规划等需要。

## 世界经济与国际关系数据库（下设 6 个专题子库）

整合世界经济、国际政治、世界文化与科技、全球性问题、国际组织与国际法、区域研究 6 大领域研究成果，对世界经济形势、国际形势进行连续性深度分析，对年度热点问题进行专题解读，为研判全球发展趋势提供事实和数据支持。

# 法律声明

"皮书系列"（含蓝皮书、绿皮书、黄皮书）之品牌由社会科学文献出版社最早使用并持续至今，现已被中国图书行业所熟知。"皮书系列"的相关商标已在国家商标管理部门商标局注册，包括但不限于LOGO（▦）、皮书、Pishu、经济蓝皮书、社会蓝皮书等。"皮书系列"图书的注册商标专用权及封面设计、版式设计的著作权均为社会科学文献出版社所有。未经社会科学文献出版社书面授权许可，任何使用与"皮书系列"图书注册商标、封面设计、版式设计相同或者近似的文字、图形或其组合的行为均系侵权行为。

经作者授权，本书的专有出版权及信息网络传播权等为社会科学文献出版社享有。未经社会科学文献出版社书面授权许可，任何就本书内容的复制、发行或以数字形式进行网络传播的行为均系侵权行为。

社会科学文献出版社将通过法律途径追究上述侵权行为的法律责任，维护自身合法权益。

欢迎社会各界人士对侵犯社会科学文献出版社上述权利的侵权行为进行举报。电话：010-59367121，电子邮箱：fawubu@ssap.cn。

社会科学文献出版社

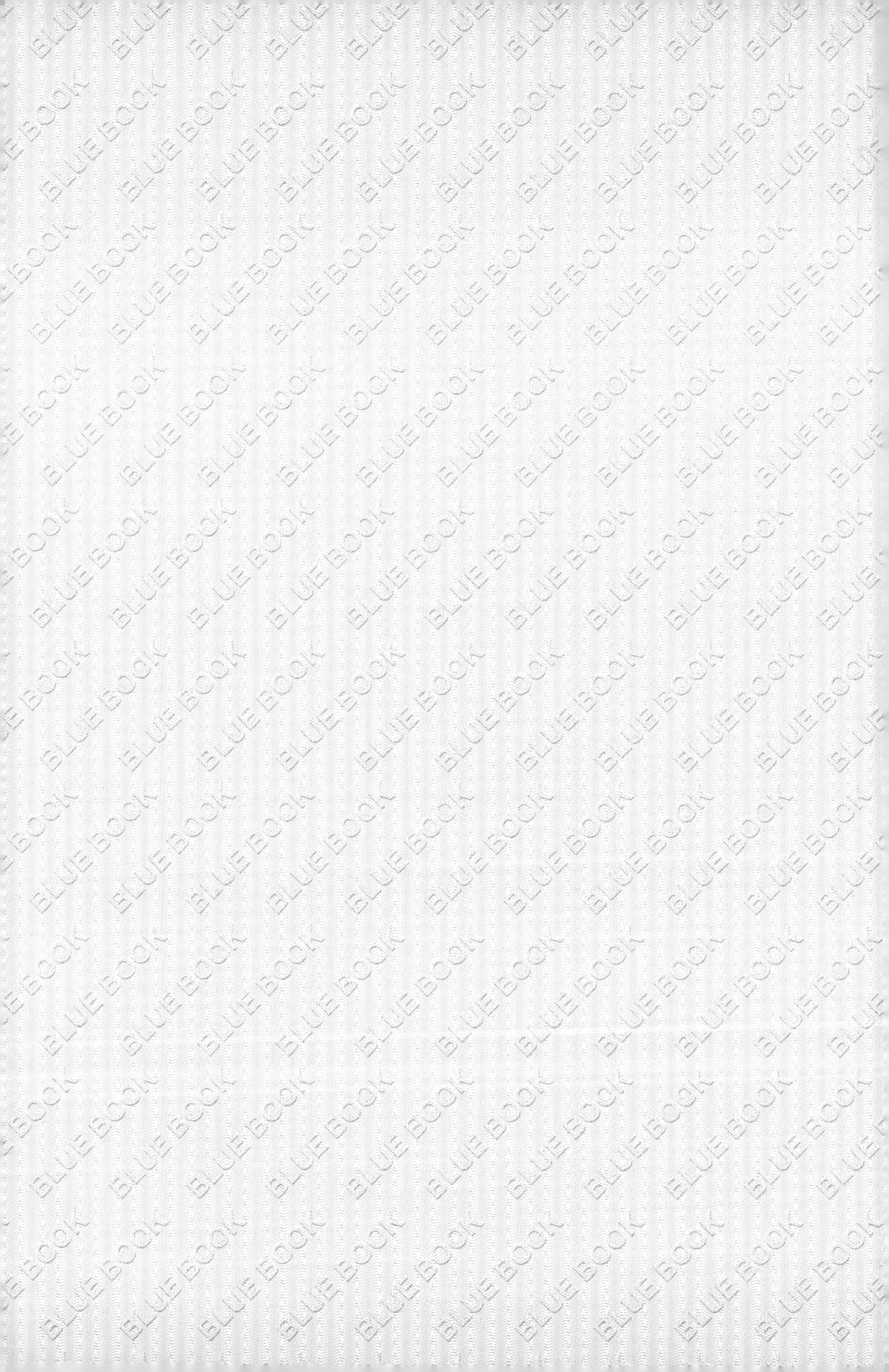